跨境电子商务系列精品教材

湖南省一流专业资助建设的特色教材
湖南省双一流学科资助建设的重点教材

U0722231

中国跨境电子商务 发展概论

王涛生 易永忠◎著

重庆大学出版社

内容提要

本书在深入探索跨境电子商务发展理论的基础上,使用大量最新数据,阐析了中国跨境电子商务发展的概况及面临的国际国内环境,研析了中国跨境电子商务的进出口政策、法律法规及通关管理体制,分析了中国跨境电子商务发展的行业特点、区域特色及其主要影响因素,探讨了当前中国跨境电子商务发展面临的主要问题及发展战略,并预测了中国跨境电子商务未来的发展前景。本书可作为国际经贸、国际商务和跨境电商等专业本科学生的教学用书。通过教学可使学生掌握中国跨境电子商务的发展概况、运行政策、法律法规及通关管理体制,洞悉跨境电子商务发展的内在规律及变化趋势,学会跨境电子商务竞争战略的选择与制定方法,提升学生对跨境电子商务行业、市场及环境的分析能力和适应能力。本书也可作为跨境电子商务的教学人员、研究人员、创业人员和跨境电子商务企业的从业人员及管理人员的参考用书。

图书在版编目(CIP)数据

中国跨境电子商务发展概论 / 王涛生,易永忠著. -- 重庆:
重庆大学出版社,2022.8
高等院校电子商务专业系列教材
ISBN 978-7-5689-3327-8

Ⅰ.①中… Ⅱ.①王…②易… Ⅲ.①电子商务—经济发展—概论—中国 Ⅳ.①F724.6

中国版本图书馆 CIP 数据核字(2022)第 112287 号

中国跨境电子商务发展概论

王涛生 易永忠 著
策划编辑:尚东亮

责任编辑:尚东亮　　　　版式设计:尚东亮
责任校对:关德强　　　　责任印制:张　策

*

重庆大学出版社出版发行
出版人:饶帮华
社址:重庆市沙坪坝区大学城西路 21 号
邮编:401331
电话:(023) 88617190　88617185(中小学)
传真:(023) 88617186　88617166
网址:http://www.cqup.com.cn
邮箱:fxk@ cqup.com.cn(营销中心)
全国新华书店经销
重庆市联谊印务有限公司印刷

*

开本:787mm×1092mm　1/16　印张:13.25　字数:308 千
2022 年 8 月第 1 版　　2022 年 8 月第 1 次印刷
印数:1—2 000
ISBN 978-7-5689-3327-8　定价:39.00 元

前 言

　　跨境电子商务新业态、新模式的迅速发展,已成为国际贸易的重要组成部分。Statista 公布的数据显示,2020 年全球电子商务市场规模为 7.93 万亿美元,其中全球网络零售额为 4.28 万亿美元,同比增长 27.6%,成为驱动世界经济复苏与增长的新动能。中国电子商务中心的监测数据显示,2020 年中国跨境电商交易规模达到 12.5 万亿元人民币,同比增长 19%,占中国货物贸易总额 38.87%,成为驱动中国经济增长的新引擎。随着互联网使用率的持续提升,智能手机保有量的不断增加,新兴经济体的迅速崛起,全球网络零售额仍将保持两位数增长,由此必将推动全球跨境电商持续快速发展。

　　得益于大数据、云计算、人工智能、区块链等新技术的兴起,赋能跨境电商生产、交易、运输、支付、监管等各个环节,带动全球创新链、产业链和价值链加速优化整合,使得跨境电商的便捷性、安全性、高效性、及时性、盈利性大大提高,也使得网络交易低成本的优势更加凸显,由此推动了相关产业的转型升级,打造了跨境电商企业独特的竞争新优势。

　　全书共九章,按其内容可分为四个部分。

　　第 1 部分即第 1 章,探索跨境电子商务发展的基本理论问题,主要内容包括跨境电子商务概念的内涵、外延及特点,中国跨境电子商务发展的历程、阶段性特征及趋势,侧重探讨传统贸易理论成果与跨境电子商务发展的内在逻辑关系。

　　第 2 部分即第 2 章至第 4 章,分析中国跨境电子商务发展现状,主要利用采集的 2008—2020 年的相关数据,从进口、出口、B2B、B2C、细分行业和区域等视角,对中国跨境电子商务发展的现状进行系统、全面而深入的研究,分析中国跨境电子商务发展的规模差异、结构差异、速度差异、模式差异、行业差异、地区差异、出口竞争力差异及其变动特点与演进规律。同时探讨 B2C 试点和 B2B 综试区的发展历程、现状、主要创新成果及其推广应用成效,并分析中国跨境电子商务配套服务产业发展的现状及特点。

　　第 3 部分即第 5 章至第 6 章,探讨中国跨境电子商务发展政策,主要从跨境电子商务进口政策和出口政策两个视角,对 2013—2020 年中国跨境电子商务发展的政策体系进行比较系统、全面而深入的阐析,包括跨境电子商务政策的主要内容、形成过程、演化历程、演化规律、影响效应、存在的不足及完善思路等,其中政策的主要内容涵盖了跨境电子商务进出口监管方式、税收规制、通关便利化和行为规范等方面。

第4部分即第7章至第9章,研究中国跨境电子商务发展的影响因素、国际环境及竞争战略。首先,运用实证方法研究中国细分行业和细分地区跨境电子商务发展的主要影响因素和影响效应,然后,系统分析中国跨境电子商务发展面临的国际环境,厘清其有利因素与不利因素。在此基础上,探讨中国跨境电子商务发展的四大战略,即成本领先战略、技术领先战略、质量取胜战略和品牌致胜战略,并阐析了每一个战略的基本内涵、目标定位、市场条件、内部要求、关键路径、管理方法及实施举措。

本书借鉴了以往文献的研究成果,但也有自身的特色及创新之处。第一,研究框架具有开创性。本书是国内第一部系统、全面、深入研究中国跨境电子商务发展问题的著作,不仅构建了系统研究中国跨境电子商务发展问题的框架结构体系,而且从理论、政策、环境、因素与战略等横向结构和发展历程、现状特点及未来趋势等纵向结构较全面地分析中国跨境电子商务的发展问题,并力求深入探索中国跨境电子商务的发展规律。在此之前,虽有学者或机构从某一侧面或某一年度研究过中国跨境电子商务的发展问题,但内容的系统性、全面性及深入性略显不足。第二,研究内容具有新颖性。本书从理论、战略、环境、影响因素等新视角对中国跨境电子商务的发展进行了研究,而以往文献对此类问题鲜少涉及。第三,论证依据具有翔实性。本书在论证过程中充分挖掘相关数据,始终坚持言之有据、析之成理,全书的数据图表近百个,论据较充分,逻辑较严谨。

本书可作为国际经贸、国际商务和跨境电商等专业本科学生的教学用书。通过教学可使学生掌握中国跨境电子商务的发展概况、运行政策、法律法规及通关管理体制,洞悉跨境电子商务发展的内在规律及变化趋势,学会跨境电子商务竞争战略的选择与制定方法,提升学生对跨境电子商务行业、市场及环境的分析能力和适应能力。

通过本教材的学习可达到以下教学目标。

知识目标:了解中国跨境电商发展的现状和趋势,熟悉跨境电子商务发展的政策与环境,掌握中国跨境电商发展的特点和变化规律,学会中国跨境电商行业分析、市场分析、政策分析和跨境电商企业竞争战略分析的基本方法与基本知识。

能力目标:培养学生具备独立采集、处理和分析跨境电商数据的基本技能,独立分析跨境电商行业变化、市场变化和政策变化的特点及规律的能力,独立分析和制定跨境电商企业竞争战略的能力,独立分析和解决跨境电商发展与运营中复杂问题的能力。

素质目标:通过本课程的思政教育,培养学生买全球、卖全球的国际化视野、战略眼光与爱国情怀,培养学生诚实守信、遵守跨境电商国际规范和国家政策法则的意识,理解和适应跨境电商中的国际文化差异,具备良好的对外贸易和跨文化沟通素养以及国际市场开拓意识。

本书也可作为跨境电子商务的教学人员、研究人员、创业人员和跨境电子商务企业的从业人员及管理人员的参考用书。

本书主要篇章由王涛生教授撰写完成,并由他对全书进行修改统稿。在写作过程中,易永忠、赵国庆、汪新兵等跨境电子商务企业总裁提出了很多宝贵意见,易永忠还撰写了第9

章的初稿并提供了部分案例素材及数据,袁玉龙先生在部分数据采集上提供了大力帮助,周秋月、刘晴晴、彭琼瑶、张琰等同学采集了部分数据,并为第 3、4、5、6、7 章的写作做了大量前期准备工作。谨此一并致谢!

在此特别感谢本丛书编委会王耀中教授、张亚斌教授等专家和同人的悉心指导,感谢重庆大学出版社对本教材顺利出版付出的辛勤劳动和大力帮助。

由于作者水平有限,书中错误及不妥之处在所难免,恳请读者批评指正。

王涛生

2021 年 12 月

目 录

图表索引

第1章
中国跨境电子商务发展的理论探索

1.1 跨境电子商务的界定及特点

1.1.1 跨境电子商务的内涵

欧盟在2009年电子商务统计中率先使用了跨境电子商务(Cross-border E-commerce)名称,意指国家之间的电子商务,但未给出明确的定义。2010年国际邮政组织(IPC)在《跨境电子商务报告》中提出多个类似名称,"Internet Shopping""Online Shopping""Online Cross-border Shopping"等,但也未给出明确的界定。

1997年美国政府在《全球电子商务纲要》中指出,全球电子商务是通过互联网进行的广告、支付、交易等国际商务活动。

阿里研究院将跨境电子商务定义为:不同关境的交易主体,通过电子商务平台达成交易,进行跨境支付结算,并通过跨境物流送达商品的一种国际商业活动。

我们认为:跨境电子商务(简称跨境电商),指不同国家或关境的交易主体通过电子商务平台提供产品或服务的贸易活动。它是国际贸易与互联网融合发展的产物,是对外贸易发展的新业态、新模式。该定义体现了跨境电子商务的三个基本属性:其一,交易主体(买方与卖方)分属不同国别或关境;其二,交易对象是商品(货物)或服务;其三,交易通过电子商务平台撮合达成。前两个属性与传统的国际贸易相同,第三个属性与传统的国际贸易相异。其他特征都是由以上三个基本属性派生的,譬如,利用电商平台进行支付结算则是第三个属性派生的;通过跨境物流输送商品则是国际货物贸易所共有的属性,但跨境服务贸易不具备该属性;通过跨境快递送达商品虽为跨境电商零售(B2C)所特有,但却不为跨境电商批发(B2B等)所具有,因此,把支付结算、跨境快递、跨境物流纳入跨境电商一般定义是不科学的。

按照跨境电商的流向,跨境电商可分为进口与出口两部分,分别简称跨境电商进口和跨境电商出口。截至目前,跨境电商出口一直占据我国跨境电商的主导地位。

根据终端客户不同,跨境电商概念可分为狭义与广义两种。狭义跨境电商指终端为消费者的跨境零售(B2C),特指不同关境的出口主体与消费者借助电商平台撮合交易,支付结算,通过跨境快递送达用户的商业活动。广义跨境电商与前文的跨境电商内涵同义,泛指B2C、B2B等。截至目前,B2B一直是跨境电商的主要交易形式。

1.1.2 跨境电子商务的分类

了解跨境电商的分类,有助于更好地理解及把握跨境电商的内涵。根据分类标准的不同,跨境电商可以分为不同的类别。

(1)按照商业模式不同,跨境电商可以分为以下类别

B to B(Business to Business,通常简写为B2B),出口国的企业对进口国的企业提供产品或服务的跨境电商模式。

B to C(Business to Customer,通常简写为B2C),出口国的企业对进口国的消费者直接提供产品或服务的跨境电商模式。

C to B(Customer to Business,通常简写为C2B),进口国的消费者对出口国的企业的个性化定制产品或服务的跨境电商模式。

C to C(Customer to Customer,通常简写为C2C),出口国的个人对进口国的个人(消费者)提供产品或服务的跨境电商模式。

M to C(Manufacturer to Customer,通常简写为M2C),出口国的制造商直接对进口国的消费者直接提供产品或服务的跨境电商模式。

F to C(Factory to Customer,通常简写为F2C),出口国的生产者对进口国的消费者提供产品或服务的跨境电商模式。该模式通常是出口国的品牌公司把设计好的产品交由工厂代工后售给进口国的消费者。

O to O(Online to Offline,通常简写为O2O),出口商家与进口商家(或消费者)之间通过线上线下混合式交易方式达成交易的跨境电商模式。相对于其他跨境电商模式,O2O的优势在于可以把线上优势和线下优势有机结合起来,从而实现网店与实体店的完美对接,让消费者在享受线上优惠价格的同时,又可享受线下贴身的服务。同时,O2O模式还可减少信息的不对称,实现零售与批发的结合以及商家之间的联盟等,具有良好的发展前景。

(2)按照海关监管模式不同,跨境电商可分为以下四种类别或模式

按照海关对进口的监管模式不同,跨境电商进口可以分为直购进口模式和保税进口模式。

跨境电商直购进口模式,俗称集货进口模式,也可称为9610进口模式(9610是跨境电商直购的海关监管代码)。境内个人跨境网购后,电商企业向海关传输清单(包括电子订单、支付凭证、电子运单等),海关按跨境电商零售进口商品征税,商品以邮件、快件方式运送,通过海关监管场所入境,查验放行,再由国内快递派送至消费者手中。

跨境电商保税进口模式,俗称备货进口模式,也可称为 1210 进口模式(1210 是入驻保税区的跨境电商海关监管代码)。跨境电商企业将整批货物运入海关特殊监管区或 B 型保税物流中心,并向海关申报,海关实施账册管理。境内个人网购区内商品后,电商企业向海关传输清单(电子订单、支付凭证、电子运单等),海关按跨境电商零售进口商品征税,查验放行后,商品以邮件、快件方式运送至消费者手中。

按照海关对出口的监管模式不同,跨境电商出口可以分为直销出口模式和特殊区域出口模式。

跨境电商直销出口模式,俗称集货出口模式,也可称为 9610 出口模式(9610 是跨境电商直销出口商品的海关监管代码)。境外个人跨境网购后,电商企业向海关传输电子订单、支付凭证、电子运单等,并提交申报清单,商品以邮件、快件方式运送出境,综试区采用"简化申报、清单核放、汇总统计"方式通关,其他海关采用"清单核放、汇总统计"方式通关。目前该模式是跨境电商出口的主要模式,2017 年占跨境电商出口的 97.7%。

跨境电商特殊区域出口模式,俗称备货出口模式,也可称为 1210 出口模式(1210 是跨境电商备货出口商品的海关监管代码)。跨境电商企业将整批货物按一般贸易报关进入海关特殊监管区,企业实现退税。境外个人网购区内商品后,海关凭清单核放,海关定期归并放行清单形成出口报关单,跨境电商企业凭此办理结汇手续。相比之下,此模式存在二次报关,缺乏优势。

1.1.3 跨境电子商务的特点

与传统贸易比较,跨境电商具有以下主要特点:

跨境电商通过电子商务平台达成交易,因而具有网络依赖性;

跨境电商交易单证普遍采用电子化,因而具有无形性;

跨境电商一般面向全球客户,交易的主体众多,分布极为广泛,因而具有全球性;

跨境电商交易频率较高,体量较少,因而具有高频性;

跨境电商交易结算较快,时滞较短,因而具有即时性;

跨境电商物流稳准快捷,直接送达用户,因而具有直达性;

跨境电商交易环节较少,交易成本较低,流动性较强,交易风险相对较低,通常具有较高盈利性。

1.1.4 跨境电商与一般贸易的异同及关系

(1)跨境电商与一般贸易的主要共性

两者都是跨越关境的不同主体之间的国际贸易;

两者都是由进口和出口两个方面构成;

两者都是以货币为媒介、通过等价交换来实现;

两者的基本作用都是促进经济发展、增进贸易利益；

（2）跨境电商与一般贸易的主要区别

贸易模式不同：传统贸易以线下为主；跨境电商以线上为主。

贸易链条不同：传统贸易环节多，链条长；跨境电商环节少，链条短。

贸易导向不同：传统贸易以生产端为主要导向；跨境电商以消费端为主要导向。

贸易主体不同：传统贸易以大企业为主；跨境电商以中小企业、消费者为主。

达成交易的方式不同：传统贸易通过线下洽谈达成交易；跨境电商通过线上撮合达成交易。

贸易商品不同：传统贸易以初级品、中间品为主；跨境电商以消费品为主。

结算方式不同：传统贸易以银行开具的信用证支付方式为主；跨境电商以互联网金融支付方式为主。

运输方式不同：传统贸易以集装箱海运为主；跨境电商以散件跨境快递为主。

（3）跨境电商与一般贸易的关系

首先，跨境电商与传统贸易之间具有一定的互补效应。

①两者的交易标的物具有一定的互补性。跨境电商主要从事终端产品的进出口零售交易；传统贸易主要从事中间产品或大宗商品的进出口批发交易。两者在交易品类上互为补充，可以满足客户对不同交易标的物偏好的需要。②两者的交易主体具有一定的互补性。跨境电商的交易主体主要是中小微企业及消费者；传统贸易的交易主体主要是大中型企业。两者在交易主体上互为补充，可以满足不同交易主体外贸发展的需要。③两者的交易模式具有一定的互补性。跨境电商以线上撮合达成商品交易；传统贸易以线下洽谈为主达成商品交易。两者在交易模式上互为补充，可以满足客户对不同交易模式偏好的需要。

其次，跨境电商与传统（一般）贸易之间具有一定的促进效应。

一方面，从外贸发展的历史来看，传统（一般）贸易的发展使进口国用户对出口国商品质量及特点具有一定的了解，从而扩大了出口国商品的知名度和影响力，为跨境电商的发展奠定了一定的市场基础。另一方面，跨境电商的迅速发展在一定程度上促进了传统（一般）贸易的发展，主要表现为：①促进传统（一般）贸易由线下交易向线下线上混合式交易转型，引导传统（一般）贸易开展线上商品展示、广告营销、洽谈交易、线上支付，减少了传统贸易的交易环节，降低了传统贸易的交易成本，提高了传统贸易的出口赢利能力。②促进传统（一般）贸易企业提高产品出口的渗透力，扩大出口产品的市场边际。③通过价格透明度，促进公平竞争，推动传统（一般）贸易企业注重提高产品质量，加强国际品牌建设，提高出口竞争力。

再次，跨境电商与传统（一般）贸易之间具有一定的替代效应。

跨境电商对传统（一般）贸易的替代效应是指在国际市场需求不变的情况下，对同一种进出口商品而言，跨境电商模式下的进口或出口会替代一般贸易模式下的部分进口或出口。跨境电商对一般贸易的替代效应可分为进口替代效应和出口替代效应。前者是指在国际市场需求不变的情况下跨境电商进口会替代一般贸易的部分进口量。例如,当国内消费者对国外奶粉的需求量不变时,跨境电商进口的奶粉便会替代即减少一般贸易进口的奶粉。同样,当国外消费者对中国服装的需求量一定时,跨境电商出口的服装便会替代即减少一般贸易出口的服装。当跨境电商进口或出口同类商品的价格较低时,这种替代效应会更加明显,反之亦反。

1.2　跨境电子商务发展的理论基础

到目前为止,国内外学术界关于跨境电商发展动因的理论文献较少。从总体上看,跨境电商的理论研究滞后于它的实践发展。跨境电商的实践发展推动着跨境电商的理论研究。从一定意义上讲,传统贸易理论能够解释跨境电商迅速发展的部分动因。

1.2.1　绝对成本差异理论与跨境电商发展

成本优势理论包括绝对成本、比较成本和交易成本三种理论架构。绝对成本优势理论由亚当·斯密首先提出,阐释了两个国家基于不同资源禀赋或专业化分工差异对国际贸易产生及发展的动因。绝对成本差异理论揭示了一国通过出口生产成本占绝对优势的商品而进口生产成本占绝对劣势的商品,从而获得贸易利益的。

斯密认为,一国能否参与国际分工,并在国际贸易中胜出,直接取决于它在出口产品的总成本上是否拥有绝对优势。该优势主要来自以下三个方面:第一,自然资源优势,包括气候、土壤、矿藏以及其他非人力所能控制的相对固定的环境等。[①]第二,劳动分工,即生产的专业化程度和工人的熟练程度。他认为分工的优势可使一个国家在特定商品的生产方面节约劳动时间,形成成本优势,从而在国际市场上具有价格优势。第三,一国的贸易政策。如退税、奖励金等鼓励出口的政策和对原材料、工具、技工出口的限制等。斯密并不主张完全的"奖出限入",而是主张按照具体情况对于不同商品实行自由贸易或者征收适度的关税。

在上述三个因素中,斯密尤为重视劳动分工。他认为,提高劳动生产率,必然会提高企业盈利能力和增进社会财富。而"劳动生产力上的最大增进……都是分工的结果"。[②]他以制针企业为例子,深入剖析了劳动分工对提高劳动生产率的作用:一是提高了劳动者的技巧和熟练程度;二是节省了劳动者劳动岗位转换的时间;三是便于生产工艺的简化和机械的发明,从而降低了单位产品的生产成本,增加盈利,获得了竞争优势。[③]

在此基础上,斯密指出,分工的原则应是各自集中生产具有成本优势的产品,然后交换,

① 亚当·斯密. 国富论:国民财富的性质和起因的研究[M]. 谢祖钧,孟晋,盛之,译. 长沙:中南大学出版社,2003:29.
② 亚当.斯密. 国民财富的性质和原因的研究:上卷[M]. 郭大力,王亚南,译. 北京:商务印书馆,1972:5.
③ 同上书,第8-10页。

购进处于生产劣势的产品,可以获得比自己生产一切产品多得多的利益。①

从斯密关于成本优势的原因分析中不难看出,在国际贸易学说史上,斯密应是最早探索国际贸易竞争优势源泉的,并对后来的相关研究产生了深远而重大的影响。例如,赫克歇尔和俄林的资源禀赋论就是对斯密自然资源差异决定思想的扩展和深化。更重要的是,斯密一开始就突破了静态外生优势的局限,开创了动态内生优势源泉的研究。这一点,在他主张通过劳动分工专业化和外贸政策调整来创造一国竞争优势的论述中得到了充分体现。因此,我们认为,斯密从资源禀赋、劳动分工和贸易政策差异视角较好地解释了贸易成本优势之源。该理论不仅揭示了来自资源禀赋差异的外生静态源泉,而且揭示了来自劳动分工专业化差异的内生动态源泉,不仅解释了由外生静态源泉导致的行业间生产成本差异的原因(资源禀赋),而且解释了由内生动态源泉导致的行业内家庭、企业生产成本差异的原因(劳动分工)。然而遗憾的是,以往贸易理论以偏概全,偏向于从自然资源禀赋视角来解释斯密的绝对成本优势,而忽略了他的思想精华:从生产专业化分工程度——劳动生产率差异视角来解释绝对成本差异的贸易优势理论。

斯密之后,一些学者进一步深化或扩展了劳动分工理论。

马克思在《资本论》(1867)第一卷第12章中对劳动分工组织的重要性做了系统而精深的阐述。他在讨论分工对提高劳动生产率的作用后强调,建立在劳动分工基础上的企业生产过程,必须实行严密的计划和组织,以便使生产过程能够保持空间上的并存性、时间上的连续性和生产要素的比例性。并以他特有的洞察力,明确指出劳动分工与生产组织是资本家获取相对剩余价值和超额剩余价值的重要手段。这表明马克思已经看到劳动分工与生产组织同资本家降低成本、提高盈利、获取市场优势的内在联系。马克思在分工理论上的另一重大贡献是明确区分了劳动分工、社会分工和地域分工。

20世纪20年代,斯拉法(1925)与阿伦·扬(1928)分别讨论了劳动分工与规模报酬递增的内在联系,并尝试突破斯密分工受"市场广狭限制"结论的局限。斯拉法认为,每一类规模报酬都出自不同的经济现象。递增报酬来自积累和技术变化过程,而它们又都与市场扩大及随之而来的劳动分工相联系。阿伦·扬则指出,劳动分工是一个自我累积和自我扩张的过程,"间接的和迂回的生产方法的增长与各行业中的分工(或者说专业化的增加)",正是规模收益递增的主要原因。

受阿伦·扬思想的激发,在罗森的组织推动下,以杨小凯和博兰德(Yang & Borland,1991;Cheng, Sachs & Yang, 1999;Yang & Zhang, 2000;Cheng, Liu & Yang, 2000;Sachs,Yang & Zhang, 2001;杨小凯、张永生, 2001;杨小凯, 2003)等为代表的经济学家,用超边际分析的方法重新将古典经济学中关于分工和专业化的精彩思想变成决策和均衡模型,掀起了一股用现代分析工具复活古典分工学说的思潮。杨小凯和博兰德(1991)认为专业化分工会加速个人人力资本的积累。这样,对于一个即使没有外生比较优势的个人,通过参与专业化

① 在斯密看来,分工的程度要受到市场规模,即"市场广狭的限制"。可见,由于历史的局限,斯密未能看到劳动分工的发展与市场容量的扩大之间具有相互促进的作用。同样遗憾的是,斯密也没有把工厂内部的劳动分工与不同行业间的社会分工区分开来,后来分别由杨小凯和马克思所完善和发展。

分工,也能获得内生比较优势。他们认为,市场交换存在交易成本,它给定了市场规模扩大的边界,使市场不会无限扩大,从而存在均衡。但是,若参与贸易的各国不断改进交易效率,降低交易成本,可促进市场规模不断扩大。他们发现,一旦用超边际分析方法内生个人选择专业化水平的决策,然后来分析市场和价格制度如何决定分工水平,则可以用企业分工演进的不同侧面来解释内生比较优势的决定因素和企业内部组织的均衡,从而把仅仅同劳动生产率相联系的古典劳动分工理论演化为以现代专业化分工为基础的企业内生动态比较优势理论。据此,他们对企业国际竞争优势的源泉做出了新的解释。在传统的贸易理论中,企业的优势被解释为依存于外生比较优势和规模经济,非此则不能获得贸易利益,而博、杨认为,国际贸易只是国内贸易的延伸,其利益的获取应立足于企业内生动态比较优势的演进和贸易各国交易效率的不断改进,而不应仅仅依赖于既定的外生比较优势。他们将专业化、分工和交易成本等概念置于分析的核心,严格区分了规模经济和分工经济,从而打破了新贸易理论基于规模经济分析比较优势的标准框架,深化了斯密关于分工和内生比较优势的核心思想。

一些经济学家的实证研究(Hummels, Rapoport & Yi, 1998;Hummels, Ishii & Yi, 2001)也表明,分工网络的发展是导致战后特别是 20 世纪 80 年代后期世界贸易迅速发展的重要原因之一。

在商品价格透明的跨境电商交易中,斯密及其追随者关于资源禀赋、劳动分工和贸易政策差异是一国生产成本差异的决定因素的理论思想对于当今的跨境电商发展仍然提供了强有力的理论支撑。

首先,斯密关于资源禀赋的绝对优势理论为世界各国提供了自然资源优势-生产成本优势-跨境电商出口产品成本优势的发展路径,从而为拥有自然资源禀赋优势的国家在同类跨境电商出口产品竞争中形成低成本优势提供了理论支撑。譬如,巴西的咖啡豆、荷兰的鲜花、厄瓜多尔的玫瑰、缅甸的翡翠、中国的丝绸、意大利的葡萄酒、新西兰的奶制品、马来西亚的棕榈油、加拿大的土豆、泰国的香蕉和榴莲等,无不打上自然资源禀赋的烙印,这些国家的上述产品在跨境电商出口中独占鳌头,深受全球消费者的喜爱。

其次,斯密关于劳动分工的绝对优势理论为世界各国提供了劳动分工—专业化—生产效率—跨境电商出口产品成本优势的发展路径,从而为基于专业化分工的标准化产品生产优势的国家在同类跨境电商出口产品竞争中形成高效率低成本竞争优势提供了理论支撑。譬如,中国的服饰业、东南亚的服装业、瑞士的制表业、韩国的美妆制品业、意大利的皮具制品业等产业的发展,都与专业化分工及产品标准化有着高度的关联,这些国家的上述产品在跨境电商出口竞争中的优势明显。

再次,斯密关于国家外贸政策调整的理论为世界各国提供了劳动分工—专业化—生产效率—跨境电商出口产品成本优势的发展路径,从而为基于专业化分工的标准化产品生产优势的国家在同类跨境电商出口产品竞争中形成高效率低成本竞争优势提供了理论支撑。譬如,中国的服饰业、东南亚的服装业、瑞士的制表业、韩国的美妆制品业、意大利的皮具制品业等等产业的发展,都与专业化分工及产品标准化有着高度的关联,这些国家的上述产品在跨境电商出口竞争中的优势明显。

以斯密为代表的绝对成本优势理论也存在一些不足。在斯密看来,分工的程度却要受到市场规模的限制,即"市场广狭的限制"。可见,斯密尚未意识到劳动分工发展与市场容量扩大之间具有相互促进的作用。同时,在他的绝对优势理论中,隐含了一个前提:贸易双方至少在一种商品的生产成本中具有绝对的优势才能参与对外贸易,这就先验地排除了两个发展水平极不相同的国家相互之间的交换。此外,他没有将劳动分工与社会分工明确区分开来。这些应是斯密劳动分工论的局限性,需要加以完善。

1.2.2　比较成本差异-要素禀赋理论与跨境电商发展

大卫·李嘉图克服了斯密绝对成本理论的不足,提出了比较优势理论(Theory of Comparative Advantage),又称比较成本理论(Theory of Comparative Cost)。他认为,各国不一定要专门生产劳动成本绝对低(即绝对有利)的产品,而只要专门生产成本相对低(即利益较大或不利较小)的产品,便可以进行对外贸易,并能从中获益和实现社会劳动的节约。

该理论的精髓在于:两国之间按照"两优取其重,两劣择其轻"的比较优势原则进行分工,然后交换,则双方均能获利。但是,两国获利程度极不相同,笔者计算了李嘉图所举的案例,葡萄牙专门生产酒和英国专门生产呢绒,然后彼此交换,则葡萄牙从该项贸易中的获利总额是英国的 3 倍多。[①]

李嘉图模型将贸易产生的原因和贸易国获利范围的研究较之斯密向前推进了一步,对于国际贸易的扩大、世界资源的优化配置和劳动生产力的进步都具有积极的意义,但是,该模型所带来的贸易利益是静态的和短期的,忽略了一国经济发展的长远利益和动态的竞争优势。按照比较成本的原则参与国际分工,较易导致处于劣势地位的国家陷入"比较优势陷阱"。这使李嘉图模型在发展中国家的应用中遇到了严峻的挑战。如何使一个处于相对优势地位的国家能够摆脱"弱者愈弱"的困境,跃升为拥有贸易竞争优势的经济体,这是所有发展中国家和贸易比较优势研究者需要共同面对的一大难题。

成本的比较差异应是结果而非原因,各国生产成本为何会存在相对或绝对差异呢?李嘉图并没有深入探讨,要素禀赋论(Factor Endowment Theory)从一定层面回答了这一问题。该理论由赫克歇尔(Eli F. Heckscher, 1919)和他的学生俄林(Bertil G. Ohlin, 1922, 1924, 1933)提出,并进行了全面阐释,后经萨缪尔森(Samuelson, 1948)、琼斯(Jones, 1965)和文克(Vanek, 1968)等人进一步论证和发展,成为传统贸易理论的基础与核心。[②]

俄林阐述这一理论的逻辑思路是:商品价格的国际差异是产生国际贸易的直接原因;各

---

① 同上书,第 118 页。根据李嘉图模型,为简便起见,假定葡、英两国交易前产品的总产值为 4 个单位(与总产量相同),劳动总成本占交易前产品总产值的 90%,则总成本为 4×0.9=3.6 个单位,且两国的单位劳动成本相同,即单位劳动的工资均等于 0.009 23(3.6÷390),双方按 1∶1 的比例进行交换,则葡萄牙从该项贸易中的获利总额为:2.125－(0.009 23×170)=0.540 6 个(后面的内容请重新计算)单位,占两国贸易总利润(4.325－3.6=0.725)的 74.57%(0.540 6÷0.725);英国从该项贸易中的获利总额为:2.2－(0.009 23×220)=0.169 4 个单位,仅占两国贸易总利润的 23.36%。

② 曲如晓,闫庆悦.新编国际经济学[M].北京:经济管理出版社,2004:22-34.

国不同的商品价格比例又是由各国不同的要素价格比例决定的;各国不同的要素价格比例
又是由各国不同的要素供给比例决定的。在所有这些环节中,要素供给比例的不同是国际
贸易产生的主要原因和决定一国进出口商品结构的基本因素。俄林由此得出的结论是:"贸
易的首要条件是有些商品在某一地区比在其他地区能够更便宜地生产出来。一个地区的出
口商品含有相对大量的、比其他地区便宜的生产要素,而进口的是其他地区能够更便宜地生
产的商品。总之,进口的是本国使用高昂生产要素比例大的商品;出口的是本国使用低廉生
产要素比例大的商品"。[①]按照现在的说法就是:世界各国应按照其生产要素禀赋的差异进
行分工,出口密集使用本国较为丰富的生产要素所生产的商品,进口本国较为稀缺的生产要
素所生产的商品。这样,世界各国不但资源会得到充分有效利用,而且均可从贸易中获利。

H—O 定理的核心内容可以简要表述为:在国际贸易中,一国的比较优势(或者绝对优
势)是由其要素丰裕度决定的。因此,一国应生产并出口该国相对丰裕和便宜的要素密集型
产品,进口该国相对稀缺和昂贵的要素密集型产品。

对于要素比较优势理论,数理经济学家发现其并不完善。一些学者(例如 Arrow,
Chenery, Minhas & Solow, 1961; Bhagwati & Dehejia, 1994)证明了 H—O 定理的错误。他们
指出,对于生产函数是不变替代弹性(CES)的模型,哪怕生产函数在两国之间相同,只要替
代弹性在生产 X 和 Y 中不一样,就有可能产生所谓"要素密度逆转"(Factor Intensity
Reversal)。只要有要素密度逆转,哪怕不变规模报酬的生产函数在两国完全一样,一定会有
一个国家会违反比较禀赋优势理论,出口其相对要素禀赋稀缺的产品。

在实证研究方面尽管存在一些分歧,但总体来说,是不支持要素比较优势假说的。20
世纪 40 年代末,H—O 定理受到了里昂惕夫((Vassily W. Leontief, 1953, 1956)基于美国贸易
数据的实证研究的挑战。鲍德温于 1971 年利用美国 1958 年与 1962 年的统计资料进行计
算分析,所得结果均与里昂惕夫第一次的验证结果相同。一些经济学者还对日本、加拿大等
国家的贸易结构进行了分析验证,其结果也证明了里昂惕夫之谜是存在的。最近的相关实
证研究,如特雷夫勒尔(Trefler, 1995)运用 33 个国家 9 个行业的数据系统否定了 Heckscher-
Ohlin-Vanek(HOV)要素禀赋预测理论,结果证明,要素禀赋理论正确预见贸易方向的比例
只有 50%;戴维斯和维恩斯滕(Davis and Weinstein, 2001)认为,放松对技术条件不变的假
设,即允许生产技术随一国要素丰富度而变化,则实证检验支持 H—O 定理;斯科特(Schott,
2003)运用 ISIC 及美国的工业行业数据进行分析,发现经验并不支持 H—O 定理,而是支持
成文利、萨克斯和杨小凯(Cheng, Sachs & Yang, 1999)的既有要素禀赋比较优势又有技术比
较优势的模型。

这些实证研究提出的挑战,引起了经济学界在要素比较优势理论的质疑,由此导致众多
经济学者在比较优势范畴内对要素外延的进一步补充和扩展,以寻求国际贸易成因的新解
释。这些探索被统称为新要素理论。被引入的新要素主要有技术、人力技能、研究与开发、
信息和管理等内生性生产要素,丰富了比较优势的来源。

[①]　俄林. 地区间贸易和国际贸易[M]. 北京:商务印书馆,1986:10.

然而,无论要素禀赋如何扩展,该理论仍然需要直面以下困惑:发展中国家要怎样做才能摆脱基于要素禀赋的"比较优势陷阱",形成自己的贸易优势;一些初始禀赋相同或相似的国家,若干年后其贸易竞争力为何差距甚大;一些拥有资源优势的国家为何长期在贸易劣势中徘徊,相反,一些资源相对不足的国家却能形成和拥有持续的国际贸易优势;技术、人力资本、管理等新要素究竟是怎样形成和保持的;当代国际贸易为何大量发生在要素结构相似的国家之间以及行业内贸易为何越来越普遍等。对于上述种种问题,要素禀赋论却缺乏有说服力的解释。

与传统贸易模式不同,跨境电商作为新模式具有交易价格透明度较高的特点,在正常交易条件下,购买者的选择策略应是**同质选低价**,**同价选高质**,而基于比较成本优势的"**两劣取其轻**"的可能性不大,但"**两优取其重**"则无疑虑,**两优均取**的可能性很大。因此,在跨境电商新模式下,要素绝对成本优势理论的支撑作用显著增强,而比较成本优势理论的支撑作用将明显受到限制。

尽管如此,要素禀赋理论对于跨境电商发展动因的解释力仍然是毋庸置疑的。这是因为:在跨境电商交易中,一国的贸易优势在很大程度上仍然是由其要素丰裕度决定的。一国应生产并出口该国相对丰裕和便宜的要素密集型产品,进口该国相对稀缺和昂贵的要素密集型产品。从这个角度考察,要素禀赋理论无疑为跨境电商发展提供了有力的支撑。

首先,要素禀赋理论为世界各国提供了要素丰裕—生产成本优势—跨境电商出口产品成本优势的发展路径,从而为要素丰裕的国家在同类跨境电商出口产品竞争中形成低成本优势提供了理论支撑。

其次,要素禀赋的拓展理论为世界各国提供了技术研发、人力资本、信息和管理等内生性生产要素禀赋—生产效率—跨境电商出口企业内生性优势的发展路径,从而为基于内生性创新优势的国家在同类跨境电商出口产品竞争中形成高效率、高技术竞争优势提供了理论支撑。

1.2.3 交易成本差异理论与跨境电商发展

交易成本或称交易费用是新制度经济学的核心概念之一。新兴古典经济学创始人杨小凯等(杨小凯,张永生,2001)将这一概念率先引入贸易优势成因的研究,认为林德贸易模式产生的真正原因在于,发展中国家的交易效率要比发达国家低,这样将不可避免地导致以下两个相互联系的结果:一方面,可能导致交易效率比较低的发展中国家与发达国家之间的贸易相对减少;另一方面,发达国家交易效率比较高,则可能导致发达国家之间的贸易相对增加。发展中国家的交易效率为何比较低,这是因为,同国内贸易相比,国际贸易往往有一些额外的交易费用。比如,跨国运输费用、通关检验检查费用、国际结算费用和关税等。这就使国际贸易比国内贸易平均交易成本更高,只有交易成本小于潜在的比较利益时,国际贸易才可能发生,换言之,只有当国际贸易带来的比较利益大于由此产生的交易成本时,贸易才可能进行。而一国交易成本的高低主要取决于交易效率的高低,并与后者成反方向变化。这一命题暗示:贸易国之间交易效率越高,则交易成本越小,从而比较优势越大;反之亦然。

同理可推,国际交易效率越高,则交易成本越小,从而国际市场容量越大,国际贸易量也就越大;反之亦然。

从交易成本的角度来研究贸易问题,应是新兴古典经济学对贸易理论的重大贡献。这一贡献主要表现在以下几个方面:第一,将交易成本、交易效率等新制度经济学的核心概念纳入新兴古典分析框架,从制度视角揭示了国家之间基于交易成本差异的国际贸易优势的源泉,在一定程度上克服了新古典贸易理论忽视制度因素的局限;第二,将生产者与消费者、供给与需求合而为一,较好地解释了国际贸易与国内贸易发展的内在联系,避免了新古典贸易理论中国内市场与国际市场分离的缺陷;第三,运用角点解取代新古典纯粹的内点解,由于参数的变化,使得内生变量在角点解和内点解之间非连续跳动,使得该理论进一步逼近现实,从而较新古典贸易理论更具解释力。

此外,柯武刚(Kasper,1994a)在分析东亚优势时指出,制度能提供竞争秩序,降低交易成本,对吸引 FDI 有重要作;杨小凯(1997)认为,只有当贸易国制度使其交易费用降低到小于其潜在比较优势时,国际贸易才会发生;道拉和克雷(Dollar & Kraay,2003)指出,从长期运行看一国制度的有效程度对贸易增长具有积极影响。

交易成本差异理论对于当今跨境电商的迅速发展提供了强有力的理论支撑。

首先,新制度经济学关于交易成本差异的理论为跨境电商模式的产生提供了理论基础。传统贸易模式的交易环节多,交易成本高,通常需要经过生产商—出口商—进口商—分销批发商—零售商等诸多环节,才能到达消费者或用户的手中,各环节不断加价,使价格不断增高。与传统贸易模式不同,跨境电商通过 B2C、B2B、C2C 等直销模式,实现了从生产商到消费者或用户的一站式贸易,减少了出口商—进口商—分销批发商—零售商等多个销售环节,大大降低了交易成本,从而增加了消费者或用户的切身利益。

其次,新制度经济学关于交易成本差异的理论为世界各国提供了制度优势—交易成本优势—跨境电商出口产品成本优势的发展路径,从而为各国的制度创新—制度优势—交易成本优势—跨境电商出口产品成本竞争优势提供了理论支撑。在跨境电商出口贸易中,世界各国竞相减少企业出口通关的费用,千方百计地缩短通关时间,降低通关成本,从而提高了跨境电商出口的成本竞争力。同时,大中型跨境电商企业对长销产品实行批量集中先行运抵目的国集散中心,然后根据订单分发给消费者或用户,大幅减少了跨国快递费用,降低了交易成本。

再次,新制度经济学关于交易效率差异的理论为世界各国提供了制度优势-交易效率优势-跨境电商出口效率优势的发展路径,从而为各国的制度创新-制度优势-交易效率优势-跨境电商出口效率竞争优势提供了理论支撑。在跨境电商出口贸易中,世界各国竞相实施出口通关便利化制度,千方百计地缩短通关时间,提高通关效率,从而提高跨境电商出口竞争力。同时,部分有实力的国家还在主要出口市场建立海外仓及货物集散中心,以加快货物在目的国的分发与物流,缩短货物在途滞留时间,提高货物分发与物流的效率,从而提高了购买者的满意度。

1.2.4 规模经济差异理论与跨境电商发展

规模经济假说由马歇尔（A. Marshall,1890）创立,经韦伯（A. Weber）、弗洛伦斯（P. S. Florence）、勒施（A. Losch）、斯蒂格勒（G. J. Stigler）、克鲁格曼（P. R. Krugman）、博兰德（J. Brander）、斯潘塞（B. Spencer）和迪克西特（A. Dixit）等人的发展,从另一侧面解释了国际贸易竞争优势的来源。该理论认为:规模经济会经由内部与外部两条路径,导致企业单位产品成本下降,管理效率和信誉提高,较易获得所需人才,促进技术进步和产品差异化,推动产业集聚和组织创新,从而使一国企业和产业赢得内部及外部规模竞争优势。

内部规模优势。内部规模经济是指"大规模生产"所形成的企业内部规模经济,又称"内部经济",为特定企业所拥有。[①]根据马歇尔的解释,由生产规模的扩大而产生的企业内部规模经济之所以能够形成企业竞争优势,主要是基于以下原因:第一,大企业的单位产品的平均成本会随着生产规模的扩大而递减。这是因为机械的使用和改良、采购和销售、专有技术的开发和应用以及企业经营管理工作等方面的成本不会随着生产规模的扩大而按同比例增加。同时还会因大量投入品的采购而得到价格折扣,以及银行贷款利息的优惠,所有这些都会降低企业单位产品的分摊成本和平均成本。第二,大企业因其社会地位高和声誉好,使得"顾客对它有信心",并能获得最优秀的人才,特别是聘请了具有创新和冒险的精神的"企业家"参与其事,因而提高了企业的经营能力和管理效率。第三,大企业一般采用了私有产权制的股份公司的组织形式,这种企业组织不仅能有效地控制企业的一般经营管理,防止发生欺诈和舞弊行为,而且能优化决策和保持企业的活力以及经营者的进取心。[②]

20世纪70年代,克鲁格曼、博兰德、斯潘塞、迪克西特和斯蒂格利茨等人放弃了传统经济理论关于完全竞争和规模报酬不变的假定,将规模经济（报酬递增）和不完全竞争引入国际贸易研究领域,使之成为新贸易理论的核心。1977年,迪克西特和斯蒂格利茨（Dixit and Stiglitz, 1977）发现,即使两国的初始条件完全相同,没有李嘉图所说的外生比较优势,但如果存在规模经济,则两国可以选择不同的专业,从而产生内生的绝对优势。克鲁格曼（Krugman, 1979）将 DS 模型应用到分析国际贸易中工业制成品问题,很好地解释了林德贸易模式。随后赫尔普曼和克鲁格曼（Helpman and Krugman, 1985）发展了一个垄断竞争的一般均衡模型,基于自由进入和平均成本定价,将产品多样性的数目视为由规模报酬和市场规模之间的相互作用内生而定,而贸易丰富了多样化消费选择,满足了不同需求偏好的需要,同时如果贸易增加了消费者的需求弹性,那么单个厂商的规模效率也能改进。故厂商可以通过规模经济确立其在国际市场中的优势。稍后格罗斯曼和赫尔普曼（Grossman and Helpman, 1989,1990）、蒂鲍特（J. R. Tybout, 1993）总结并集中论证了递增性内部规模收益（increasing internal returns to scale）是贸易优势的源泉。递增性内部规模收益的模型认为具有大的国内市场的厂商在世界市场中有竞争优势。尼尔日（Neary, 2001）和曼索日

---

① 马歇尔. 经济学原理:上卷[M]. 北京:商务印书馆, 1964:279-280.

② 马歇尔. 经济学原理:上卷[M]. 北京:商务印书馆, 1964:291-323.

（Mansori，2003）把此模型推广到运输业，发现运输商品也服从于规模报酬递增，大量的运输成本会随着贸易量的增加而相应减少。这些理论模型用规模经济与差别化产品令人信服地解释了产业内贸易的发生，从微观层面的供给角度对现代国际贸易竞争优势的源泉作出了开创性的研究。

克鲁格曼（1990）还分别考察了静态竞争、动态竞争和研发竞争三种不同条件下规模经济形式，构建了相关模型，并指出："它们的最终结论都非常相似。区别在于成本递增还是成本递减，而不是静态还是动态"。[1]

同时，克鲁格曼、格雷和兰卡斯特等人还探讨了基于规模经济的产品差异化（异质性）问题。异质性为每种产品提供了有别于其他同类产品的特质，从而在一定程度上形成相对于同类产品的非价格形式的垄断优势。产品的异质性成为了继产品价格的国际成本差异之外的另一种引发国际贸易的直接原因。克鲁格曼在张伯伦垄断竞争理论上构建了一个 2×2×1 模型，通过数理推论，证明了在需求偏好、技术及要素禀赋方面都相同的情况下，只要生产中存在着规模经济，企业不需要增加成本就能使其产品异质化。

外部规模优势。外部规模经济是指"专门工业集中于特定的地方"所形成的企业外部、产业内部（甚至产业间）的规模经济，又称"外部经济"或"产业空间集聚"（简称"产业集聚"），主要影响特定产业的竞争力，为特定地域该产业内的企业群所共享。马歇尔最早分析了外部经济的三个成因：一是促进专业化投入和服务的发展；二是为具有专业化技能的工人提供了集中的市场；三是使公司从技术溢出（技术创新与学习效应）中获益。韦伯（Weber，1909）较早提出聚集经济的概念，他在分析单个产业的区位分布时，首次使用聚集因素（Aagglomerative Factors）。随后，弗洛伦斯（P. S. Florence，1948）和勒施（A. Losch，1954）等人对聚集经济进行了进一步的阐述[2]。Weber 认为集聚可以促进专业化分工并扩大市场规模，"集聚因素是一种'优势'，或者是一种生产的廉价，或者是生产在很大程度上被带到某一地点所产生的市场化"[3]。在论及形成的因素时，他把集聚归结为技术设备的发展、劳动力组织的发展、整体经济组织良好的适用性三个原因。爱德加·胡佛在《区域经济学导论》中指出"集群的基础是某种产业各竞争区位单位间的相互吸引"[4]，集聚的本身基于某种"优势"，反过来，区域通过集聚，又会形成更大的竞争优势。法国经济学家帕罗克斯（Perroux，1950）提出了"经济空间"的概念，认为经济空间是"各种不同关系的集合"，并分为"计划空间""力场空间""同质集聚体的空间"三类，在分析第二类经济空间时，他引入了"推动力单位"（proposive unit）与"增长极"（growth pole）的概念，"如果一个有支配效应发生的空间被定义为力场，那么位于这个力场中的推动力单位就被描述为增长极"，增长极是"围绕主导工业部门而组织的有活力的高度联合的一组工业，它不仅本身迅速增长，而且通过乘数效应带动其他经济部门的增长"。也正是这种增长极的乘数带动效应铸就了竞争优势。罗伯特·

---

① 保罗·克鲁格曼.国际贸易新理论[M].北京:中国社会科学出版社,2001:179-192.
② 陈剑锋,唐振鹏.国外产业集群研究综述[J].外国经济与管理,2002(8):22-27.
③ 韦伯.工业区位论[M].北京:商务印书馆,1997.
④ 爱德加·胡佛.区域经济学导论[M].万冀龙,等,译.北京:商务印书馆,1995.

皮埃尔(Robert Pierre)提出了技术极(technopolis)及其理论,用以描述和解释硅谷的技术集聚与创新现象。在该理论体系中,技术极的核心是科学和工业的相互作用产生新产品和新工艺。企业家精神是技术极的关键因素,它推动了技术创新、技术扩散、组织创新、管理创新等等。技术极理论摆脱了区域经济发展必须依靠地区资源优势的传统观念,比较充分地考虑了企业群集聚与技术创新之间的内在联系,解释了区域性技术竞争优势的形成机制。

稍后的研究(Krugman,1991;Dicken & Lloyd,1990;Enright, 1994;Smith and Florida, 1994;Arthur, 1988,1990;Walker,1989;Jaffe, 1989)注意到,根植于生产过程的集聚经济,某一地理区域中公司、机构和基础设施间的联系所引起的规模经济,能够促进一般劳动力市场的发展、专业化技能的集中、地方供应者和消费者间相互作用的增加、基础设施的共享以及其他的地方化外部性等,这些作用在开放经济条件下会直接或间接促进产业和企业的国际竞争优势的形成。

要实现规模经济,就必须有足够的市场容量。一般来说,国内市场容量有限,所以企业需要参与国际贸易,以扩大市场和生产规模。

规模经济理论对于跨境电商的发展仍然具有重要支撑作用。

首先,内部规模经济理论仍然适用跨境电商企业的规模优势创造。其一,跨境电商企业通过先进设备的使用和改良、采购和销售、专有技术的开发和应用以及企业经营管理工作等方面的改善,积极扩大生产规模,随着生产规模扩大,分摊到单个产品上的厂房设备、经营管理等固定成本就会减少,因此产品单位成本就会下降,从而可以提高产品的成本竞争力和国际市场的议价能力,增加跨境电商企业出口利润。其二,当跨境电商企业加大投入、形成规模经济时,可以更加细化企业内部的分工与专业化,从而提高工人的熟练程度和生产效率,扩大销售,以此来降低跨境电商产品的单位生产成本和营销成本,提高企业的出口盈利能力。其三,跨境电商企业可采用股份公司的组织形式,不断提高其社会地位和声誉,使得"顾客对它有信心",并获得优秀人才,特别是聘请了具有创新和冒险的精神的"企业家"参与其事,从而提高企业的经营能力和管理效率,强化其内部规模经济效应。以上路径都能创造并形成基于单位成本降低的内部规模经济优势。

同时,外部规模经济理论仍然适用跨境电商企业的规模优势创造。参与全球跨境电商的国家或地区应采取可行的政策措施,促进跨境电商产业园区的基础设施、特定专业化的投入和服务的发展,为具有专业化技能的工人提供了集中的市场,大力促进技术溢出(技术创新与学习效应),形成跨境电商企业外部、产业内部(甚至产业间)的"外部经济"或"产业空间集聚"为特定地域该产业内的企业群所共享,以强化其外部规模经济竞争优势。

1.2.5 创新差异理论与跨境电商发展

该理论强调创新是企业竞争优势的关键源泉,主要有熊彼特(J. Schumpter)提出的企业家创新理论,置盐(Okishio)、波斯纳(Posner. M. V.)、克鲁格曼等人提出的技术创新理论和诺斯(D. G. North)等人提出的制度创新理论。

（1）熊彼特的企业家创新理论

熊彼特认为,在一个"周而复始的经济"中,企业没有可能形成竞争优势。企业的竞争优势只能在企业家不断的创新中形成、维系和增强,企业优势是企业家创新的结果,创新则是企业竞争优势的源泉。

企业家创新说是熊彼特经济发展理论的精髓。按照熊彼特在《经济发展理论》（1912）一书中的观点,所谓"创新",就是指"建立一种新的生产函数",亦即将一种从来没有过的关于生产要素和生产条件的"新组合"引入到生产体系中。"创新""这一概念具体包括下列 5 种情况:①采用一种新产品——也就是消费者还不熟悉的产品——或一种产品的一种新的特性。②采用一种新的生产方法,也就是在有关的制造部门中尚未通过经验检定的方法,这种新的方法决不需要建立在科学上新的发现的基础之上;并且,也可以存在于商业上处理一种产品的新的方式之中。③开辟一个新的市场,也就是有关国家的某一制造部门以前不曾进入的市场,不管这个市场以前是否存在过。④掠取或控制原材料或半成品的一种新的来源,也又问这种来源是已存在的,还是第一次创造出来的。⑤实现任何一种工业的新的组织,比如造成一种垄断地位（例如通过"托拉斯化"）,或打破一种垄断地位"。[①]

在熊彼特看来,创新不是指一般意义上的科学发明或创造,它的最本质特点是一种变革的机制,而企业家是变革机制的承担者,企业家的职能就是组织、领导和管理这种创新,并努力在企业中使这种创新变为现实或引进新组合,从而形成和增强其竞争优势。如果这种原创优势因其他企业家争相模仿而最终消失,企业家又会以新的持续的创新去不断打破暂时处于均衡的竞争状况。因此,企业的发展,乃至整个社会经济的发展,就是在企业家的推动下不断地实现创新或新组织的结果。

（2）技术创新说

直到熊彼特的《经济发展理论》问世,在经济思想发展史领域中,技术创新或技术进步的研究还从未扮演过重要角色。熊彼特的重要贡献在于指出了前进的明确方向。他坚持把技术进步看成是发生在市场经济体系内的变化,是竞争过程的一个组成部分。他率先探讨了技术创新与企业竞争优势的内在联系,明确指出技术创新在企业经营利润中起着关键作用。

熊彼特的兴趣在于通过发明与革新所形成的技术创新或技术进步。他认为,发明是新技术的发现,革新是把发明运用于实际生产之中,只有当前者转化为后者,才能形成企业的竞争力。熊彼特在他的经济发展理论中给予了技术创新或技术进步以中心地位。在他对经济发展长波理论的分析中,企业规模和市场结构的变迁都是由企业家组织和推动的技术创新的结果,并且技术创新也为经济结构调整和制度变迁创造了机会。因为技术创新本身是最强大的竞争战略或策略之一。

同时,熊彼特还对技术创新的动力进行了出色的研究。他认为垄断企业比竞争的企业

---

① 约瑟夫·熊彼特.经济发展理论[M].北京:商务印书馆,1990:73-74.

更具有技术创新的动力。这一观点的真正含义是技术创新的积极性取决于创新者在一种短期垄断条件下对回报的期望。熊彼特关于技术创新的动力的另一个观点虽然鲜为人知,但却同样重要。除了由于比较优势和静态规模经济而从贸易中获利外,他还提出了,经济全球化可以强化对技术创新和通过技术创新获利的刺激。一方面,进入世界市场可以使创新者的短期垄断更有价值,提高了技术创新的回报;另一方面,一旦短期垄断结束,技术被普遍传播,每个国家还可以从其他的技术创新中获利。①

波斯纳(Posner M. V., 1961)将技术进步引入企业的国际贸易优势研究。他认为,技术进步的差距会导致国际贸易并诱发国际竞争优势的变化。由于各国技术革新的进展不一致,技术创新领先的国家在发明一种国外尚未掌握的新产品、新技术时,便产生了国家间的技术差距,由此会使该国享有生产和出口技术密集型产品的比较优势。但是,由于技术转让、直接投资、国际贸易产生示范效应等原因,新技术将随着时间的推移最终被其他国家掌握。随着新技术的扩散,技术创新国的竞争优势会下降,并在其他国家完成进口替代时终止。但是,如果技术创新国的企业能有效地反仿制,或及时进行新一轮技术创新,则仍能保持技术的领先地位,继续拥有国际贸易竞争优势,并获取贸易利益。②赫夫鲍尔(Hufbauer G., 1964)和弗农(1966)则把技术进步差距与产品生命周期结合起来,提出了基于技术差距的贸易模式,指出了为什么发达国家在新产品贸易方面具有竞争优势,阐述了技术进步的比较优势将随着技术的国际扩散,按照一定的时间顺序,依次先后在技术创新国——资本丰裕国——劳动力丰裕国之间发生转移。③琼斯(1970),多恩布什、费希尔和萨缪尔森(1977)也曾讨论过技术进步在李嘉图模型和H—O模型中的作用。

格罗斯曼和赫尔普曼(1989,1990)从"R&D与产品创新"视角将对比较优势的静态分析扩展到动态分析,发展了一个产品创新与国际贸易的多国动态一般均衡模型来研究通过R&D产生的比较优势和世界贸易的跨期演进。他们的框架很明确地处理了对私人投资R&D的激励和R&D活动的资源要求。资源通过分配到R&D部门,会导致异质产品和同质产品的生产,然后就会形成沿着贸易均衡动态路径的H—O贸易模式,从而导致贸易优势的提升。

克鲁格曼(1990)则建立了一个被证明是完全有效的南-北贸易模型,其中贸易模式由不间断的技术创新和技术转让所决定。他使用一个由两个国家组成的世界:一个是有技术创新的北方国家,一个是没有技术创新的南方国家。技术创新以开发出新产品的形式出现,新产品先在北方国家生产,稍后一段时间才在南方国家生产。由于从时间上讲南方应用新技术有一个滞后,因此便产生了贸易。克鲁格曼的结论具有很强的启发性,但技术创新和技术转让在该模型中仅仅被看作是一种外生的。随后,克鲁格曼借鉴弗农(1966)和赫希(1974)等人的思想又建立了一个技术创新与贸易差距的扩展模型。在该模型中,他假定存在许多产品,技术创新是一个持续不断的过程,并且技术进步全是开发新产品而不是提高生产老产

---

① Schumpter J. Capitalism, Socialism and Democracy[M]. New York: Harper and Row, 1942.

② Posner M V. International Trade and technical Change[J]. Oxford Economic Papers, 1961(13): 323-341.

③ Hutbauer G. Synthetic Materials and the Theory of International Trade[M]. Cambridge: Harvard University Press, 1964.

品的生产率。该模型反映了现实世界微观层面上技术进步的动态过程。在发达地区,新的产业不断出现,随后由于不发达地区的低工资竞争而又不断地消失。从这个意义上讲,该模型中,技术创新比它在传统模型中所显现的作用要重要得多,发达国家必须不断地进行技术创新,不仅是为了维持其贸易竞争优势,更重要的是保持他们的福利水平不至于下降。对于不发达国家而言,技术转让除了它的直接收益外,还可能带来改善贸易条件的间接收益。该模型表明,发达国家的所有技术密集型产业比发展中国家都具有更高的生产率,但贸易的竞争优势在技术进步较慢的产业中比较小,而在技术进步较快的产业中则比较大,发展中国家则在这些产业中长期处于优势。按技术密集程度划分档次,每个国家都可以在产品档次系列上具有一个与其技术水平相适应的排序。从动态角度考察,技术进步可能导致两种趋势。一种是发达国家技术进步更快使它与发展中国家技术差距扩大,另一种是发展中国家技术进步较快使它与发达国家技术差距缩小。在前一种情况下,技术领先国家可以创造更大的贸易优势,获得更多的贸易机会;在后一种情况下,技术落后国家的技术追赶可能提升其贸易比较优势,改善它的贸易结构与地位。

阿格辛和霍维持(Aghion P. & Howitt P., 1996)则继承了熊彼特关于"创造性破坏"的基本思想,明确提出,基于产品质量提高的厂商"垂直产品创新"是提高产出赢利率和获取竞争优势的根本源泉。[①]

发达国家的技术创新和向不发达国家的技术转让在决定世界贸易的模式和竞争优势及其地位变化中都发挥着重要的作用,并已得到广泛共识,但是,技术创新理论并没有揭示初始技术相同或相似的国家,技术进步速度为何极不相同;一些技术相对落后的国家为何能形成技术优势,相反,一些技术领先的国家却会走向技术劣势;一个国家因故分离若干年之后,其不同体制下的技术差距为何会如此悬殊;一个国家在不同历史时期,其技术进步速度以及由此决定的国际贸易地位为何会截然不同。显然,在技术创新优势的背后,一定另有其深层原因。

(3)制度创新说

20 世纪 70 年代,新制度经济学家诺思等人探讨了制度与经济绩效的关系,认为制度创新,尤其是产权制度的创新,不仅是国家,也是其他组织提高绩效的"决定性因素"。诺思在其代表作《西方世界的兴起》(1973)、《经济史的结构与变迁》(1981)和《制度、制度变迁与经济绩效》(1990)中构建了一个分析制度和制度变迁的理论框架。诺思所称的制度变迁或创新是对规则、准则和实施的组合所作的渐进式的边际调整。他认为,制度创新能有效地降低交易成本,"是决定长期经济绩效的基本因素"。[②]

在新制度学派的理论中,内含于制度创新框架中的一个核心问题是产权制度的创新。从一般的意义上来理解,产权是指社会成员对某项资源(包括自然的、资本的、人力的、知识

---

① Aghion P & Howitt P. Research and Development in the Growth Process[J]. Journal of Economic Growth, Mat., 1996.

② 道格拉斯·诺斯. 制度、制度变迁与经济绩效[M]. 上海:上海三联书店,1994:143.

的等)进行使用、获取收益和转让的权利。由于"产权变迁的机制",或称为"产权制度安排"能够"提供一种结构使其成员的合作获得一些在结构外不可能获得的追加收入"①。产权制度创新旨在进一步明晰产权关系或进行产权的重新配置,即细化或调整产权约束的边界和规则,来明晰和调整产权主体之间的利益关系,从而激励创新,形成技术创新优势和管理创新优势,并约束各种机会主义行为,降低交易成本,提高生产效率和交易效率,形成交易成本优势和效率竞争优势。

柯武刚(Wolfgang Kasper,1994)较早论及了制度与国际竞争力关系的学者。他认为:"一个政区,如果能提供便利商务活动的惯例、常规、法律和政府条例,能促进交易成本的降低和可靠的竞争秩序,就会吸引面向全球市场的国际生产者。"②柯武刚意识到制度因素在国际竞争力形成中具有重要作用。他曾指出,可移动的生产要素的所有者在作区位选择时,一般都会评估不可移动的生产要素或低移动的生产要素的成本。法律性、政治性、行政性体制等制度因素大都是无法在国际上流动的投入,其成本决定着一个国家的国际吸引力。"制度创造着经济增长,从而决定着各种要素所有者相互交往的能力,"因此"它们在决定生产和创新的相对交易成本上十分重要"。

创新差异理论对于跨境电商企业提升国际竞争力提供了强有力的解释。

首先,熊彼特关于企业家开发一种新产品、采用一种新的生产方法、开辟一个新的市场、获取或控制一种原材料的新来源、实现一种新组织的"五新"观点,对于跨境电商企业参与国际竞争、提升盈利能力是同样适用的。跨境电商企业家采用"五新"策略,通过创新可以形成和增强其国际竞争优势。如果这种原创优势因其他企业家争相模仿而最终消失,跨境电商企业家又可以新的持续的创新去不断打破暂时处于均衡的竞争状况,获取新的跨境电商竞争优势。

其次,技术创新-技术进步理论对于跨境电商企业提升国际竞争力具有重大意义。这可能导致两种趋势:一种是技术领先的跨境电商企业通过技术创新-技术进步更快使它与技术落后的跨境电商企业的技术差距进一步拉大,另一种是技术落后的跨境电商企业的技术进步较快使它与技术领先的跨境电商企业的技术进步差距缩小。在前一种情况下,技术领先企业可以创造更大的贸易优势,获得更多的贸易机会;在后一种情况下,技术落后企业的技术追赶可能提升其贸易比较优势,改善它的贸易结构与地位。

再次,制度创新理论对于跨境电商企业提升国际竞争力具有重要支撑。从微观视角分析,制度创新可以通过进一步明晰跨境电商企业内部产权关系或进行产权的重新配置,即细化或调整产权约束的边界和规则,来激励企业家创新和研发者创新,从而形成跨境电商企业的技术优势和管理优势。同时,企业可以通过产权制度创新,约束代理人的机会主义

---

① L E 戴维斯,D C 诺斯.制度变迁的理论:概念和原因[A].科斯,阿尔钦,诺斯.财产权利与制度变迁——产权学派与新制度学派译文集[C].上海:上海三联书店,上海人民出版社,1994:271.

② 参见 Kasper W. Global Competition, Institutions, and the East Asian Ascendancy. San Francisco: International Center for Economic Growth., 1994a. 转引自:柯武刚,史漫飞.制度经济学:社会秩序与公共政策[M].韩朝华,译.北京:商务印书馆,2000:422-423.

行为,降低跨境电商企业的内部交易成本,提高企业的生产效率和交易效率,形成跨境电商企业的成本优势和效率优势。毋庸讳言,产权制度创新理论同样适用于国家之间的跨境电商竞争。

1.2.6 "钻石"体系假说与跨境电商发展

"钻石"体系假说是波特在其"竞争三部曲"的第三部——《国家竞争优势》(1990)中提出的。波特认为,一国兴衰的根本在于是否具有国际竞争优势,而赢得国家竞争优势的关键又在于国家是否具有合宜的产业创新机制和充分的创新能力。但是,国家竞争优势并非来自某一项产业的成功,而是来自纵横交织的产业集群①。建立在产业群基础上的国家竞争优势之所以能够持续和升级,主要取决于四个关键要素:生产要素,需求条件,相关产业和支持产业的表现,企业的战略、结构和竞争对手。这四个关键要素的有机结合,加上两个辅助因素("机会"和"政府")的支持作用,即构成了他的"钻石"体系②。

根据波特的解释,生产要素分为初级生产要素(Basic Factor)和高级生产要素(Advanced Factor)两大类,前者包括天然资源、气候、地理位置、非技术人工与半技术人工、融资等,后者包括现代化通信的基础设施、高等教育人力以及各大学研究所等。他认为:初级生产要素的地位日益没落,一个国家想要经由生产要素建立起强大又持久的竞争优势,则必须发展高级生产要素和专业性生产要素;③需求条件是指一国国内市场对某一行业提供的产品或服务的需求的复杂程度;相关与支持性产业是获得国家竞争优势的前提条件,它构成技术创新、产品改进的基础;企业的战略、结构和竞争环境则强调行业中必须有大企业能占据国际领先地位,而大企业的发展则取决于该企业的管理状况和是否有适合发展的组织机构以及国内环境竞争的激烈程度。波特认为,以上四个基本要素既互相促进、互相推动,又互相牵制,形成一个良性或恶性循环圈。因此,钻石体系也是一个双向强化的系统,其中任何一项因素的效果必然影响到另一项的状态④。

在波特的国家竞争优势模式中,还分析了另外两个变量,即机会和政府的作用,形成了完整的"钻石"体系。该理论主张积极的政府干预。认为政府在确定本国具有竞争潜力的行业和促进这些行业取得竞争优势上能够发挥积极作用。政策的目标是促进这些行业中的企业不断提高劳动生产率和该行业的升级换代,政策的作用途径则是通过影响上述四要素,判断政策有效性的标准看其是否能够对四个基本要素产生积极影响。

波特的国家竞争优势理论的贡献在于:提出了一个重要的分析框架,构建并分析了国家竞争优势的决定因素,解释了一国的经济环境、组织、机构与政策在产业竞争优势中所扮演的角色,找出了一国可以维持产业竞争优势进而提升国家竞争优势的关键因素。波特理论的主要特色在于其综合性、多层性和动态性,他把前人从不同侧面、不同层次探索国际竞争

---

① 迈克尔·波特.国家竞争优势[M].李明轩,邱如美,译.北京:华夏出版社,2002:69.
② 迈克尔·波特.国家竞争优势[M].李明轩,邱如美,译.北京:华夏出版社,2002:67-68.
③ 迈克尔·波特.国家竞争优势[M].李明轩,邱如美,译.北京:华夏出版社,2002:70-75.
④ 迈克尔·波特.国家竞争优势[M].李明轩,邱如美,译.北京:华夏出版社,2002:68-69.

优势的源泉整合起来,纳入他的"钻石"体系。该理论缺陷也是显而易见的。一是缺乏经济学的规范和实证分析;二是几乎把国家、产业和企业各层面、各环节的诸因素都列为分析对象,纷繁复杂,难以深入,应用中难以把握和操作;三是隐含了制度不变和信息完全的假定,与客观实际不符。

尽管波特所提出的理论并无首创,且存在明显不足,但他整合产业经济与企业管理的理论,并结合实务,提出了一套简单明了又实用的做法,对于国家或企业的竞争优势培育具有指导作用。从这个角度看,波特的"钻石"体系假说对于国家参与跨境电商竞争仍然具有一定的借鉴意义。一个国家要在跨境电商竞争中形成自己的独特地位与优势,就必须全力打造适应全球竞争的综合优势,包括国内生产要素、需求条件、相关产业和支持产业、企业的战略、结构和竞争对手和"政府"的支持作用,只有整合好上述资源,并利用国际市场的机会(譬如,新冠肺炎疫情的全球暴发及防控,既是灾难,也蕴含着商机:检测、防治新冠病毒的试剂、药品以及疫情失控国家减产的商品或服务等),便可在全球跨境电商竞争中获得新的贸易优势。

对于国家来说,要在跨境电商竞争中形成自己的独特地位与优势,首先必须加强现代化、信息化、智能化产业及其基础设施建设,加强前述产业的关键核心技术的研发与创新,加大高等教育和人力资本的投入,加强高级生产要素和专业性生产要素的培育,以便形成自己的独特优势。其次,要大力加强跨境电商平台、跨境物流、跨境支付等配套产业和相关上游支持产业的发展,以适应跨境电商发展的需要。再次,要创造足够大的国内市场需求,为跨境电商产品或服务走出国门提供坚实的国内市场基础,这是获得跨境电商竞争优势的前提条件。同时,政府在确定本国具有竞争潜力的行业和促进这些行业取得竞争优势上能够发挥积极作用。政策的目标是促进这些行业中的企业不断提高劳动生产率和该行业的升级换代,政策的作用途径则是通过影响上述要素,判断政策有效性的标准是看其能否对跨境电商竞争优势所需要的基本要素和基本条件产生积极影响。

对于跨境电商企业来说,则应根据自身的资源、要素和条件选择适合自身发展的战略与结构,采取行之有效的管理方式和组织结构,以便能占据国际领先的地位,并适应跨境电商的竞争环境。同时,要善于抓住国际市场的机会,并利用国内的有利条件和自身的要素特点,形成自己的独特地位与优势。

1.2.7 贸易中间商理论与跨境电商发展

跨境电子商务的迅速发展引起了社会各界不同角度的研究与讨论,这为跨境电子商务的进一步发展提供了一定的政策基础和较好的社会氛围。不过,现有的认识与研究主要停留在宏观和政策层面上,从微观和理论层面上的研究与思考明显不足,尤其对跨境电商平台与新型贸易中间商的研究甚至尚未开始。事实上,进入21世纪以来,当代国际贸易研究的一大趋势,就是随着企业层面数据的可获取性提高,不断从传统的国家和产业等宏观层面研究日渐转入到企业和产品等微观层面研究,以异质性企业贸易理论为代表的新新贸易理论也因此成为当代国际贸易理论的学术前沿。不仅如此,新新贸易理论还为跨境电商平台作为新型贸易中间商的发展奠定了良好的理论基础。

早期的国际贸易文献将贸易中间商的基本中介功能划分为四种:一是定价功能,贸易中间商发挥其专业化优势,提供定价服务;二是提供交易便利,由于市场上的供给和需求具有随机性,贸易中间商因为具有随时准备买入和卖出的特征而能够为市场提供便利性和及时性;三是搜寻匹配功能,由于人们的支付意愿和机会成本具有不确定,贸易中间商可以为市场提供匹配服务以促成交易;四是担保功能,消费者和生产者的某些属性是不可观测的,贸易中间商可以为市场提供这些相关信息并为交易提供担保服务[①]。

在新近的国际贸易文献中,贸易中间商被引入到新新贸易理论模型中研究企业贸易方式的决策。贸易中间商被纳入到新新贸易理论模型的方式主要有三种:第一种是假定贸易中间商可以通过为多个出口企业提供出口服务来实现规模经济,因而能够降低出口企业的固定出口成本,但是贸易中间商的服务收费会提高出口企业的单位可变出口成本[②];第二种是假定贸易中间商具有专业化优势,能够以更低的成本进入外国市场[③];第三种是假定贸易中间商比出口企业更有激励将真实的产品质量信息告知消费者,对出口产品质量起到了担保作用,从而有助于提高出口企业的销售额[④]。贸易中间商模型及一些经验研究表明:贸易中间商可以降低企业的出口成本,降低出口门槛,使较低生产率企业能够通过中间商实现间接出口;某一产业产品面临的交易对手越多、产品间的替代弹性越小,通过贸易中间商的间接出口占比越高;出口目标国市场越小、越远、进入障碍越大,贸易中间商的作用越大[5]。

企业对外出口需要了解国外制度环境、市场环境,掌握外国语言,跨境交易达成后还要走商品通关、运输、仓储等国际贸易流程,因而企业出口需要负担比供应国内市场情况下更高的信息和交易成本。贸易公司、跨国批发商等贸易中间商因具有规模优势和专业化优势[⑤],能够降低出口成本,提供对外贸易便利,帮助那些难以负担国际贸易成本的企业实现出口。经验研究发现,那些生产率不高、国际竞争力不强的中小企业更倾向于通过贸易中间商间接出口,而不是直接出口。

跨境电子商务,广义上指的是传统国际贸易的电子化,一般意义上指的是商家通过电子平台实现的线上交易或线上撮合线下交易。目前,中国跨境电子商务进出口主要是通过阿里巴巴国际站等跨境电子商务平台来实现的。跨境电子商务平台有两类:一类是独立第三方外贸企业间的电子商务交易(B2B)或外贸企业对个人零售电子商务(B2C)交易平台,以阿里巴巴国际市场、环球资源、中国制造网、全球速卖通、敦煌网、亚马逊等为代表,为境内外

① Daniel F Spulber. Market Microstructure and Intermediation[J]. Journal of Economic Perspectives, 1996, 10(3): 135-152.

② JaeB in Ahn, Amit K. Khandelwal, Shang-Jin Wei. The Role of Intermediaries in Facilitating Trade[J]. Journal of International Economics, 2011, 84(1): 73-85.

③ Gabriel Felbermayr, Benjamin Jung. Trade Intermediation and the Organization of Exporters[J]. Review of International Economics, 2011, 19(4): 634-648.

④ Kunal Dasgupta, Jordi Mondria. Quality Uncertainty and Intermediation in International Trade[M]. Unpublished. University of Toronto, 2013.

⑤ Gabriel Felbermayr, Benjamin Jung. Trade Intermediation and the Organization of Exporters[J]. Review of International Economics, 2011, 19(4): 634-648.

会员商户提供网络营销平台,传递供应商或采购商等合作伙伴的商品或服务信息,撮合买卖双方达成交易;另一类是自营类跨境电商平台,以大龙网、兰亭集势为代表,它们从国内供货商手中买断货源,自建物流、支付和客服体系,将产品销往海外。从服务或交易内容看,跨境电商平台就是一种基于电子平台的新型贸易中间商。跨境电商平台作为一种新型贸易中间商,是否也有传统的线下贸易中间商的中介功能呢?

贸易中间商通常有两种类型:一种是撮合买卖双方达成交易,自己不参与交易;另一种则参与交易,从供货商手中买下货源,再加价出售给外国买家。平台类跨境电商和自营类跨境电商正好对应了贸易中间商的两种类型。在目前国内的跨境电商平台中,平台类跨境电商更为典型,规模更大。尤其是拥有阿里巴巴国际站、全球速卖通、淘宝全球购和天猫国际等四个跨境平台的阿里巴巴集团最具代表性,其中阿里巴巴国际站是中国最大的全球在线批发平台。

1.3　中国跨境电子商务发展历程、特点及趋势

1.3.1　跨境电商的发展历程

根据跨境电商发展的主要特征,我国跨境电商的发展过程大致可划分为以下四个发展阶段。

1. 萌芽探索阶段(1995—2003 年)

中国最早涉足跨境电商信息服务的互联网平台可以追溯到 1970 年在深圳成立的环球资源(外贸)网。该平台 1995 年率先推出全球首个 B2B 在线电子商务跨境贸易服务站点,可视为中国跨境电商萌芽阶段的起点。它比 1998 年 2 月 28 日正式注册成立的中国制造网早了 3 年,比 1999 年 9 月成立的阿里巴巴(国际站)早了 4 年,以上三个平台开始摸索外贸企业的服务需求,并向外贸企业提供出口商品展示、信息服务与业务撮合,标志着我国跨境电商的发展正式启动,但仍处于摸索、萌芽阶段。

由于互联网平台及相关配套服务水平的限制,本阶段跨境电商的发展呈现以下三个特征:

第一,为卖方提供产品信息发布服务。当时的互联网平台主要为中小出口企业提供出口产品展示服务,使国外买方能够从线上及时获悉产品的外观、性能、规格及价格等相关信息。

第二,为买卖双方提供贸易媒介服务。通过互联网平台将出口商的名称、地址、网址、电话、联系人等基本信息展示在线上,便于有意向的进口商与出口商联系,然后买卖双方通过线下洽谈,达成交易。所以,当时的跨境交易实际上是在线下完成的,而互联网平台主要是完成了整个跨境电商产业链的信息整合环节,起着跨境交易媒介服务的作用,并不涉及具体交易环节。我们可以将萌芽阶段的跨境电商模式简称为线上展示、线下交易的 B2B 信息服务模式。典型的代表平台是阿里巴巴,它以网络信息服务为主,线下会议交易为辅,成为国

内最大的服务中小微企业的外贸信息黄页平台之一,致力于帮助中小微外贸企业走出国门,开拓海外市场。

第三,第三方平台以获取信息服务费为主要盈利模式。当时的跨境电商服务平台主要通过展示企业产品信息以及提供竞价推广、咨询服务等而收取一定的服务费而获益,同时向企业收取一定的"会员费"。

跨境电商萌芽阶段通过互联网解决了中国贸易信息面向世界买家的难题,完成跨境电商产业链的信息流整合环节,但是无法完成外贸在线交易。

2. 初步发展阶段(2004—2009 年)

随着互联网的普及和跨境电商平台、跨境支付、跨境物流等配套服务水平的提高,国内跨境电商进入了新的发展阶段。2004 年敦煌网上线,开启了中国跨境电商线上零售交易的新阶段。从此,中国跨境电商平台突破了单纯提供信息展示、咨询服务的功能,将在线交易、跨境支付、跨境物流等环节逐步纳入了跨境电商运营体系,实现了真正意义上的跨境电商(在线交易)。于是,面向海外个人消费者的跨境电商 B2C、C2C 逐步发展起来。

2007 年,兰亭集势成立,该平台整合国内供应链,向国外消费者提供 B2C 跨境电商零售业务。

2009 年,以 B2C 和 C2C 为主要跨境贸易模式的阿里巴巴速卖通、洋码头诞生。随着B2C 平台的发展,国内很多中小微型卖家开始加入跨境电商行列。

与萌芽阶段不同,本阶段跨境电商的发展呈现以下三个特征:

第一,初步形成了线上零售交易的跨境贸易新模式。本阶段的互联网平台在进一步优化整合出口企业的商品信息服务的基础上,有效打通了买卖双方的信息对接,实现了 B2C 和C2C 跨境电商零售业务的直接沟通和在线交易,减少了外贸活动的中间环节、缩短了产业的销售链,使国内供应商拥有更强的议价能力,扩大了赢利空间,初步彰显了跨境贸易新模式的巨大优势。

第二,初步实现了跨境电商各环节的配套发展。适应互联网平台跨境线上交易的需要,跨境线上支付平台与跨境物流网络也逐步得到发展,从而初步打通了跨境贸易价值链各个环节之间的联系,提高了跨境电商零售业务的交易效率。

第三,第三方平台赢利模式步入多元化。在本阶段,第三方平台的创收渠道主要有以下几种形式:向企业收取跨境交易佣金,收取品牌推广费,通过提供跨境支付和跨境物流服务等而获益。

3. 高速发展阶段(2010—2017 年)

随着互联网发展的不断深化,中国跨境电商新业态经过十几年的培育,已逐渐走向成熟。2010 年,中国跨境电商打响了小额批发(B2B)的第一枪,阿里巴巴国际站开始从外贸信息展示平台向外贸商品交易平台转变,真正实现了 B2B 线上数字化交易,传统外贸模式开始被跨境电商自主出口多样化方式所改变。因此,这一年可视为本阶段的起点。也是在这一年,阿里巴巴国际站全资收购深圳一达通,开始为国际站外贸企业提供一站式外贸服务,各大外贸物流企业也开始加速推进与跨境电商平台接轨,服务更多的外贸企业。2012 年,商品信息机器翻译上线,200 多个国家跨越语言鸿沟,降低沟通障碍,创造了更多商机。2014 年,海关总署发布 56 号、57 号公告,跨境电商正式获得合法身份,并且明确了跨境电商的监管流程和促进政策,因而这一年被网上称为中国跨境电商元年。以上模式转换、技术进步和政策激励等因素共同推进中国跨境电商步入快速发展阶段。

在此期间,诞生了聚美优品(2010 年 3 月)、唯品会(2011 年 1 月)、小红书(2013 年 6 月)、天猫国际(2014 年 2 月)、网易考拉(2015 年 1 月)等一大批零售进口平台,跨境电商平台承载交易与综合服务的能力显著增强。

与前一阶段比较,中国跨境电商的发展呈现出以下三个主要特征:

第一,B2B、M2B 成为跨境电商发展的主流模式。在本阶段,中国跨境电商模式由 C2C、B2C 模式转向 B2B、M2B 模式,B 类卖家数量剧增,B 端买家规模扩大,交易平台上 B 类订单迅速增加,国际市场进一步拓宽。

第二,跨境电商发展速度明显加快。2010—2017 年中国跨境电商平均增速突破 30%,年均增幅高达 31.69%,跨境电商进出口规模 7 年翻了 3.3 番。其中,跨境电商出口规模增长 7.8 倍,跨境电商进口规模增长 20.1 倍。

第三,跨境电商平台承载交易与综合服务的能力显著增强。随着互联网技术的不断深化和跨境电商模式的普及,跨境电商平台与服务能力显著增强,更多大型互联网服务商的加入,使得跨境电商的运作流程和服务功能全面优化升级。移动端用户数量飙升,个性化、多元化、长尾化需求增多,生产模式趋向柔性化、定制化、个性化,线上线下的配套服务体验不断优化,外贸活动产业链向线上转化的步伐明显加快。

4. 规范发展阶段(2018 年以来)

中国跨境电商经过 8 年的快速发展,取得了巨大成效,但也暴露出一系列亟待解决的问题,譬如,部分商家诚信度不高、交易行为不够规范、弄虚作假、以次充好、偷税漏税、侵犯知识产权、通关效率不高、监管举措滞后等问题已经逐渐成为跨境电商可持续发展的障碍。鉴于此,我国政府有关部门出台了一系列规范跨境电商发展的政策法规,旨在推动中国跨境电商的健康规范发展。虽然最早的调整政策见之于 2016 年 4 月 8 日,简称"四八新政",但该新政曾经三次延迟,直到 2018 年底才正式付诸实施。因此,从 2018 年开始,中国跨境电商步入调整规范发展阶段。

本阶段中国跨境电商的发展呈现出以下三个主要特征。

第一,跨境电商平台出现两极分化。一方面,在资金链的压力之下,财力相对薄弱的中小电商平台逐渐被淘汰出局;另一方面,财力雄厚的巨头加速扩张跨境电商业务,形成规模竞争优势。2016 年出台、2018 年实施的"四八新政"标志着低门槛跨境电商的政策红利时代结束,海淘带货和小型 2C 进口商失去价格优势,利好于大型平台类企业的发展。行业内部加速洗牌,两极分化明显。

第二,跨境电商主体向贸易型企业与生产企业融合转变。随着跨境电商模式的发展,跨境电商主体由早期的个人和贸易型企业为主转变为贸易型企业与生产企业融合发展,从势单力薄的草根创业者逐渐转变为大型工厂、外贸公司等具有产品设计管理能力的群体,生产企业由线下转到线上的步伐进一步加快,大型生产商逐步进驻跨境电商平台交易,贸易数字化水平明显提升。

第三,跨境电商产品的质量明显提高。随着跨境电商的发展,平台产品由网商、二手货源向更具竞争力的一手优质产品转变,由单纯注重性价比逐步向注重品牌、质量、标准、服务等转变,柔性化、定制化、个性化商品快速增长。

第四,跨境电商的服务全面升级。2018 年以来,跨境电商的各类服务商包括综合类、物流类、支付类、技术类、营销类的服务向智能化和数字化稳步前行,从供应链管理、数据营销管理、智能分销系统等多角度提供 B 端全流程服务、全产业链服务。同时,跨境电商的渠道从依托第三方平台为主,逐步开发出自营型独立网站,社交网站、搜索引擎营销等多种新渠道。

1.3.2 跨境电商发展的主要特点

1. 跨境电商规模迅速扩大,占货物一般贸易总额的比重不断提升

中国网经社发布的相关数据显示:2020 年中国跨境电商交易规模达到 12.5 万亿元,比 2008 年增长 14.63 倍,年均增速高达 26.11%,每 4 年增长约 5 倍,①远高于同期货物一般贸易的增速。2020 年中国货物一般贸易进出口总额达到 32.16 万亿元,比 2008 年增长 0.79 倍,年均增速为 6.03%。中国跨境电商交易总额占货物一般贸易进出口总额的比重逐年提高,由 2008 年的 4.65% 提高到 2020 年的 38.87%,年均提高 3.11 个百分点,12 年累计提高 34.22 百分点。跨境电商新业态已成为推动中国外贸稳增长的新动能。以上分析的统计描述如图 1.1 所示。

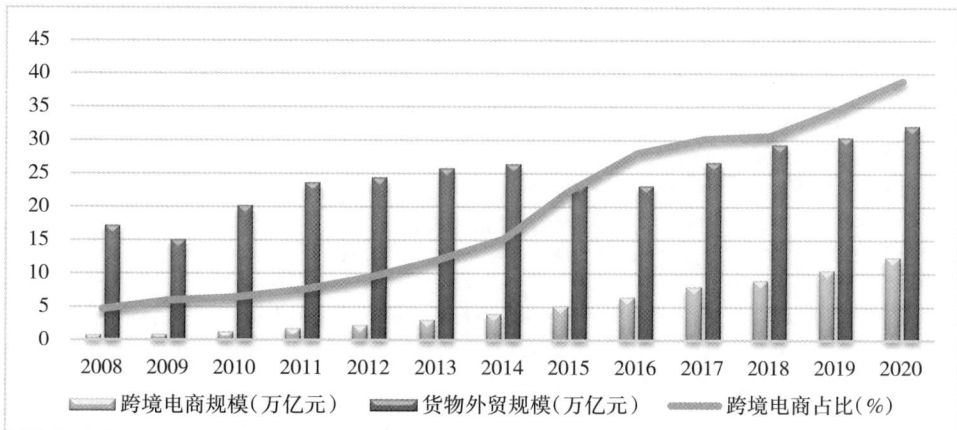

图 1.1　2008—2020 年中国货物一般贸易总额、跨境电商总额及其占比

---

① 2021 年 7 月 12 日,商务部部长助理任鸿斌在国务院政策例行吹风会上介绍,中国跨境电商规模 5 年增长近 10 倍,市场采购贸易规模 6 年增长 5 倍,外贸综合服务企业超 1 500 家,海外仓数量超 1 900 个,加工贸易保税维修项目已建成 130 个。跨境电商新业态新模式已成为推动中国外贸转型升级和高质量发展的新动能。

2. 跨境电商贸易顺差持续扩大

2008—2020 年中国跨境电商出口额占跨境电商交易总额的比重一直在 80% 以上,平均比重为 84.53%,而进口额占跨境电商交易总额的比重一直较低,平均比重为 15.47%。跨境电商贸易顺差年均高达 3.12 万亿元,呈逐年扩大态势,从 2008 年的 0.61 万亿元扩大到 2020 年的 6.9 万亿元,年均增速高达 23%,但从 2010 年起贸易顺差增速在波动中有所放缓。如图 1.2 所示(数据来源网经社)。

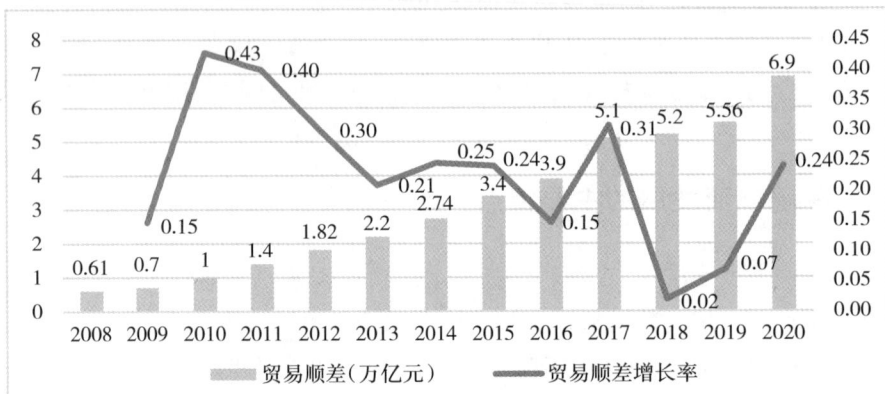

图 1.2　2008—2020 年中国跨境电商贸易顺差及其环比增长率

3. 跨境电商增长速度较快

2008—2020 年,中国跨境电商年均增速高达 25.06%,同期货物一般贸易平均增速为 7.06%,跨境电商增速比货物一般贸易增速快了 17.99 个百分点,即快了 2.54 倍。近年来,中国跨境电商年均增速在波动中呈现下降态势,2018 年跨境电商增速仅为 12%,但 2019年、2020 年出现反弹,分别为 16.7% 和 19.1%。如图 1.3 所示(数据来源网经社)。

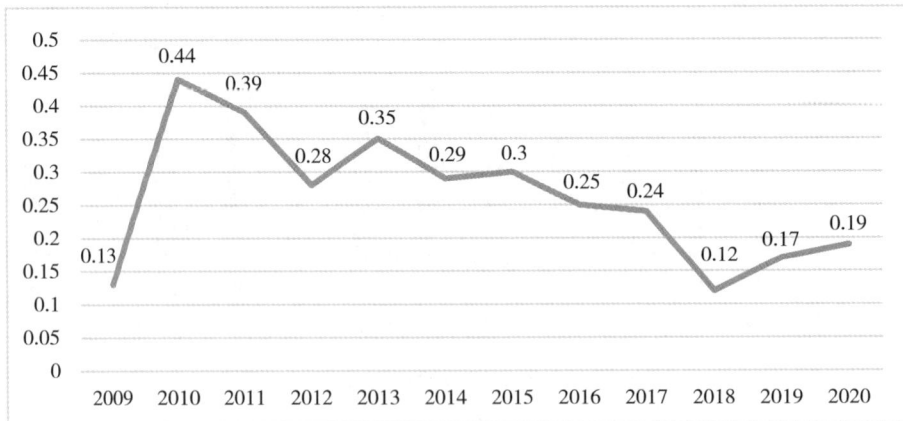

图 1.3　2008—2020 年中国跨境电商增长率

4. 跨境电商经营主体大量涌现

新的经营主体大量涌现据不完全统计,截止到 2018 年底,全球跨境电商平台头部企业已达 56 家。截至 2020 年年底,中国跨境电商平台主要企业已达 32 家,外贸综合服务企业超 1 500 家,海外仓数量超 1 900 个,境内通过各类平台开展跨境电商业务的企业已超过 60 万家。中小企业建立直接面向国外买家的国际营销渠道,降低交易成本,缩短运营周期。据估算,目前在跨境电子商务平台上注册的经营主体中,中小企业和个体商户占到 90% 以上。

5. 跨境电商出口市场多元化

从跨境电商出口的目标市场看,呈现多元化,市场结构逐步优化。一是以美国、英国、德国、澳大利亚为代表的成熟市场,是我国跨境电子商务零售出口产品的主要目标市场,且持续保持快速增长。由于成熟市场跨境网购观念普及、消费习惯成熟、整体商业文明规范程度较高、物流配套设施完善等优势,50% 以上的我国跨境电商企业开通了欧美市场业务。二是"一带一路"沿线的跨境电商贸易增长较快。在发达国家保护主义抬头和推动再工业化、"一带一路"建设持续推进等背景下,外贸企业利用跨境电商平台的优势,积极开拓"一带一路"沿线国家和新兴市场,带动我国跨境电商出口在中东欧、俄罗斯、拉丁美洲等市场的布局增加。截至 2019 年,我国与乌兹别克斯坦等 22 个国家建立了双边电子商务合作机制,2019 年与合作国家的跨境电商进出口额达 245.7 亿元,同比增长 87.9%,其中我国出口额增加 143.6 亿元,同比增长 207.1%。三是不断崛起的新兴市场正成为跨境电子商务零售出口产品的新目标。巴西、印度等新兴市场由于本土产业结构不合理,尤其是消费品行业欠发达,积攒了大量的消费需求;而线下零售渠道成熟度较差,本土市场规模较小使得消费需求难以满足;我国制造的产品物美价廉,在这些国家的市场上优势巨大。大量企业也在拓展东南亚市场,印度尼西亚是东南亚人口最多的国家,全球人口排名位居第四,具有巨大的消费潜力。在中东欧、拉丁美洲、中东和非洲等地区,电子商务的渗透率逐步提高。

6. 跨境电商企业重视质量和品牌建设

跨境电商交易中,外贸企业更加重视质量升级和品牌建设。艾瑞咨询研究院的统计,中国全球化 50 强企业的品牌吸引力在 2019 年实现了 15% 的增长,2020 年继续创造出了 8% 的增长。同时东南亚电商平台 Shopee 公布的数据显示,2019 年"双 11"来自中国卖家的产品销量超过 2018 年同期的 10 倍,当天售出超过 8 000 万件商品。在户外运动、家居用品和电子产品领域,已经有多个中国知名品牌实现出海,国际品牌形象进一步提升。这主要由于跨境电商交易使企业面对更广泛的销售市场和激烈的竞争,推动外贸企业升级产品和加强品牌建设。

1.3.3 跨境电子商务的发展趋势

近年来,跨境电子商务的发展呈现以下十大新趋势。

(1)交易产品向多品类延伸

随着我国跨境电子商务的发展,跨境电子商务交易产品向多品类延伸。从销售产品品类看,跨境电商交易的商品品类经历了一个由简单到复杂的过程,从最初的线上音乐和视频等零物流的数字化产品,到服装服饰、3C 电子、计算机及配件、家居园艺、珠宝、汽车配件、食品药品等便捷运输产品,再到生鲜食品、家居、汽车等物流要求更高的大型产品。随着多样化跨境物流解决方案的不断出现,商品品类将得以不断拓展,两者相辅相成。由 eBay 数据可知,eBay 平台上增速最大的三大品类依次为家居园艺、汽配和时尚,且 71% 的大卖方计划扩充现有产品品类,64% 的大卖方计划延伸到其他产品线。不断拓展销售品类成为跨境电子商务企业业务扩张的重要手段,品类的不断拓展,不仅使得"中国产品"和全球消费者的日常生活联系更加紧密,而且有助于跨境电子商务企业抓住最具消费力的全球跨境网购群体。

(2)B2B 和 B2C 协同发展

跨境电子商务 B2C 业务模式逐渐受到企业重视,近两年呈现出爆发式增长。究其原因,主要是跨境电子商务 B2C 具有一些明显的优势。

①利润空间大。相较于传统跨境模式,B2C 模式可以跳过传统贸易的所有中间环节,打造从工厂到产品的最短路径,从而赚取高额利润。

②有利于树立品牌形象。B2C 模式有利于国内不再满足做代工的工贸型企业和中国品牌利用跨境电子商务试水"走出去"战略,熟悉和适应海外市场,将中国制造、中国设计的产品带向全球

③有利于把握市场需求直接面对终端消费者,有利于企业更好地把握市场需求,为客户提供个性化的定制服务。

④市场广阔。与传统产品和市场单一的大额贸易相比,小额的 B2C 贸易更为灵活,产品销售不受地域限制,可以面向全球 200 多个国家和地区,有效地降低单一市场竞争压力,市场空间巨大。

B2B 作为全球贸易的主流,将会和 B2C 协同发展。从 2015 年中国跨境电子商务的交易模式看,跨境电子商务 B2B 交易占比达到 88.5%,占据绝对优势。由于 B2B 交易量较大订单较为稳定,且处于相对成熟阶段,所以未来跨境电子商务交易中 B2B 交易在较长时间内仍然是主流,但随着跨境交易主体越来越小,跨境交易订单趋于碎片化和小额化,未来 B2C 交易占比会出现一定的提升。

B2B 作为全球贸易的主流,未来仍然会是中国企业开拓海外市场的最重要模式;而 B2C 作为拉近与消费者距离的有效手段,对中国企业打响品牌也将具有非常重要的地位。B2B 和 B2C 作为两种既区别又联系的业务模式,互补远远大于竞争,两者都能成为开拓海外市场的利器。

(3)**跨境电商企业品牌化建设步伐提速,全球化布局加快**

得益于满足消费者需求、应对市场竞争和电商平台的推动,我国出口跨境电商品牌化的趋势日渐明显。2017—2019 年,亚马逊平台上完成品牌注册的我国卖家增长了 10 倍。海关总署的统计显示,2019 年我国自主品牌商品出口额 2.9 万亿元,增长 12%,占出口总值的比重接近 17%,比 2018 年提升了 11 个百分点[①]。随着跨境电商市场的成熟和完善,企业以价

---

① 海关总署 2019 年全年进出口情况新闻发布会[EB/OL].海关总署网站,2020-01-14.

格营销作为主要竞争方式,依靠降低价格占据市场空间、获取微薄利润的模式已无以为继,品牌成为企业未来竞争力的核心。

"逆全球化"浪潮和全球经济政治的不稳定对跨境电商造成重大影响,为了应对单一市场的政策变化,保持市场规模的稳定,全球化布局将成为跨境电商企业首选的市场策略。更广泛的全球布局、更多样的商业机会、更广大的消费群体,不仅为卖家提供新的增长机遇,也有效提升了企业的抗风险能力。亚马逊中国卖家调研显示,近六成卖家已同时运营两个以上的海外站点,82%的卖家计划在现有基础上拓展新站点。在加速布局全球的过程中,卖家不仅考虑美国、欧洲等成熟站点,也积极布局中东、东南亚等新兴站点。随着 RCEP 协定的实施,我国卖家必将加快东南亚市场的布局,获取自贸协定带来的巨大红利。

(4)跨境电商平台向综合服务转型,物流与电商高度融合的特征愈加明显

以收取会员费、竞价排名费等方式赖以生存的信息服务型跨境电商平台已经面临发展瓶颈,而综合服务型平台通过提供一站式服务提高交易双方的满意度,并可收取一定的在线交易类佣金,其变现率也显著高于前者,这类平台已经成为主流。2020 年以来,物流与电商高度融合的特征愈加明显。eBay 推出 eBay Fulfillment 计划、速卖通推出无忧物流、Wish 推出 Wish Express,shopee 推出 Shopee Logistics Service 等,各个电商平台涉足物流服务的步伐越来越快,并已成为专线物流的主导力量。同时,传统快递企业也陆续涉足电商领域。2020 年 12 月 28 日,联邦快递收购电商平台 ShopRunner,这一举动使产品与售后物流紧密结合,进一步提高消费者的购物体验,增强品牌影响力和客户忠诚度。在大企业跨界融合不断争夺全球物流市场的同时,传统中小物流企业逐步在辅助干线及"最前一公里""最后一公里"市场中寻找定位,与物流电商化和电商物流化企业共同塑造未来物流新格局。

(5)独立站兴起渐成趋势

随着我国跨境电商卖家实力的增强和产品质量品牌的提升,以及快速建站工具的出现,独立站兴起已成趋势,并且表现出由铺货模式向精品模式升级的行业趋势。独立站相比第三方平台具有特定的优势,更能凸显品牌实力和影响力,有利于加强品牌认知,提升用户黏性和复购率;自主积累和应用客户数据,实现数据的不断增值;避免平台规则变动带来的不利影响,提高产品的溢价空间。独立站系统服务商 Shopify 的数据显示,2020 年独立站的网上流水和店铺数量均增长 20% ~30% 。雨果网在 2020 年底的一份卖家调研报告显示,受访的几百位卖家中,有 34% 的卖家明确计划在 2021 年布局独立站业务,另有 20% 的卖家有在考虑。由于全球最大电商平台亚马逊平台要求提高、运营成本增加、头部效应越来越明显等问题,可能会有越来越多的亚马逊卖家启动独立站业务。独立站和第三方平台双轮驱动已成为当前立体化渠道布局阶段跨境电商卖家的最佳选择。

(6)跨境电子商务产业生态系统更为完善

跨境电子商务涵盖实物流、信息流、资金流、单证流,随着跨境电子商务经济的不断发展,软件公司、代运营公司、在线支付、物流公司等配套企业都开始围绕跨境电子商务企业进行集聚,服务内容涵盖网店装修、图片翻译描述、网站运营、营销、物流、退换货、金融服务、质检、保险等,整个行业生态体系越来越健全,分工更清晰,并逐渐呈现出生态化的特征。目前,我国跨境电子商务服务业已经初具规模,有力地推动了跨境电子商务行业的快速发展。

(7)消费者和企业的紧密度趋向增强

跨境电商的发展使得消费全球化趋势明显,无国界的消费者互动、个性定制、柔性生产和数据共享将大行其道。消费者、企业通过电商平台彼此联系、相互了解,卖家通过全渠道汇聚碎片数据,准确识别和汇聚消费者需求,实现精准营销,买卖双方互动将使 C2B、C2M 的个性化定制更具现实基础,也促进了生产柔性化,推动了市场性的供应链组织方式的发展。

跨境电商的发展也推动了企业运营的全球化,据 Analysys 易观统计,阿里巴巴、腾讯、亚马逊、Facebook 的海外收入近年来均呈现逐年递增之势,更注重全球市场的电商企业将在市场上获得独特地位,而跨境电商的发展也可以让企业迅速将业务流程全球化,资产更轻,灵敏度更高,决策更加精准。

(8)海外仓成为新型外贸基础设施

海外仓模式加快了商品配送时效,提高了消费者购物和退换货体验,降低了企业跨境物流成本和风险,为包裹物流向仓储物流的转型升级提供了重要支撑。相较于国内直发模式,海外仓在疫情下更凸显其优势。在国内供应链因疫情中断的情况下,海外仓库存为跨境电商企业的持续经营提供了缓冲。而亚马逊 FBA 因疫情封仓,促使部分卖家加快推进海外仓计划。2020 年我国海外仓增速达 80%,数量已超过 1 800 个,成为支持跨境电商发展的重要环节。未来海外仓将在智能化发展、信息化建设、本土化运营、多元化服务等方面继续探索,助力我国产品不断拓展国际市场。

(9)移动端将成为跨境电子商务发展的重要推动力

随着移动技术的不断发展,智能手机、平板电脑的迅速普及,未来跨境电商将以"移动端为王"。移动技术的进步使线上与线下商务之间的界限逐渐模糊,以互联、无缝、多屏为核心的"全渠道"购物方式将快速发展。

①从 B2C 方面看,移动购物使消费者能够随时、随地、随心购物,极大地拉动市场需求,增加了跨境电子商务企业零售出口的机会。

②从 B2B 方面看,全球贸易小额化、碎片化发展的趋势明显,移动可以让跨国交易无缝完成,卖方随时随地做生意,白天卖方可以在仓库或工厂用手机上传产品图片,实现立时销售,晚上卖方可以回复询盘、接收订单。基于移动端做媒介,买卖双方沟通变得非常便捷。

(10)跨境电商新的贸易规则和秩序或将出现

2016WE 网络大会提出了成立 eWTP 倡议,即成立世界电子贸易平台。该平台作为一个私营部门引领、市场驱动、开放透明、多利益相关方参与的国际交流平台,起到聚焦全球互联网经济和电子贸易发展,探讨发展趋势和面临问题,推广商业实践和最佳范例、孵化贸易规则和行业标准,推动交流合作和能力建设的作用,其宗旨和目标是促进普惠贸易发展,促进小企业发展,促进消费全球化,促进年轻人发展。

这一倡议透露出一个强烈信息,随着跨境电商的迅猛发展,以及其在全球国际贸易中地位的增强,将有越来越多的跨境电商龙头企业关注并拟参与互联网时代国际贸易规则标准的制定,国际贸易新规则和新秩序或将出现。

【思政课堂】

通过本章的教学,让学生了解中国跨境电商发展的基本历程、主要特点及变化趋势,弄清跨境电商的内涵、外延及交易模式,理解传统贸易学为跨境电商新业态发展提供的理论解释、逻辑支撑及其局限性,提高学生的专业理论素养,培养学生的批判性学习意识与探索性创新精神。

引导学生综合运用国际贸易基本知识和方法独立分析跨境电商与传统对外贸易的共性、区别及其关系,掌握分析外经外贸新发展、新业态和新模式及其演化特点的基本方法,具备独立分析外经外贸新发展、新业态和新模式及其演化规律的基本能力,积极探索互联网时代国际分工、国际市场、全球经贸业态发展的新变化和中国跨境电商迅速发展变化的新动因,培养学生全面、深入、辩证地观察、分析和解决新问题的能力。

着力培养学生"买全球、卖全球"的国际化视野与爱国情怀,培养学生诚实守信、遵守国际规范和国家政策法则的意识,理解和适应跨境电商中的国别文化差异,具备良好的对外贸易和跨文化沟通素养以及国际市场开拓意识。

复习思考题

1. 简析跨境电商与传统对外贸易的共性、区别及其关系。

2. 简述中国跨境电商发展的基本历程及主要特点,中国跨境电商未来的发展趋势如何?为什么?

3. 传统贸易理论为跨境电商新业态发展提供了什么解释? 是否有局限性? 试举一种理论说明。

4. 中国跨境电商发展为何如此迅速?

5. 从亚马逊"封号"的案例中(参见扩展阅读1),你读懂了什么?

第 2 章
中国跨境电子商务发展现状概述

2.1 中国跨境电商进出口发展现状分析

2.1.1 中国跨境电商进口现状分析

（1）中国跨境电商进口规模分析

中国网经社发布的相关数据显示：2020 年中国跨境电商进口规模达到 2.8 万亿元，比 2008 年增长 31.11 倍，年均增速高达 34.43%，每两年增长约 1 倍，远高于同期货物一般贸易进口的增速。2020 年中国货物一般贸易进口总额达到 14.23 万亿元，比 2008 年增长 0.7899 倍。中国跨境电商进口总额占货物一般贸易进口总额的比重逐年提高，由 2008 年的 1.13% 提高到 2020 年的 19.68%，年均提高 1.55 个百分点，12 年累计提高 18.55 百分点。跨境电商进口已成为中国外贸进口的重要组成部分。以上分析的统计描述详如图 2.1 所示。

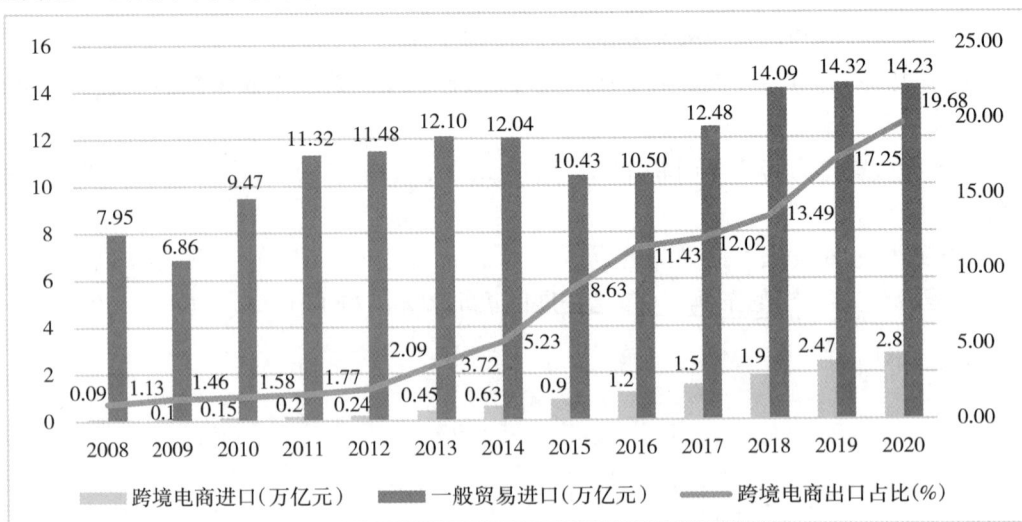

图 2.1 2008—2020 年中国跨境电商与货物一般贸易的进口规模比较

（2）**中国跨境电商进口增长速度分析**

2008—2020 年,中国跨境电商进口年均增速高达 34.43%,同期货物一般贸易进口年均增速仅为 5.85%,跨境电商进口年均增速比货物一般贸易进口年均增速快了 28.58 个百分点,即快了 4.89 倍。2013 年,受进口鼓励政策的影响,跨境电商进口增速达到峰期,同比增长 87.5%,此后,中国跨境电商进口增速在波动中呈现下降态势,2020 年跨境电商进口增速均仅为 13.36%,如图 2.2 所示(数据来源网经社)。

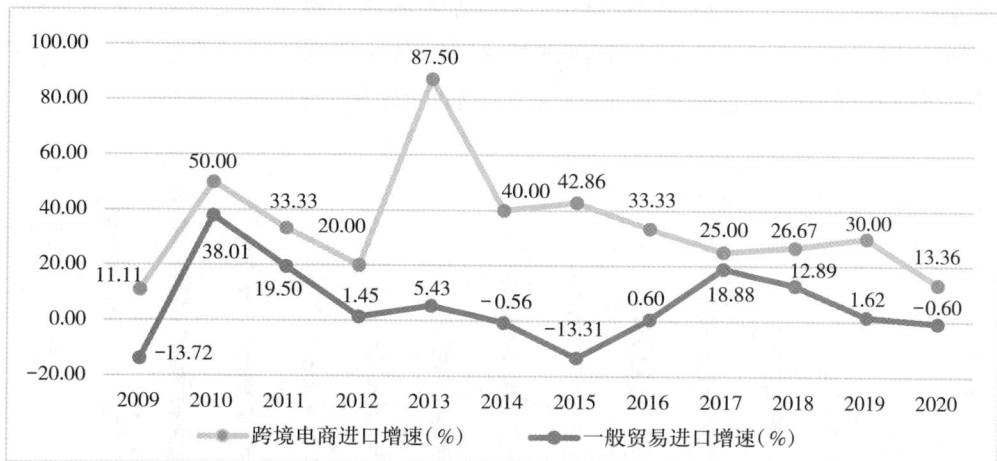

图 2.2　2008—2020 年中国跨境电商与货物一般贸易的进口增速比较

（3）**跨境电商进口变动的主要特点**

1）跨境电商进口规模呈稳步扩大态势

从进口规模来看(图 2.1),2008—2020 年我国跨境电商的进口规模呈逐年稳步扩大态势,年均扩大 0.23 万亿元,跨境电商进口总额占货物一般贸易进口总额的比重也呈逐年稳步提升态势,年均提升 1.55 个百分点。

2）跨境电商进口增速呈波浪形变化态势

由图 2.2 可知,2008—2020 年间我国跨境电商的进口增速先后呈现三个波段的变化态势,2010 年、2013 年、2019 年为波峰,增速峰值分别为 38.1%、87.5% 和 30%,2012 年、2017 年、2020 年为波谷,增速分别为 20%、25% 和 13.36%,总体上呈先升后降变化态势。

3）跨境电商进口规模受相关政策影响明显

2008—2013 年,我国跨境电商进口的增长明显受到进口鼓励政策的影响,相关支持政策驱动跨境电商进口规模迅速扩大,增速加快,从而出现了 2013 年前后的高速发展,2016 年颁布的 2018 年付诸实施的 4.8 新政进一步规范了跨境电商企业与消费者进口行为,导致最近 5 年跨境电商进口增速持续放缓。

2.1.2 中国跨境电商出口现状分析

(1)中国跨境电商出口规模分析

中国网经社发布的相关数据显示:2020 年中国跨境电商出口规模达到 9.7 万亿元,比 2008 年增长 12.86 倍,年均增速高达 24.9%,每 3 年约翻一番,远高于同期货物一般贸易出口的增速。2020 年中国货物一般贸易出口总额达到 17.93 万亿元,比 2008 年增长 0.79 倍。中国跨境电商出口总额占货物一般贸易出口总额的比重逐年提高,由 2008 年的 6.97% 提高到 2020 年的 54.1%,年均提高 3.53 个百分点,12 年累计提高 47.13 个百分点。跨境电商出口已成为中国外贸出口的重要组成部分。以上分析的统计描述如图 2.3 所示。

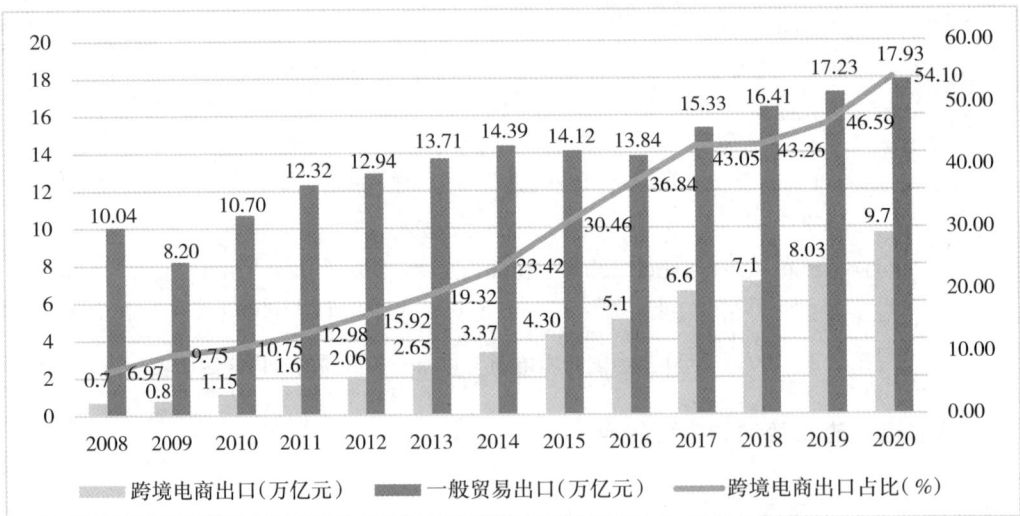

图 2.3　2008—2020 年中国跨境电商与货物一般贸易的出口规模比较

(2)中国跨境电商出口增长速度分析

2008—2020 年,中国跨境电商出口年均增速高达 24.9%,同期货物一般贸易出口年均增速仅为 5.52%,跨境电商出口年均增速比货物一般贸易出口年均增速快了 19.38 个百分点,即快了 3.51 倍。2010 年,受出口鼓励政策的影响,跨境电商出口增速达到峰期,同比增长 43.75%,此后,中国跨境电商出口增速在波动中呈现下降态势,2018 年跨境电商出口增速均仅为 7.58%,与当年货物一般贸易出口增速(7.06%)颇为接近,但随后两年出现反弹,分别达到 13.1% 和 20.8%,受疫情影响,国外用户更加倾向购买中国的出口产品,2020 年中国跨境电商出口增速明显提升。如图 2.4 所示(数据来源网经社)。

(3)跨境电商出口变动的主要特点

1)跨境电商出口规模呈稳步扩大态势

从出口规模来看(图 2.1),2008—2020 年我国跨境电商的出口规模呈逐年稳步扩大态

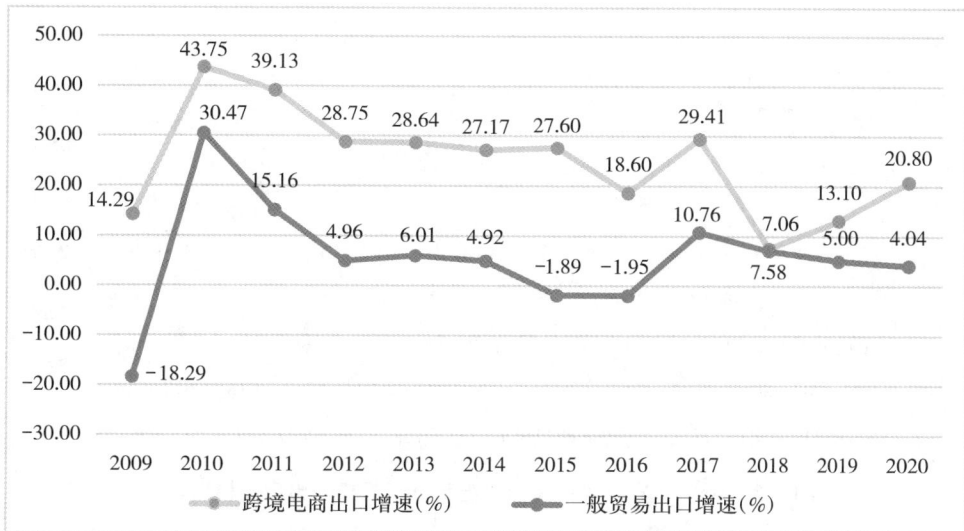

图 2.4　2008—2020 年中国跨境电商与货物一般贸易的出口增速比较

势,年均扩大 0.75 万亿元,跨境电商出口总额占货物一般贸易出口总额的比重也呈逐年稳步提升态势,年均提升 3.93 个百分点。

2)跨境电商进口增速呈波浪形变化态势

由图 2.2 可知,2008—2020 年我国跨境电商的出口增速也呈现了三个波段的变化态势,2010 年、2017 年、2020 年为波峰,增速峰值分别为 43.75%、29.71% 和 20.8%,2008 年、2016 年、2018 年为波谷,增速分别为 14.29%、18.6% 和 7.58%,总体上呈先升后降变化态势。

3)跨境电商出口规模受相关政策及疫情的影响明显

2008—2010 年以及 2016—2017 年,我国跨境电商出口的增长明显受到出口鼓励政策的影响,相关支持政策驱动跨境电商出口迅速扩大,增速加快,从而出现了 2013 年前面两波的高速发展,由于跨境电商无票出口的退税政策迟迟不能落地,导致跨境电商出口增速所放缓。2019 年底以来,世界各国受疫情困扰,但中国的疫情防控有效,导致国外用户更加青睐中国的出口产品,从而导致 2020 年中国跨境电商出口增速明显回升。

2.1.3　跨境电商出口与进口的比较分析

(1)跨境电商进口与出口规模悬殊

我国跨境电商进口规模与出口规模之间极不平衡,出口占据主要地位。2008—2020 年我国跨境电商出口额占跨境电商交易总额的平均比重为 84.53%,但 2015 年以来,该比重略有下降,2018—2020 年,该比重已下降到 80% 以下,而进口额占跨境电商交易总额的比重一直较低,平均比重为 15.47%,但 2015 年以来,该比重略有上升,2018—2020 年,该比重已上升到 20% 以上。如图 2.5 所示(数据来源网经社)。

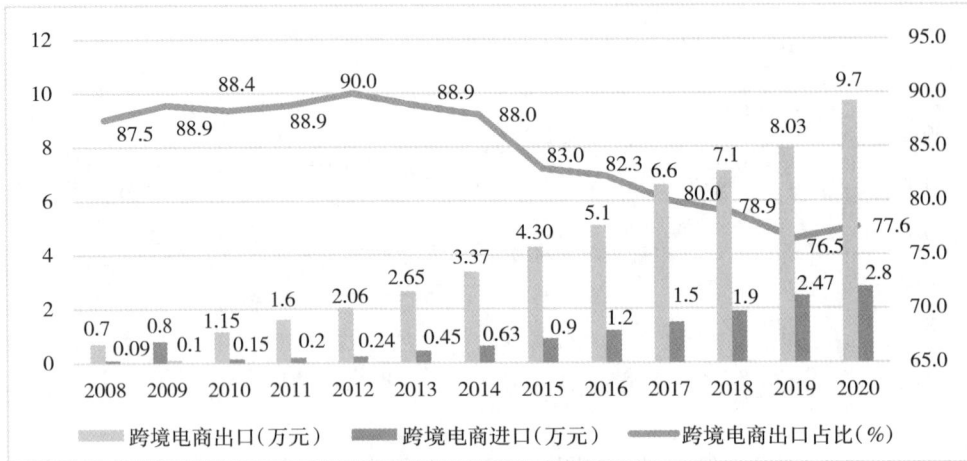

图 2.5 2008—2020 年中国跨境电商进口规模与出口规模比较

（2）跨境电商进口与出口增速存在差异

2008—2020 年，中国跨境电商进口增速明显快于出口增速，年均进口增速比出口增速快了 9.53 个百分点。

进口增速与出口增速均在波动变化中呈下降态势，但两者的波幅与降幅存在较大差异，进口增速的波幅达 76.39 个百分点，比出口增速的波幅（36.17）大了 1.12 倍。

进口增速的降幅也明显大于出口增速的降幅。进口增速从 2013 年的 87.5% 降到 2020 年的 13.36%，降幅高达 74.14 个百分点，表明近 7 年进口增速呈快速下降态势，年均降幅达 10.59%。同期，出口增速从 2010 年的 43.75% 降到 2018 年的 7.56%，降幅为 36.17 个百分点，表明近 8 年出口增速呈明显下降态势，年均降幅达 4.52%。进口增速的降幅比出口增速的降幅高于 6.07 个百分点。2019 年以来，中国跨境电商出口增速连续两年出现反弹，由 2018 年的 7.56% 上升 2020 年的 20.8%。这主要是由于中国疫情防控有效使然。如图 2.6 所示。

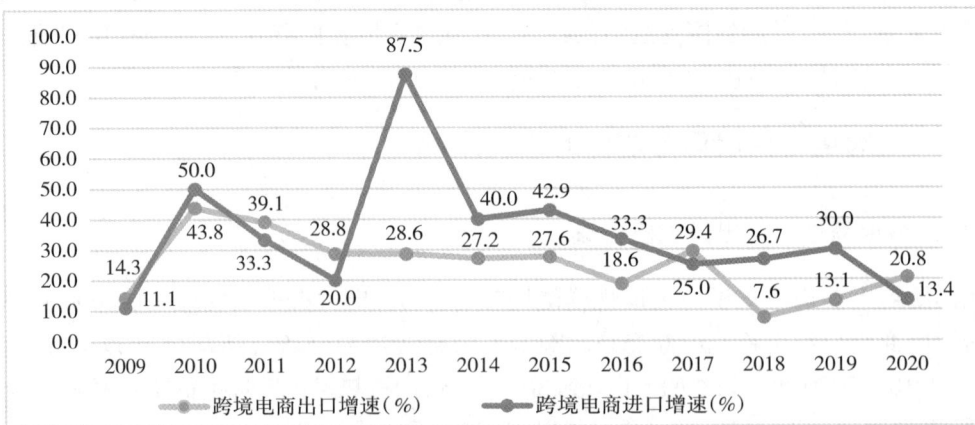

图 2.6 2008—2020 年中国跨境电商进口增速与出口增速比较

2.2　中国跨境电商 B2C、B2B 交易现状分析

2.2.1　中国跨境电商 B2C 交易现状分析

（1）中国跨境电商 B2C 交易规模分析

中国网经社发布的相关数据显示[①]：2020 年中国跨境电商 B2C 交易规模达到 2.72 万亿元[②]，比 2013 年增长 17 倍，每 3 年增长 4 倍。B2C 交易规模占中国跨境电商交易规模的比重逐年提高，由 2013 年的 5.08% 提高到 2020 年的 21.76%，年均提高 2.38 个百分点，7 年累计提高了 16.68 个百分点。B2C 交易模式已成为中国跨境电商交易的重要模式。以上分析的统计描述如图 2.7 所示。

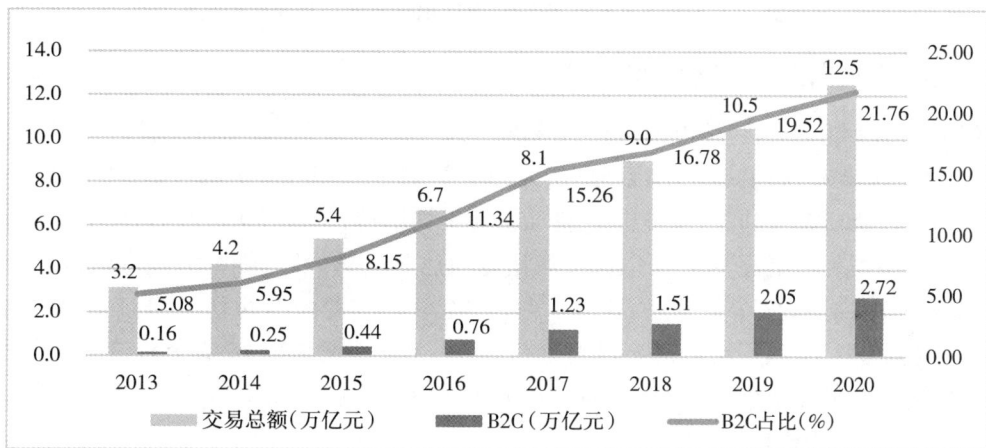

图 2.7　2013—2020 年 B2C 交易规模与跨境电商交易总规模比较

（2）中国跨境电商 B2C 交易结构分析

在跨境电商 B2C 交易规模中，B2C 出口规模占比较大，年均占比达 85.26%，从 2013 年占比 81.25% 上升到 2020 年的 85.66%，表明在跨境电商 B2C 交易中，B2C 出口交易规模占主要地位，且总体上呈上升变化态势。与此相反，B2C 进口规模占比较小，年均占比仅为 14.74%，从 2013 年占比 18.65% 下降到 2020 年的 14.34%，表明在跨境电商 B2C 交易中，B2C 进口交易规模占次要地位，且总体上呈下降变化态势。如图 2.8 所示。

---

① 根据 2020 年 6 月网经社电子商务研究中心发布的《2019 年度中国跨境电商市场数据监测报告》监测数据整理，转引自前瞻产业研究院。鉴于网经社和前瞻产业研究院的部分数据存在逻辑矛盾（根据其报告中跨境电商出口总额、B2B 交易总额、B2C 交易总额和 B2B 出口总额推算的 2013—2016 年 B2C 进口额为负数，与实际不符），故对 2013—2016 年 B2B 出口额数据做了微调，以使 B2C 进口额为正数。经验算，所做调整兼顾了多方数据结构的均衡与实际。

② 为简化分析，本书将 B2B 交易模式之外的其他模式交易的数量均列入 B2C 模式。2020 年的 B2C 和 B2B 模式分解的交易规模为预测数据。

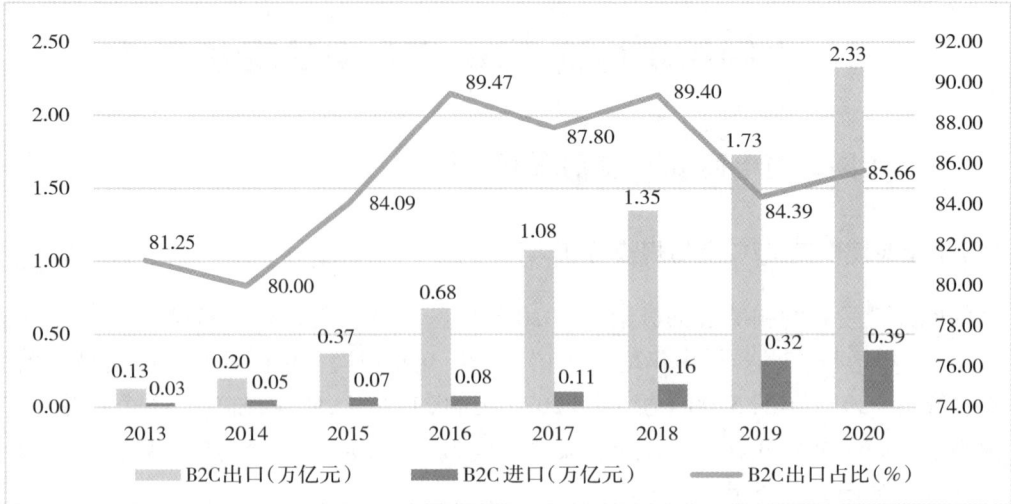

图 2.8 2013—2020 年 B2C 出口规模与进口规模比较

（3）中国跨境电商 B2C 增长速度分析

2013—2020 年,中国跨境电商 B2C 交易额年均增速高达 51.15%,比同期跨境电商交易总额年均增速（22%）高了 31.1 个百分点,即高了 1.42 倍。其中,中国跨境电商 B2C 进口额年均增速高达 45.5%,比同期跨境电商进口总额年均增速（28.6%）高了 16.9 个百分点,即高了 59%。中国跨境电商 B2C 出口额年均增速高达 52.8%,比同期跨境电商出口总额年均增速（20.6%）高了 32.2 个百分点,即高了 1.56 倍。显然,跨境电商 B2C 出口年均增速快于同期跨境电商 B2C 进口年均增速。以上分析表明,无论跨境电商 B2C 交易总额,还是跨境电商 B2C 进口交易额或出口交易额,都远高于同期中国跨境电商交易总额、进口总额、出口总额的年均增速,如图 2.9 所示。

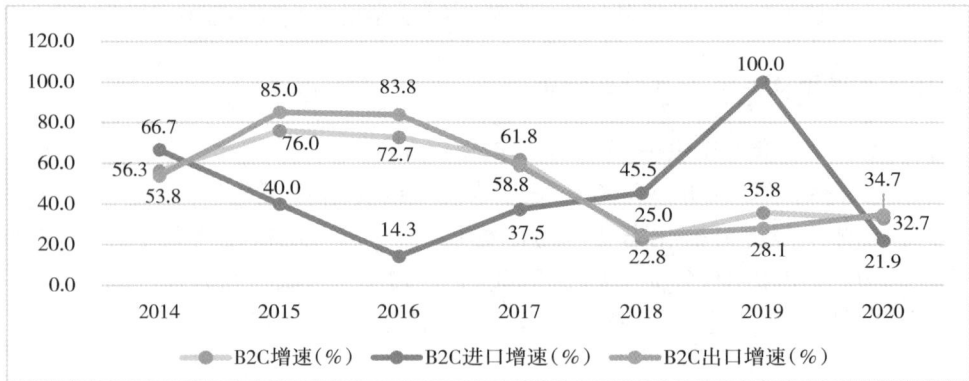

图 2.9 2013—2020 年中国跨境电商 B2C 的交易总额、进口额、出口额的增速比较

（4）跨境电商 B2C 交易变化的主要特点

1）跨境电商 B2C 交易规模呈稳步扩大态势,B2C 贸易顺差逐年扩大

从 B2C 规模来看（图 2.7）,2013—2020 年我国跨境电商 B2C 交易规模呈逐年稳步扩大

态势,年均扩大 0.37 万亿元,跨境电商 B2C 交易规模占跨境电商交易总额的比重也呈逐年稳步提升态势,年均提升 2.26 个百分点。同期,B2C 贸易顺差逐年扩大,从 2013 年的 0.1 万亿元扩大到 2020 年的 1.94 万亿元,7 年扩大了 18.4 倍。如图 2.10 所示。

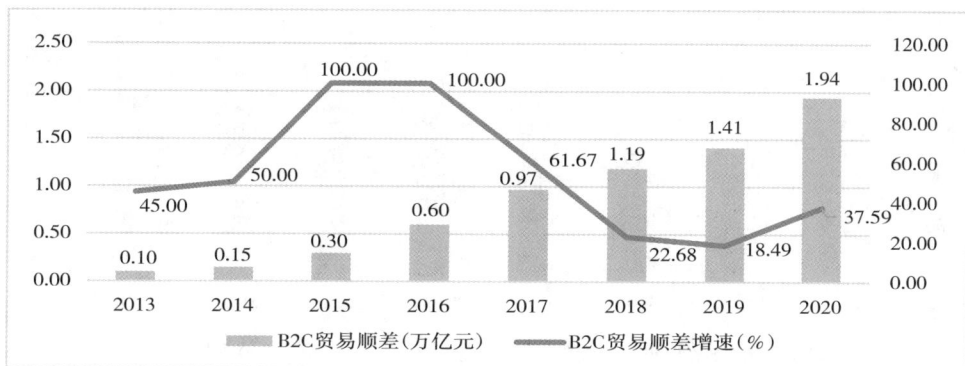

图 2.10　2013—2020 年中国跨境电商 B2C 贸易顺差

2)跨境电商 B2C 增速呈波浪型下降变化态势

由图 2.9 可知,2013—2020 年间我国跨境电商 B2C 增速在波动中呈现先升后降的变化态势,2013—2015 年呈上升态势,此后呈下降态势,总体上呈下降变化态势,从 2013 年的 53.8% 的增长速度下降到 2020 年的 32.7%。其中,B2C 进口增速下降更快,从 2013 年的 66.7% 的增长速度下降到 2020 年的 21.9%,波幅及降幅都大于 B2C 出口增速。如图 2.9 所示。

3)跨境电商 B2C 交易规模受相关政策影响较明显

2013—2020 年,我国跨境电商 B2C 交易的增长明显受到相关政策的影响。相关政策支持力度较大时,B2C 交易规模便迅速扩大,增速加快,从而出现了 2013—2015 年的进口高速发展,2016 年颁布的 2018 年付诸实施的"四八新政",进一步规范了跨境电商企业与消费者进口行为,导致 2016—2018 年跨境电商进口增速持续放缓。

2.2.2　中国跨境电商 B2B 交易现状分析

(1)中国跨境电商 B2B 交易规模分析

中国网经社发布的相关数据显示[①]:2020 年中国跨境电商 B2B 交易规模达到 9.78 万亿元,比 2013 年增长了 2.27 倍,7 年累计扩大交易规模 6.79 万亿元。B2B 交易规模占中国跨境电商交易规模的年均比重达 87.03%。B2B 交易模式已成为中国跨境电商交易的主要模式。以上分析如图 2.11 所示。

---

① 根据 2020 年 6 月网经社电子商务研究中心发布的《2019 年度中国跨境电商市场数据监测报告》监测数据整理,转引自前瞻产业研究院。鉴于网经社和前瞻产业研究院的部分数据存在逻辑矛盾(根据其报告中跨境电商出口总额、B2B 交易总额、B2C 交易总额和 B2B 出口总额推算的 2013—2016 年 B2C 进口额为负数,与实际不符),故对 2013—2016 年 B2B 出口额数据做了微调,以使 B2C 进口额为正数。经验算,所做调整兼顾了多方数据结构的均衡与实际。

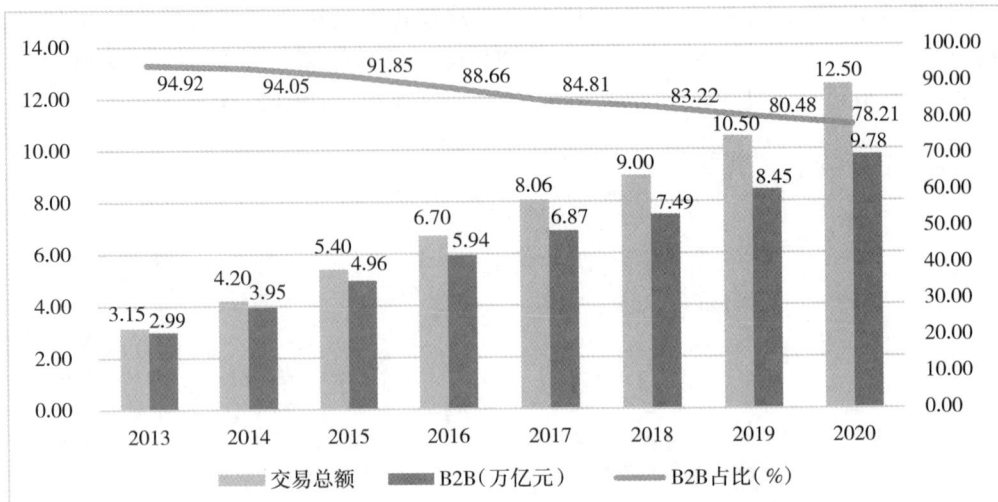

图2.11 2013—2020年B2C交易规模与跨境电商交易总规模比较

（2）中国跨境电商B2B交易结构分析

在跨境电商B2B交易规模中，B2B出口规模占比较大，年均占比达79.58%，但该占比呈下降变动态势，从2013年占比84.28%下降到2020年的75.36%，表明在跨境电商B2B交易中，B2B出口交易规模占主要地位，且总体上呈下降变化态势。与此相反，B2B进口规模占比较小，年均占比仅为20.42%，从2013年占比15.72%上升到2020年的24.64%，表明在跨境电商B2B交易中，B2B进口交易规模占次要地位，且总体上呈上升变化态势。如图2.12所示。

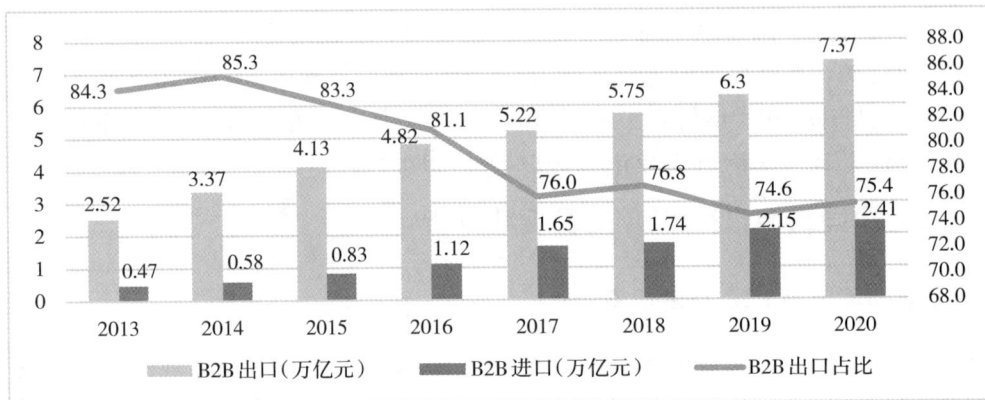

图2.12 2013—2020年B2C出口规模与进口规模比较

（3）中国跨境电商B2B增长速度分析

2013—2020年，中国跨境电商B2B交易额年均增速达18.7%，比同期跨境电商交易总额年均增速（22%）低了1.3个百分点。其中，中国跨境电商B2B进口额年均增速为27.1%，比同期跨境电商进口总额年均增速（28.6%）低了1.5个百分点。中国跨境电商B2B出口额年均增速为16.9%，比同期跨境电商出口总额年均增速（20.6%）高了3.7个百分点。显然,跨境电商 B2B 出口年均增速慢于同期跨境电商 B2B 进口年均增速。以上分析表明,无论跨境电商 B2B 交易总额,还是跨境电商 B2B 进口交易额或 B2B 出口交易额,都低于同期中国跨境电商交易总额、进口总额、出口总额的年均增速。如图 2.13 所示。

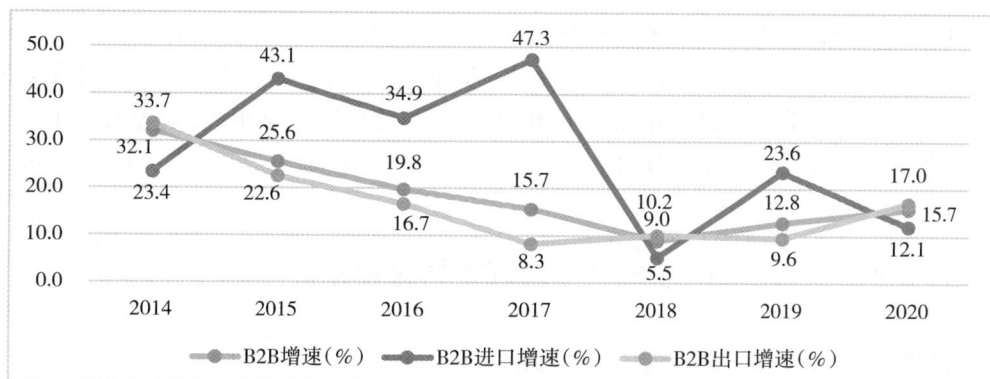

图 2.13　2013—2020 年中国跨境电商 B2B 的交易总额、进口额、出口额的增速比较

(4)跨境电商 B2B 交易变化的主要特点

1)跨境电商 B2B 交易规模呈稳步扩大态势,B2C 贸易顺差逐年扩大

从 B2B 规模来看(图 2.12),2013—2020 年我国跨境电商 B2B 交易规模呈逐年稳步扩大态势,年均扩大 0.97 万亿元,跨境电商 B2B 交易规模占跨境电商交易总额的比重却呈逐年下降态势,年均下降 2.39 个百分点。同期,B2B 贸易顺差逐年扩大,2013 年的 2.05 万亿元扩大到 2020 年的 4.96 万亿元,年均扩大 14.05%,如图 2.14 所示。

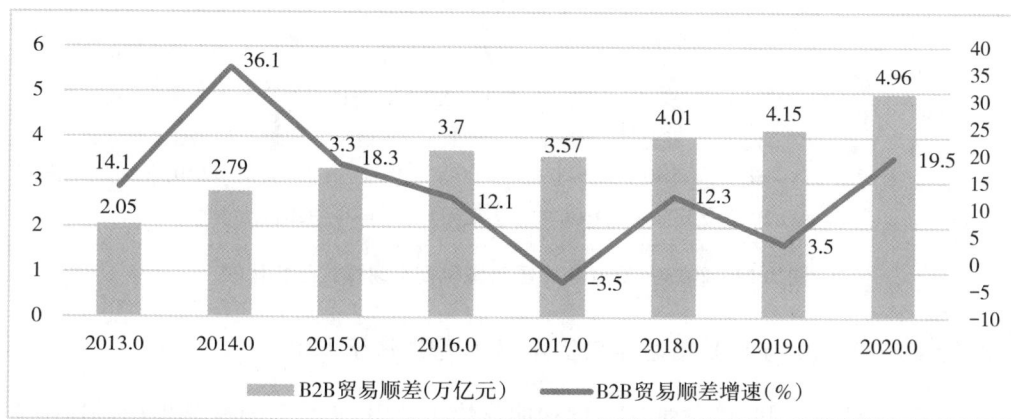

图 2.14　2013—2020 年中国跨境电商 B2B 贸易顺差

2)跨境电商 B2B 增速呈波浪型下降变化态势

由图 2.13 可知,2013—2020 年间我国跨境电商 B2B 增速在波动中呈现下降的变化态势,从 2013 年的 32.1% 的增长速度下降到 2020 年的 15.7%。其中,B2B 出口增速下降更快,从 2013 年的 33.7% 的增长速度下降到 2020 年的 17.0%,降幅明显大于 B2B 进口增速,但 2020 年 B2B 出口增速出现反弹,由 2019 年的 9.6% 上升至 2020 年的 17.0%。同期,B2B

进口增速的降幅虽然小于出口增速的降幅,但其变动的平均波幅高达 12.56 个百分点,明显大于出口增速的平均波幅(6.49 个百分点),并且呈现三升三降的波动态势。

3)跨境电商 B2B 交易规模受相关政策影响较明显

2013—2020 年间,我国跨境电商 B2B 交易的增长明显受到相关政策的影响。相关政策支持力度较大时,B2B 交易规模便迅速扩大,增速加快,从而出现了 2019—2020 年的出口增速反强,但 2018 年之前跨境电商小微企业 B2B 出口退税政策不够明朗,则导致 2014—2018年跨境电商出口增速持续下滑。B2B 进口受"四八新政"影响则呈现大幅下滑,由 2017 年的47.3% 下降到 2018 年的 5.5%。

2.2.3　跨境电商 B2C 与 B2B 交易现状的比较分析

(1)跨境电商 B2C 与 B2B 交易规模差距悬殊,B2B 规模大于 B2C

我国跨境电商 B2C 与 B2B 交易规模之间极不平衡。B2B 交易模式占据主要地位。2013—2020 年我国跨境电商 B2B 交易额占跨境电商交易总额的平均比重为 87.03%,但2015 年以来,该比重略有下降,2020 年,该比重已下降到 80% 以下,而 B2C 交易额占跨境电商交易总额的比重一直较低,平均比重为 12.07%,但 2015 年以来,该比重略有上升,2020年,该比重已上升到 20% 以上。如图 2.15 所示。

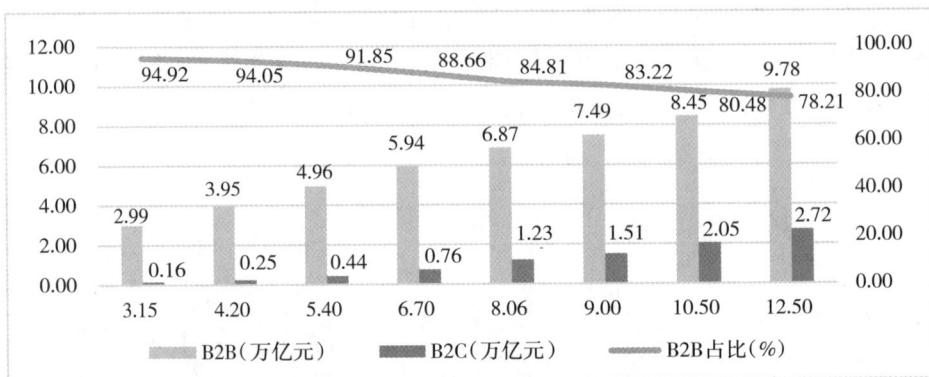

图 2.15　2013—2020 年中国跨境电商交易模式结构比较

(2)跨境电商 B2C 与 B2B 增速存在差异,B2C 增速快于 B2B

2013—2020 年,中国跨境电商 B2C 增速明显快于 B2B 增速,B2C 年均增速(51.15%)比B2B 年均增速(18.7%)快了 32.45 个百分点。

B2C 增速与 B2B 增速均在波动中呈下降态势,但两者的波幅与降幅存在较大差异,B2C增速的波幅较大,平均波幅达 17.78 个百分点,比 B2B 增速的平均波幅(6.12)大了 1.91 倍。

B2C 增速的降幅明显大于 B2B 增速的降幅。B2C 增速从 2013 年的 56.3% 降到 2018 年的 22.8%,降幅高达 33.5 个百分点,表明近 4 年 B2C 增速呈快速下降态势,年均降幅达8.38 个百分点。同期,B2B 增速从 2013 年的 32.1% 降到 2018 年的 9.0%,降幅为 24.1 个百分点,近 4 年 B2B 增速呈明显下降态势,年均降幅达 6.03 个百分点。B2C 增速的年均降幅比 B2B 增速的年均降幅高了 2.35 个百分点。2019 年以来,中国跨境电商 B2C 增速及 B2B 增速连续两年出现反弹,分别由 2018 年的 22.5% 和 9.0% 上升至 2020 年的 32.7% 和 15.7%,分别上升了 9.9 个百分点和 6.7 个百分点,显然,B2C 的反弹力度更大。这主要是由于中国相关政策的支持和疫情防控有效使然,如图 2.16 所示。

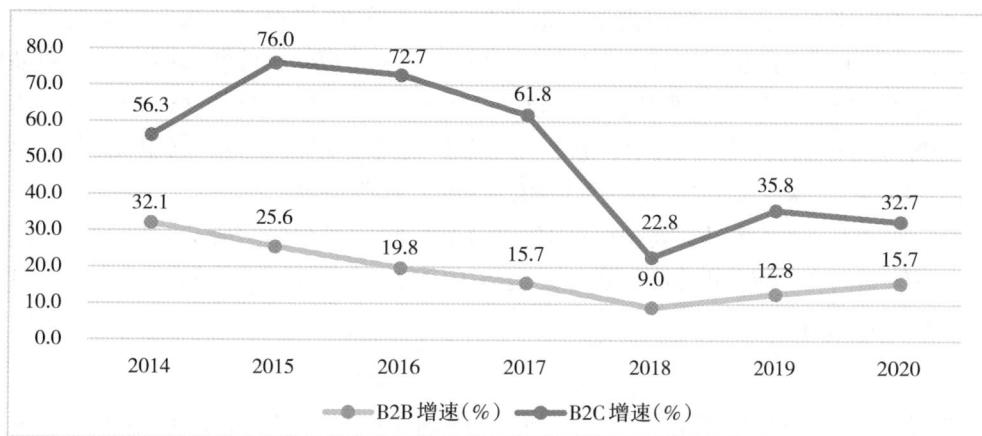

图 2.16　2014—2020 年中国跨境电商 B2C 与 B2B 增速比较

2.3　中国跨境电商试点与综试区发展现状及创新成果

2.3.1　围绕 B2C 的跨境电商试点发展现状及创新成果

(1)围绕 B2C 通关的跨境电商试点发展现状

1)试点设立背景

进入 21 世纪以来,随着互联网技术、万国邮联(UPU)和全球公民自由购物权的结合,跨境电商异军突起,因其"趋终端化、个性定制化、去中心化、去中间化"的特征,彻底改变了传统跨境贸易的销售、采购和运输方式。此外,随着我国居民收入不断提高,出国旅游成为一种新的消费趋势,当国内游客发现国外售卖的品牌商品价格远低于国内同样商品时,被国内国际商品定价策略导致的商品价差所吸引,纷纷在国外购物,这种现象产生"口碑"效应,甚至国内消费者出国的主要目的就是购物,造成大量国内消费外流现象。据统计,2015 年中国游客在境外消费约 1.2 万亿元,成为世界上最大的旅游消费群体。中国游客强大的购买力,让世界各国商家趋之若鹜,而随着一批跨境海淘代购、跨境进口电商的兴起,国内消费者不出国门就可以方便快捷地网上购物。①

---

① 2015 年中国游客境外消费 1.2 万亿,养肥 4 大国[EB/OL].FX168 财经网,2016-02-15.

　　我国消费者购买的国外商品主要通过行李携带、邮包快件，或由水客在边境通过"蚂蚁搬家"入境。跨境电商商品通过万国邮联渠道入境，中国海关制定了行邮监督管理办法，但海关对数以万计的邮包商品无法做到包包核实，只能按照邮包的申报信息进行抽查，造成行邮税征收率不足2%。①个人自用且数量合理的邮包监管漏洞冲击了正规贸易渠道，造成大量的跨境电商进口商品改走行邮渠道。

　　产生这些现象的原因，一是国内的有效供给不足。发达国家对于发展中国家定价"歧视"，造成国内进口商品价格远高于海外市场；而国内生产厂家没有同类的替代品，商品的质量、性能、款式不能满足国内消费升级的需求。二是我国的贸易监管制度已经落后于市场变化。从2008年开始，跨境电商已从传统单一的B2B模式变为B2B、B2C、C2C三者并存的商业模式，但现行关务体系没有与B2C、C2C相匹配的监管服务模式。

　　面对这种情况，国家相关部委积极应对，围绕如何将监管服务与邮/快件的关务体系、一般贸易关务体系结合，来满足跨境电商的发展需求，开启了互联网时代的跨境电商监管服务体系的探索试验之路。

　　2）试点设立现状

　　2012年5月，国家发改委下发《关于组织开展国家电子商务示范城市电子商务试点专项的通知》（发改办高技〔2012〕1137号），依托国家电子商务示范城市，组织开展电子商务试点工作，试点分中央部门政策性试点和示范城市应用性试点两类。其中，中央部门政策性试点领域包括跨境贸易电子商务服务试点。

　　2012年8月，国家发改委下发《关于开展国家电子商务试点工作的通知》（发改办高技〔2012〕2218号），批准郑州等5个城市开展跨境贸易电子商务服务试点[4]。

　　2013年9月—2015年12月，分4批批准广州等5个城市开展跨境贸易电子商务服务试点。

　　2018年1月，批准合肥等5个城市开展跨境贸易电子商务服务试点。

　　2018年12月，批准北京等22个城市开展跨境贸易电子商务服务试点。

　　2020年1月，商务部发文（商财发〔2020〕15号），批准石家庄等50个城市和海南全岛，开展跨境贸易电子商务服务试点。

　　以上8批共批准设立88个城市开展跨境贸易电子商务服务试点。具体名单见表2.1。

　　2021年3月，商务部发文（商财发〔2021〕39号），批准所有自贸试验区、跨境电商综试区、综合保税区、进口贸易促进创新示范区、保税物流中心所在城市（区），开展跨境贸易电子商务服务试点。

---

　　①　海关对个人行邮物品的查验率较低，单件限值为1 000元，按不同商品税率予以征收，且应征税额在50元以下的予以免税，大多数商家通过低报货值逃避征税。

表 2.1 跨境贸易电子商务服务试点城市(88 个)

批复时间	批复文件	城　市
2012 年 8 月	发改办高技〔2012〕2218 号	郑州、杭州、重庆、上海、宁波
2013 年 9 月		广州
2014 年 7 月		深圳
2014 年 9 月	海关总署批文	天津
2015 年 12 月	署办科函〔2015〕30 号	福州、平源
2018 年 1 月	商务部新闻发言人谈话形式	合肥、成都、大连、青岛、苏州
2018 年 12 月	商财发〔2018〕486 号	北京、呼和浩特、沈阳、长春、哈尔滨、南京、南昌、武汉、长沙、南宁、海口、贵阳、昆明、西安、兰州、厦门、唐山、无锡、成都、珠海、东莞、义乌
2020 年 1 月	商财发〔2020〕15 号	石家庄、秦皇岛、廊坊、太原、赤峰、抚顺、营口、珲春、牡丹江、黑河、徐州、南通、连云港、温州、绍兴、舟山、芜湖、安庆、泉州、九江、吉安、赣州、济南、烟台、潍坊、日照、临沂、洛阳、商丘、南阳、宜昌、襄阳、黄石、岳阳、衡阳、汕头、佛山、北海、钦州、崇左、泸州、遵义、安顺、德宏、红河、拉萨、西宁、海东、银川、乌鲁木齐、海南全岛
2021 年 3 月	商财发〔2021〕39 号	所有自贸试验区、跨境电商综试区、综合保税区、进口贸易促进创新示范区、保税物流中心所在城市(区)

资料来源:国家公开文件。

(2)围绕 B2C 通关监管的跨境电商试点取得的主要创新成果

1)监管服务模式的创新取得了巨大成效

一是海关通过监管电商企业、支付企业、物流企业等,在企业完成登记的前提下,通过订单、支付单、物流单"三单"确定交易真实性,让企业为交易背书。

二是有效防范质量风险。监管部门要求电商平台上售卖的商品先要做商品备案,备案时需按要求提供商品质量检验报告,电商平台对销售商品实施防伪溯源管理,从而实现了"事前备案、事中监管、事后追溯"全流程质量监管溯源信息的监控。

三是建立跨境电商通关服务平台系统。通过三单对碰和实际通关时的身份证验核和清单核放等,由系统自动完成对碰审核,减轻海关人工监管的压力。

2)监管服务模式的创新取得巨大成效

一是创新建立关检"三个一"协同服务机制。通过市场倒逼,在保税区内实现海关、检验检疫部门现场共同监管作业。建立企业信息准入、商品准入、账册管理、仓储管理等管理服务机制,优化入区通关区内管理、出区通关环节,实现"一次申报、一次查验、一次放行"。

二是创新建立"三单对碰+清单核放"监管申报机制。通过信息化系统数据平台,与交易平台、物流平台、支付平台及关务申报平台对接,采集订单、支付单、物流单、申报清单四种信息,传输给海关等监管部门,确保交易真实性,并实现自动征税:对申报规则进行优化,通过信息数据的采集、集成,实行自动申报,改被动申报为主动征收。

三是创新建立跨境电商综合税。在目前全球多采用万国邮联(UPU)通道征收行邮税的情况下,我国实行跨境零售单一税制。纳税主体为终端消费者;税基为网上零售额、运费和保险费;综合税率为关税税率暂为0%,进口环节增值税、消费税按法定应纳税额的70%征收。海关按实际交易征税时,通过平台商家预交税款保证金,商品出区1个月后,监管系统自动扣除税款,实现税收应收尽收。跨境零售单一税制符合市场需求,便利关务操作,大大提升了贸易便利化服务水平。四是创新建立质量安全体系。试点创新建立了企业分类、商品风险分级、企业网站监控、区内查验等多项制度,按照平台企业承担质量安全第一责任的原则,通过企业预缴质量保证金,建立提前申报备案、入区集中检查、出区分批核销、质量安全追溯的质量监管模式,实现了事前、事中、事后质量安全追溯管理,并实现了商品退换货管理,有效保障了消费者的权益。

3) 商品清单管理创新取得重要成效

通过创新"负面清单+正面清单"管理制度,建立起跨境电商的准入标准。一是国家可有效防止跨境电商进口对国内产业造成的冲击,做到未雨绸缪;二是根据跨境电商零售进口发展态势,通过动态调整正面清单内容,可有效应对国内消费者需求变化;三是针对1210进口实行的通关单制度,参照货物管理来执行,但不适合跨境电商实际发展情况,国家采纳行业意见,及时调整暂缓执行,最终确立了按个人自用物品监管原则,体现了包容支持的态度。具体创新如下。

一是建立负面清单管理制度。"四八新政"前,通过跨境电商平台销售的进口商品,检验检疫程序相对一般贸易较为简单,执行的是负面清单管理制度。未在跨境电商负面清单内的商品,一般都可顺利进口。

二是建立"负面清单+正面清单"管理制度。"四八新政"后,财政部、国家发改委等11部委发布《跨境电子商务零售进口商品清单》(简称"正面清单")。只有清单上列出的税号商品,才能按照跨境电商的税制进口和通过跨境电商平台销售,正面清单外的其他商品则需要按一般贸易进口。清单共包括1 142个8位税目商品,主要是国内有一定消费需求,可满足相关部门监管要求,且客观上能够以快件、邮件等方式进境的生活消费品,其中包括部分食品饮料、服装鞋帽、家用电器以及部分化妆品、纸尿裤、儿童玩具、保温杯等。2016年4月18日,财政部、国家发改委等13部委发布《跨境电子商务零售进口商品清单(第二批)》,质检总局、食品药品监督管理总局也参与其中。第二批清单共涉及151个8位税目商品,包括食品(如新鲜或干的生果)、特殊食品(如补充维生素)及医疗器械(如血压测量仪器)等。2018年11月20日,财政部、国家发改委、工业和信息化部等13部委联合发布了《关于调整跨境电商零售进口商品清单的公告》(财政部公告2018年第157号),公布了调整后的跨境电商零售进口商品清单,共计1 321个商品。其中,部分商品仅限网购保税进口,如干、熏、盐制的肉及海鲜类、水果类等。部分商品有数量额度限制,如大米、小麦每人每年不超过20千克,砂糖每人每年不超过2千克等。不少产品需要符合其他监管要求,如主要用作香料的植物,要求"列入《两用物项和技术进出口许可证管理目录》《进出口野生动植物种商品目录》的商品除外"。对比 2016 年发布的跨境电商零售进口商品清单第一批(1 142 个)及第二批(151 个),本次增加了葡萄汽酒、麦芽酿造的啤酒、健身器材等 63 个税目商品,将部分近年来消费需求比较旺盛的商品纳入清单商品范围。随着跨境进口商品的进一步丰富,消费者的可选择范围更大,促进中高端消费回流,有利于跨境进口市场的消费增长。

4)跨境电商纳税管理创新取得重要成效

一是推出跨境电商综合税。2016 年 4 月 8 日之前按行邮税执行。2013 年 7 月至 2016 年 4 月 8 日,在执行"四限"的基础上,内地消费者通过跨境电商平台购买外国商品,海关总署以"个人自用且数量合理"为原则,单次订单购买多个商品,订单金额在 1 000 元以下的,海关按行邮税办理通关;若金额超出 1 000 元限值,需要按一般贸易进出口办理通关手续。单次购买一件不可分割的商品(如婴儿手推车、手袋等)若超出 1 000 元的限值,经海关审核属个人自用的,仍可参照个人自用物品规定按行邮税办理通关。行邮税的税率比一般贸易进口税率(包括关税、增值税、消费税)低,且应征进口税在 50 元以下的,海关予以免征。2016 年 4 月 8 日之后推出跨境电商综合税。"四八新政"后,根据财政部、海关总署、国家税务总局联合发布的《关于跨境电子商务零售进口税收政策的通知》,跨境电商零售进口商品的单次交易限值为 2 000 元,并增设个人年度交易限值 20 000 元。跨境零售进口商品不再按行邮税征收,改为征收跨境电商综合税,包括关税、增值税、消费税。[①]"四八新政"前,跨境电商进口按行邮税办理清关并有 50 元免征税额;"四八新改"后,跨境电商进口改征综合税,大部分商品的综合税率约为 11.9%,低于调整后的行邮税率和一般货易进口货物的综合税率。2018 年 11 月 29 日,财政部发布《关于完善跨境电子商务零售进口税收政策的通知》,从 2019 年 1 月 1 日开始,将跨境电商零售进口商品的单次交易限值由 2 000 元提高至 5 000 元,年度交易限值由 20 000 元提高至 26 000 元。完税价格超过 5 000 元单次交易限值但低于 26 000 元年度交易限值,且订单下仅一件商品时,可以通过跨境电商零售渠道进口,按照货物税率全额征收关税和进口环节增值税、消费税,交易额计入年度交易总额,但年度交易总额超过年度交易限值的,应按一般贸易管理。本次税收政策提高了消费限额,让国内消费者享受到更大的税收优惠,有利于满足其消费升级需求,同时会刺激消费者在轻奢、电器、美妆等价值较高产品领域的跨境进口消费。实行跨境电商进口税收新政,虽然在当时的环境下,客观上提高了消费者的总体税负水平,但对跨境电商发展产生了积极的影响:一是设定年度个人消费额度,有效设定贸易准入门槛,避免了对一般贸易的冲击并兼顾国内消费者消费升级需求;二是取消免征,实现快件等渠道,并选择在境外设立账户,通过海外第三方支付平台收款后,再通过地下钱庄、个人账户分拆等进行外汇回流,规避税收问题。目前,部分试点城市在尝试"清单核放"后不生成出口报关单的方式来实现"免征不退",但也面临被随时叫

---

① 消费者在进口跨境电商平台购物,单次交易限值内的跨境零售进口商品,关税税率暂设为 0%;进口环节的增值税、消费税取消免征,暂按法定应纳税额的 70% 征收。超过单次限值、系加后超过个人年度限值的单次交易,以及完税价格超过 2 000 元限值的单件不可分割的商品,需要按一般贸易方式全额征税。

停、整改,参与企业会被追缴税款("无票"的出口商品"不退反征")或征收高额的企业所得税。

二是实行出口企业所得税无票采购成本税前扣除政策。

为解决"无票扣除"问题,原浙江省国家税务局出台《关于中国(杭州)跨境电子商务综合试验区出口企业采购成本税前扣除问题的公告》(浙江省国家税务局公告 2018 年第 1 号)在杭州综试区内试行出口企业"无票扣除"政策,积极探索解决出口企业采购成本企业所得税税前扣除问题。

2018 年 12 月 10 日,河南省人民政府发布《关于促进外贸转型发展的通知》(豫政办〔2018〕71 号),提出对中国(郑州)跨境电子商务综合试验区内企业零售出口未取得合法有效进货凭证的货物,试行增值税、消费税免税政策,试行所得税无票采购成本税前扣除政策,探索解决"免征不退"和"无票扣除"问题。

三是采取代开票方式,实行"征三退三"。

义乌依靠"市场采购"(1039)给予的特殊税务规定,实行"征三退三"。通过解决跨境电商 B2C 企业的进项增值税票问题,义乌已经走通了跨境电商 B2C 出口新通道,初步解决跨境电商 B2C 出口的"阳光化"问题。

四是 9610/1210 出口退税模式将成为主流阳光渠道。

未来跨境电商(B2B2C+集结仓+监管仓+海外仓+综服平台)9610/1210 模式将成为主流阳光化模式。积极探索试点境内制造企业至其境外分支机构至境外消费者(M2B2C)业务模式、境内外贸企业至其境外分支机构至境外消费者(B2B2C)业务模式,在跨境电商 B2B2C 出口业务模式认定规范、业务流程、技术标准和监管模式等方面取得突破,上升为海关总署监管代码。支持本地有条件的制造企业和传统外贸企业从"产品走出去"转向"服务走出去、品牌走出去",依托海外保税仓积极布局全球供应链,开展跨境电商 M2B2C 出口和 B2B2C 出口模式试点,以新渠道抢占新市场。与邮政合作,全力推动打通境外"最后一公里"的发展瓶颈,快速抢占全球消费市场。

5)跨境支付管理创新有所突破

第三方支付机构跨境支付业务牌照的发放和人民币跨境支付系统的建立大大加快了资金支付和跨境清算的效率。

一是由国家外汇管理局主导的跨境电商外汇支付业务试点。2013 年 2 月,国家外汇管理局综合司制定了《关于开展支付机构跨境电子商务外汇支付业务试点的通知》(汇综发〔2013〕5 号)在上海、北京、重庆、浙江、深圳等地开展试点,允许参加试点的支付机构集中为电子商务客户办理跨境收付汇和结售汇业务。我国的第三方支付机构为跨境电商提供"购付汇"和"收结汇"两类业务。从进口角度看,购付汇主要是境内消费者通过电商平台购买产品时,第三方支付机构为境内消费者提供的购置外汇及跨境付汇业务;从出口角度看,收结汇是境内电商卖家通过电商平台将产品销售给境外消费者,第三方支付机构帮助境内电商卖家收取外汇并兑换人民币、结算人民币业务。

2015 年 1 月,国家外汇管理局出台《关于开展支付机构跨境外汇支付业务试点的通知》(汇发〔2015〕7 号),将试点业务从五省市扩大至全国。截至 2018 年底我国已经有 30 家企业获得了跨境电商外汇支付牌照。

目前,我国跨境支付主要方式有信用卡支付、银行转账、第三方支付和线下结算等。但企业无法通过银行渠道实现"购付汇"和"收结汇",主要原因是:网购保税进口、直购进口方式报关可以产生贸易方式代码为 1210/9610 的清单信息,但跨境电商综合服务平台并未与外汇管理局的信息系统打通,导致外汇管理局并不掌握跨境电商报关信息。跨境电商企业如通过银行进行"购付汇"和"收结汇",银行无法通过外汇管理局系统核验相关信息,业务无法开展。此外,快件邮包方式虽然也有商品的申报价格,但海关是采用"个人自用且数量合理"的监管原则进行监管,并未纳入海关进出口贸易统计数据中,导致企业也无法在银行办理相关业务。

外汇管理局开展的跨境支付试点业务并非仅仅针对跨境电商业务,还有跨境教育、跨境旅游等相关服务贸易,与试点的试验过程衔接度不够,导致跨境电商在实际交易中一般通过离岸账户归集资金、向第三方跨境支付机构提供订单、通过第三方跨境支付机构进行资金的跨境流出和流入,或者跨境电商企业通过收集个人身份证进行个人分拆入境,或通过地下钱庄等渠道,造成信用风险高、资金成本高。

二是中国人民银行主导的跨境人民币支付。为了推动人民币的国际化进程,央行推出了跨境人民币支付,并开发了人民币跨境支付系统(CIPS)。该系统进一步整合了现有人民币跨境支付结算渠道和资源,满足各主要时区的人民币业务发展需求,提高跨境清算效率和交易安全性。该系统的建设分为两期:一期主要采用实时全额结算方式,为跨境贸易、跨境投融资和其他跨境人民币业务提供清算、结算服务;二期采用更为节约流动性的混合结算方式,提高人民币跨境和离岸资金的清算、结算效率。2015 年 10 月 CIPS 一期工程上线,具有覆盖面广、实时全额、一点接入、国际标准、专线接入等特征。CIPS 二期已于 2018 年 5 月上线,在实时全额结算模式的基础上引入定时净额结算机制,满足参与者的差异化需求,便利跨境电商结算。

2.3.2 围绕 B2B 的跨境电商综试区发展现状及创新成果

(1)围绕 B2B 通关监管的跨境电商综试区发展现状

中国跨境电子商务综合试验区是中国设立的跨境电子商务综合性质的先行先试的城市区域,旨在跨境电子商务交易、支付、物流、通关、退税、结汇等环节的技术标准、业务流程、监管模式和信息化建设等方面先行先试,通过制度创新、管理创新、服务创新和协同发展,破解跨境电子商务发展中的深层次矛盾和体制性难题,打造跨境电子商务完整的产业链和生态链,逐步形成一套适应和引领全球跨境电子商务发展的管理制度和规则,为推动中国跨境电子商务健康发展提供可复制、可推广的经验。

1)综试区设立背景

2013 年 8 月 22 日,中国(上海)自由贸易试验区经国务院正式批准成立。上海自贸区的设立,是党中央国务院顺应全球经贸发展新趋势、实施更加积极主动对外开放的重大举措,有利于培育我国面向全球的竞争新优势,构建与各国合作发展的新平台,拓展经济增长的新空间,打造中国经济"升级版"。继上海自贸区批复以后,杭州等地政府纷纷提出建立自贸区的设想。

2013 年 9 月到 2014 年年底,杭州市在推进跨境电商试点过程中,受上海自贸区获批的启发,一直在谋划建设"网上自由贸易试验区",先后多次向中央提出要建设"网上自由贸易试验区",并上报实施方案,希望得到中央支持和批准。2014 年 11 月有关部门在杭州考察时,建议将"网上自由贸易试验区"更名为"跨境电商综合试验区"。这样,杭州在融合"网上自由贸易试验区"的内容后,由试点升级为综试区。由于杭州的申报方案从刚开始就是围绕"自由贸易试验区"来设计的,转型为跨境电商综试区后,从国务院的批复文件来看,试验内容是试点的延伸和拓展。

2)综试区设立现状

第一批综试区:2015 年 3 月,国务院批复设立中国(杭州)跨境电子商务综合试验区,杭州市成为我国首家跨境电商综试区。

第二批综试区:2016 年 1 月,国务院批复同意在天津市等 12 个城市设立跨境电商综试区。

第三批综试区:2018 年 7 月,国务院常务会议决定在北京等 22 个城市新设第三批跨境电商综试区。

第四批综试区:2019 年 12 月 15 日,国务院同意在石家庄市等 24 个城市设立跨境电商综试区。

第五批综试区:2020 年 4 月 27 日,国务院同意在雄安新区等 46 个城市和地区设立跨境电商综试区。

截至目前,国务院分 5 批次共设立 105 个中国跨境电商综试区(详见表 2.17),鼓励综试区在监管模式、技术标准、业务流程和信息化建设等方面开展先行先试。在我国跨境电商综试区扩容进程中,国家政策对跨境电商领域的利好持续加码,相关配套政策措施不断优化。一方面,政策的加码优化不仅带动了我国跨境电商的整体发展,也提升了 105 个试点城市的创新活力,有利于当地政府招商引资。另一方面,跨境电商综试区政策红利也给市场主体带来了发展利好,企业节省了成本,扩大了营销渠道,提升了品牌效应,而消费者对优质产品也有更多的选择权,获得更好的购物体验。

表 2.2　中国设立跨境电商综合试验区的城市(105 个)

批复时间	批复文件	数量	城　市
2015 年 3 月	国函〔2015〕44 号	1	杭州市
2016 年 1 月	国函〔2016〕17 号	12	天津市、上海市、重庆市、合肥市、郑州市、广州市、成都市、大连市、宁波市、青岛市、深圳市、苏州市
2018 年 7 月	国函〔2018〕93 号	22	北京市、呼和浩特市、沈阳市、长春市、哈尔滨市、南京市、南昌市、武汉市、长沙市、南宁市、海口市、贵阳市、昆明市、西安市、兰州市、厦门市、唐山市、无锡市、威海市、珠海市、东莞市、义乌市

续表

批复时间	批复文件	数量	城 市
2019 年 12 月	国函〔2019〕137 号	24	石家庄市、太原市、赤峰市、抚顺市、珲春市、绥芬河市、徐州市、南通市、温州市、绍兴市、芜湖市、福州市、泉州市、赣州市、济南市、烟台市、洛阳市、黄石市、岳阳市、汕头市、佛山市、泸州市、海东市、银川市
2020 年 4 月	国函〔2020〕47 号	46	雄安新区、大同市、满洲里市、营口市、盘锦市、吉林市、黑河市、常州市、连云港市、淮安市、盐城市、宿迁市、湖州市、嘉兴市、衢州市、台州市、丽水市、安庆市、漳州市、莆田市、龙岩市、九江市、东营市、潍坊市、临沂市、南阳市、宜昌市、湘潭市、郴州市、梅州市、惠州市、中山市、江门市、湛江市、茂名市、肇庆市、崇左市、三亚市、德阳市、绵阳市、遵义市、德宏傣族景颇族自治州、延安市、天水市、西宁市、乌鲁木齐市
		105	

资料来源：国家公开文件。

3）综试区分布特点

杭州和第二批 12 个综试区，基本覆盖了中国目前最发达经济区域，总体分布为珠三角（广州、深圳）、长三角（杭州、上海、宁波、苏州）、中部（郑州、合肥）、西部（成都、重庆）、环渤海（天津、大连、青岛），第三批 22 个城市继续加大向中西部和东北地区倾斜力度，第四批 24 个城市和第五批 46 个城市基本实现全国跨境电商普惠和均衡发展。

4）综试区主攻方向

杭州综试区主攻方向：《国务院关于同意设立中国（杭州）跨境电子商务综合试验区的批复》（国函〔2015〕44 号）文件明确提出，杭州市要以深化改革扩大开放为动力，着力在跨境电商交易、支付、物流、通关、退税、结汇等各环节的技术标准、业务流程、监管模式和信息化建设等方面先行先试，通过制度创新、管理创新、服务创新和协同发展，破解跨境电商发展中的深层次矛盾和体制性难题，打造跨境电商完整的产业链和生态圈，逐步形成一套适应和引领全球跨境电商发展的管理制度和规则，为推动我国跨境电商的发展提供可复制、可推广的经验。

第二批综试区主攻方向：《国务院关于同意在天津等 12 个城市设立跨境电子商务综合试验区的批复》（国函〔2016〕17 号）文件提出，第二批 12 个综试区要以深化改革，扩大开放为动力，借鉴杭州综试区建设"六大体系""两个平台"的经验和做法，因地制宜，突出本地特色和优势，着力在跨境电子商务企业对企业（B2B）方式相关环节的技术标准、业务流程、监管模式和信息化建设等方面先行先试，为推动全国跨境电商健康发展创造更多可复制推广的经验，以更加便捷高效的新模式释放市场活力，吸引大中小企业集聚，促进新业态成长推动"大众创业、万众创新"，增加就业，支撑外贸优进优出、升级发展。

第三批综试区主攻方向：2018 年 7 月 24 日，国务院印发《关于在北京等 22 个城市设立跨境电子商务综合试验区的批复》(国函〔2018〕93 号)。批复指出,第三批综试区要复制推广前两批综合试验区成熟经验做法,着力在跨境电子商务企业对企业(B2B)方式相关环节的技术标准、业务流程、监管模式和信息化建设等方面先行先试,为推动全国跨境电子商务健康发展探索新经验、新做法;有关部门和省(自治区、直辖市)人民政府要积极深化外贸领域"放管服"改革,以跨境电子商务为突破口,大力支持综合试验区大胆探索、创新发展,在物流、仓储、通关等方面进一步简化流程、精简审批,完善通关一体化、信息共享等配套政策,推进包容审慎有效的监管创新,推动国际贸易自由化、便利化和业态创新。

第四批综试区主攻方向:2019 年 12 月 15 日,国务院印发《关于在石家庄等 24 个城市设立跨境电子商务综合试验区的批复》(国函〔2019〕137 号)。批复指出,第四批综试区要复制推广前三批综合试验区成熟经验做法,对跨境电子商务零售出口试行增值税、消费税免税等相关政策,积极开展探索创新,推动产业转型升级,开展品牌建设,推动国际贸易自由化、便利化和业态创新,为推动全国跨境电子商务健康发展探索新经验、新做法,推进贸易高质量发展。同时,要保障国家安全、网络安全、交易安全、国门生物安全、进出口商品质量安全和有效防范交易风险,坚持在发展中规范、在规范中发展,为各类市场主体公平参与市场竞争创造良好的营商环境。

第五批综试区主攻方向:2020 年 4 月 27 日,国务院印发《关于在雄安新区等 46 个城市和地区设立跨境电子商务综合试验区的批复》(国函〔2020〕47 号)。批复指出,第五批综试区要复制推广前四批综合试验区成熟经验做法,推动产业转型升级,开展品牌建设,引导跨境电子商务全面发展,全力以赴稳住外贸外资基本盘,推进贸易高质量发展。同时,要保障国家安全、网络安全、交易安全、国门生物安全、进出口商品质量安全和有效防范交易风险,坚持在发展中规范、在规范中发展,为各类市场主体公平参与市场竞争创造良好的营商环境。

通过综试区的顶层设计分析来看,从杭州综试区借鉴跨境电商试点相关提法,到第二批综试区提出跨境电商 B2B 相关环节创新提法,在第三批综试区中增加了包容审慎有效的监管创新理念,在第四批综试区中增加了对跨境电子商务零售出口试行增值税、消费税免税等相关政策,开展积极探索的创新理念,在第五批综试区中增加了推进贸易高质量发展的创新理念,综试区的顶层设计一直在动态微调中。

(2)围绕 B2B 通关监管的跨境电商综试区创新成果

2017 年 10 月,商务部联合国家发改委、海关总署等其他 13 部委出台《关于复制推广跨境电子商务综合试验区探索形成的成熟经验做法的函》(商贸函〔2017〕840 号),将跨境电商线上综合服务和线下产业园区"两平台"及信息共享、金融服务、智能物流电商诚信、统计监测、风险防控"六体系"等成熟做法面向全国复制推广。

1)"六体系两平台"

"六体系两平台"是跨境电商发展的基础框架。"六体系"包括信息共享、金融服务、智能物流、电商诚信、统计监测和风险防控体系,提供了涵盖跨境电商全流程、各主体的管理和服务。"两平台"包括线上综合服务平台和线下产业园区平台,提供了综试区建设的软件和硬件条件。"六体系两平台"实现了政府与市场、部门与地方、线上与线下的有效结合,调动了各参与方的积极性,催生了跨境电商生态圈。

"六体系"主要内容:

①信息共享体系,将实现企业、服务机构、监管部门等信息互联互通,解决了企业无法通过一次申报实现各部门信息共享的问题。

②金融服务体系,在风险可控、商业可持续的前提下鼓励金融机构、非银行支付机构依法合规利用互联网技术为具有真实交易背景的跨境电商交易提供在线支付结算、在线小额融资、在线保险等一站式金融服务,解决了中小微企业融资难问题。

③智能物流体系,运用云计算、物联网、大数据等技术和现有物流公共信息平台,构建物流智能信息系统仓储网络系统和运营服务系统等,实现物流运作各环节全程可验可测可控,解决了跨境电商物流成本高、效率低的问题。

④电商诚信体系,建立跨境电商诚信记录数据库和诚信评价、诚信监管、负面清单系统,记录和积累跨境电商企业、平台企业、物流企业及其他综合服务企业基础数据,实现对电商信息的"分类监管、部门共享、有序公开",解决了跨境电商商品的假冒伪劣和商家诚信缺失问题。

⑤统计监测体系,建立跨境电商大数据中心和跨境电商统计监测体系,完善跨境电商统计方法,为政府监管和企业经营提供决策咨询服务,解决了跨境电商无法获取准确可靠统计数据的问题。

⑥风险防控体系,建立风险信息采集、评估分析、预警处置机制,有效防控综试区非真实贸易洗钱的经济风险,数据存储、支付交易、网络安全的技术风险,以及产品安全、贸易摩擦、主体信用的交易风险,确保国家安全、网络安全、交易安全和商品质量安全。"两平台"主要内容:

①线上综合服务平台,坚持"一点接入"原则,与商务、海关、税务、工商、检验检疫、邮政、外汇等政府部门进行数据交换和互联互通,在实现政府管理部门之间"信息互换、监管互认、执法互助"的同时,为跨境电商企业提供物流快递、金融等供应链服务。

②线下产业园区平台,采取"一区多园"的布局方式,有效承接线上综合信息服务平台功能,优化配套服务,打造完整的产业链和生态圈。

2)推动海关总署出台监管代码

郑州试点首创的网购保税进口模式已成为跨境电商进口主通道,为跨境电商进口的繁荣发展做出了突出贡献。目前,国家只允许该模式在进口试点城市和跨境综试区的海关特殊监管区域和 B 型保税物流中心复制推广,成为跨境综试区最有含金量的国家支持政策之一,这也是各地政府和市场对跨境综试区翘首以盼的重要原因之一。2015 年 11 月,海关总署对郑州试点工作进行验收时,高度评价郑州的贡献,"没有郑州试点的参与,跨境电商 B2C 试验工作是没有意义的"。此外,郑州创新的 9610 模式也在全国试点复制推广,并提出了"简化申报"的创新,有效推动了跨境电商 B2C 出口选择"阳光化"通道。

3）综试区成熟经验和做法

第一批和第二批综试区建设取得积极成效,初步建立起一套适应跨境电商发展的政策体系,探索出一批可复制、可推广的经验做法,有力地支撑了外贸转型升级和创新发展,推动了"大众创业、万众创新"。

2.4 中国跨境电商服务平台的发展现状分析

2.4.1 跨境电商交易服务平台的发展现状分析

跨境电商是平台型经济的典型应用场景。跨境电商交易服务平台可分为开放型平台和自营型平台两种类型。开放型跨境电商平台通过线上搭建商城,并整合物流、支付、运营等服务资源,吸引商家入驻,为其提供跨境电商交易服务。平台以收取商家佣金以及增值服务佣金作为主要盈利模式。代表企业有:速卖通、敦煌网、环球资源、阿里巴巴国际站等。另一类为自营型平台。自营型跨境电商通过在线上搭建平台,平台方整合供应商资源通过较低的进价采购商品,然后以较高的售价出售商品,自营型跨境电商平台主要以商品差价作为盈利模式。代表企业:兰亭集势、DX、米兰网、大龙网。

跨境电商交易服务平台的发展呈现以下两种趋势。一是独立站兴起,并且表现出由铺货模式向精品模式升级的行业趋势。独立站相比第三方平台具有特定的优势,更能凸显品牌实力和影响力,有利于加强品牌认知,提升用户黏性和复购率;自主积累和应用客户数据,实现数据的不断增值;避免平台规则变动带来的不利影响,提高产品的溢价空间。独立站系统服务商 Shopify 的数据显示,2020 年独立站的网上流水和店铺数量均增长 20% ~ 30%。二是跨境电商交易平台与物流服务融合发展。2020 年以来,物流与电商高度融合的特征愈加明显。eBay 推出 eBay Fulfillment 计划、速卖通推出无忧物流等,各个电商平台涉足物流服务的步伐越来越快,并已成为专线物流的主导力量。

总体来看,我国还缺少具有较大国际影响力的跨境电商交易平台,同时受制于国际平台的规则、服务限制,我国跨境电商卖家在平台经济发展中较为被动。

2030 年后全球贸易中跨境电商的市场份额将达到 1/3 以上。因此,从目前全球跨境电商交易平台的数量和规模来看,跨境电商的市场份额明显与跨境电商产业规模严重不匹配。平台数量少,从资源集聚角度就意味着超级垄断,对依附平台生存的中小跨境电商卖家而言,话语权和选择权就越小,这也意味着"大树底下不长草"。

2.4.2 跨境电商物流服务平台的发展现状分析

跨境电商物流是跨境电商发展的重要支撑,相比国内快递物流,跨境电商物流流程复杂,已经成为跨境电商发展的重要痛点之一,因此,我国政府出台多项政策推动跨境电商物流建设,众多信息技术也被广泛应用于跨境物流行业,跨境物流行业快速发展,伴随着跨境电商交易量的持续上升,跨境电商物流行业万亿市场规模也在不断扩大。

　　我国跨境电商的快速发展驱动跨境电商物流市场持续增长。以国家邮政局披露的国际及港澳台快递件量为例,2011—2019 年国际及港澳台快递件量从 1.1 亿件增至 14.4 亿件,2011—2019 年年均复合增长率 CAGR 达 35%。2021 年,国际、中国港澳台地区寄递业务量突破 22 亿件。[①]

　　我国作为全球制造业大国,拥有全球领先的稳定的产业链,产品的性价比在全球极具竞争力,因此我国出口跨境电商体量领先全球,由此带来明显高于其他国家和地区的跨境电商物流市场规模。17 Track 公布的统计数据显示,2019 年 8 月—2020 年 7 月全球总的跨境电商包裹中,中国发出的包裹占比 60%,遥遥领先其他所有国家和地区,中国跨境电商出口物流需求在全球占主导位置。

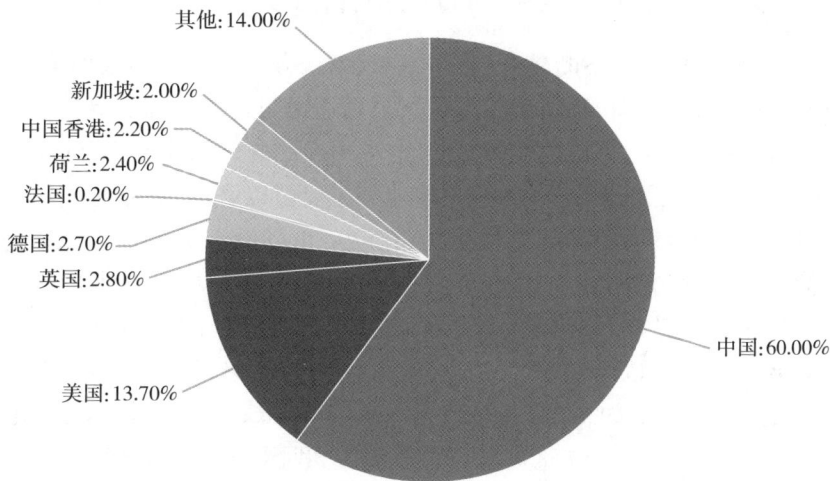

　　其他:14.00%
　　新加坡:2.00%
　　中国香港:2.20%
　　荷兰:2.40%
　　法国:0.20%
　　德国:2.70%
　　英国:2.80%
　　美国:13.70%
　　中国:60.00%

资料来源:17Track前瞻产业研究院整理

图 2.17　2019—2020 年全球各国(地区)发出跨境电商包裹占比统计情况

　　现阶段,我国跨境电商物流服务存在成本高、周期长、监管盲点多、信息化建设薄弱以及跨境物流专业人才缺乏等瓶颈问题。制约我国跨境电商产业发展的最大因素是国际物流服务。相较国内快递,由于跨境电商物流地理距离远,因此物流费率高,而相比传统外贸物流,由于跨境电商物流存在需求碎片化、运输高频次等特点,同时全链路物流环节更多,因此物流费率也更高。目前跨境电商物流费用在整个跨境电商成本中占到了 20% ~30%,比重较高。根据网经社公布的数据,2020 年中国跨境电商行业交易规模达 125 000 亿元,按照 20%的比例计算,2020 年我国跨境电商物流市场规模约为 25 000 亿元。但其中大部分市场份额被国际物流公司占据,国内物流公司的市场规模约为 2 500 亿元,仅占 10%。尤其是在终端配送段,全球业务几乎被 UPS、Fedex、DHL 和 EMS 四家巨头公司垄断,我国跨境快递行业的十大龙头企业——纵腾、中国外运、递四方、燕文物流、顺丰、港中旅华贸、万邑通、递一物流、COPE 和盈和,[②]仅在我国拥有较大市场和较高知名度,在跨境物流和境外配送方面的市场

---

①　国家邮政局网站。
②　运联智库. 中国跨境电商物流 30 强榜单出炉[EB/OL]. 搜狐网,2022-01-26.

份额相对较低,对跨境电商的支撑作用还很小。终端配送的高度集中化,也带来了跨境电商产业发展的潜在风险。

随着跨境电商物流需求的快速增长,跨境电商物流行业将吸引更多的企业参与,行业竞争将愈发激烈,然而,跨境电商物流的难度相对较大,客户对跨境电商物理的清关效率和保险能力要求的提高需要行业参与者不断增强自身服务能力,借用信息技术推动效率的提升,这种情况下,行业也将加速洗牌。跨境电商物流发展呈现以下两种趋势:一是跨境电商平台或公司自营物流,因为跨境物流服务质量是跨境电商服务高质量发展的重要保障。二是跨境物流服务与跨境电商交易平台融合发展。

2.4.3　跨境电商支付服务平台的发展现状分析

随着我国跨境贸易规模的不断攀升,很多银行、第三方支付公司加入到跨境支付队伍中来。在跨境电商零售出口方面,我国第三方支付公司通常与跨境电商交易平台合作,主要参与收款环节,服务于平台上的跨境电商卖家。此外,中信银行、稠州银行、浦发银行、宁波银行等也在 2020 年开始涉足跨境收款领域;收单业务主要由以 PayPal 为主的国际第三方支付公司垄断,PayPal 是全球最大的移动支付公司,在欧美市场的渗透率常年稳居前列;参与结售汇环节的,除了传统银行外,还有国内 30 家持牌公司。在跨境电商零售进口方面,支付宝、微信因在国内用户数量方面拥有绝对优势,占据了国内 90% 的市场份额。

在跨境电商结算环节,以卡组织为介质,银行仅作为收单行参与清算和结算过程。目前,全球卡组织主要有三家,按照结算量依次是 Visa、MasterCard、银联。其中,银联的结算体量主要依赖于我国 40 万家跨境电商卖家。总体而言,我国跨境电商结算体量还很小,与我国庞大的跨境电商市场规模严重不对等。

现阶段,我国跨境电商支付服务存在管理资费标准高、资金回笼周期长、跨境融资难度大、经营风险盲点多以及国际话语权缺乏等主要问题。

【思政课堂】

通过本章的教学,了解中国跨境电商的进口与出口、B2C 与 B2B 和服务平台的发展现状及特点,熟悉跨境电商试点与综试区发展现状及创新成果,弄清 B2C 与 B2B 通关监管面临的难点及解决方案,探索跨境电商新业态迅速发展与有效监管的实现路径,培养学生探索性解决跨境电商通关监管难题的创新意识与创新精神。

引导学生综合运用国际贸易基本理论独立分析跨境电商流向结构、模式结构与服务平台结构,掌握比较分析外经外贸新发展、新业态和新模式的基本方法,培养学生独立观察、比较分析和综合解决跨境电商发展中复杂问题的能力。

使学生从中国跨境电商发展现状、发展进程的分析中增进自己的爱国情怀和责任意识,为加快中国跨境电商的发展贡献自己的智慧与力量。

复习思考题

1. 简析中国跨境电商进出口结构的差异及其原因。

2. 简述中国跨境电商 B2C 与 B2B 交易模式结构的差异及主要特点。

3. 中国跨境电商试点与综试区取得的主要创新成果是什么？对于解决 B2C 与 B2B 通关监管难点提供了哪些可复制、可推广的经验？

4. 中国跨境电商交易、支付和物流服务平台面临的主要问题是什么？有何对策？

第3章
中国跨境电子商务行业发展差异分析

3.1 中国制造业跨境电商发展的总体规模及行业分类

制造业是国家经济命脉,制造业强则国家强。中国传统的制造业,靠廉价劳动力和原材料已不再具有竞争力。近年来,世界大国纷纷将制造业转型升级提上重要议事日程,美国出台"制造业再造计划",日本提出"工业复兴计划",德国出台"工业4.0",我国推出《中国制造2025》计划。信息化、智能化技术的飞跃,为制造业的转型升级带来了无限可能。新一轮竞争中,谁抢占了先机,谁就能积累未来的领先优势。在中国出口规模呈现连续下降的情况下,跨境电商出口却呈现逆势增长,利用跨境电商可以缩短出口供应链,减少出口成本,提高出口竞争力。

随着"互联网+"的深入发展,中国传统的制造业与跨境电商融通发展,为制造业寻找新的增长点。然而,制造业各行业跨境电商发展极不平衡,质量、品牌等出口新优势缺乏,资源配错严重。因此,弄清中国制造行业跨境电商的发展差异及其主要影响因素,对于中国制造行业提高跨境电商出口竞争力,具有重要意义。

国内外众多学者虽然已经从整体层面对中国制造业跨境电商的发展现状做了初步研究,也有学者从B2C角度对部分行业进口规模差异进行了初步分析,但是,仍然缺乏从细分行业视角对中国制造行业跨境电商的发展差异及特点的系统分析。本章首先对中国制造业跨境电商发展的总体规模及行业分类进行概述,然后从规模、结构、增速以及竞争力等视角对中国制造细分行业跨境电商的进口差异、出口差异、进出口差异及其特点进行比较全面系统的分析。

3.1.1 中国制造业跨境电商的总体规模分析

2014—2018年中国制造业跨境电商进口规模、出口规模及其占比等指标值,见表3.1。

表 3.1 2014—2018 年中国制造业跨境电商交易额

单位:亿美元

年份	2014	2015	2016	2017	2018
进口额	856.55	1 194.23	1 503.84	1 906.29	2 261.69
出口额	5 614.93	6 902.09	7 985.27	8 995.00	9 808.16
贸易总额	6 741.48	8 096.32	9 489.11	10 901.29	12 069.85
进口占比	13.24%	14.75%	15.85%	17.49%	18.74%
出口占比	86.76%	85.25%	84.15%	82.51%	81.26%
贸易差额	4 758.38	5 707.86	6 481.43	7 088.71	7 546.47

数据来源:中国海关(由深圳市三胜产业信息公司有偿提供),并经过计算处理得出。

从规模来看,2014—2018 年我国制造业跨境电商的规模逐年稳步扩大。由最初 2014 年的 6 741.48 亿美元上升到 2018 年的 12 069.85 美元,五年内将近翻了一番。以上数据足以说明制造业跨境电商对我国外贸的重要性。

但是,我国的制造业跨境电商进口规模与出口规模之间极不平衡。出口占据绝对的主要地位,但其比重呈下降态势。跨境电商出口额占全国制造业跨境电商总额的平均比重高达 84%,在 2014 年达到峰值 86.76%,此后逐年下降,该比重由 2014 年的 86.76% 下降到 2018 年的 81.26%。相反,制造业跨境电商进口居于次要地位,但是其比重呈平稳上升态势。其进口额占全国制造业跨境电商总额的平均比重仅为 16.01%,该比重由 2014 年的 13.24% 上升至 2018 年的 18.74%。

3.1.2 中国制造业跨境电商的增长速度分析

由制造业跨境电商年度进出口数据计算可以得出我国制造业跨境电商增长率,如图 3.1 所示。

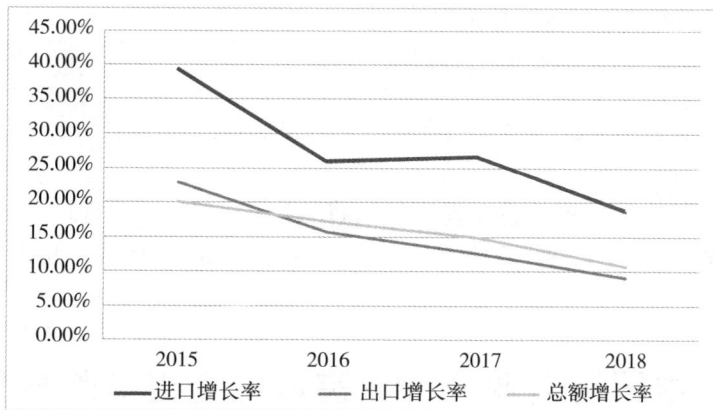

图 3.1 2014—2018 年中国制造业跨境电商增长率

数据来源:中国海关(由深圳市三胜产业信息公司有偿提供),并经过计算处理得出。

从增长速度来看,制造业跨境电商的增速较高,年均增速达15.73%,但增幅呈先高后低的态势,2015年峰值高达20.1%,此后波动下降至2018年的10.72%,年均降幅达2.35%。但是制造业跨境电商进出口增速相差较大,进口增速明显高于出口增速。进口年均增速高达27.69%,出口年均增速仅达15.07%,进口增幅比出口增幅高了将近1倍。并且进出口增速均呈下降态势,进口降幅明显高于出口降幅。进口增速年均降幅约为5.2%,比出口年均增速降幅(3.47%)高了1.73个百分点。

3.1.3 中国制造业跨境电商行业分类

按照HS编码的分类,中国制造业跨境电商细分行业可分为15个类别,详见表3.2。

表3.2 制造业跨境电商细分行业分类

行业分类	行业名称
第1类	食品;饮料、酒及醋;烟草及烟草代用品
第2类	化学工业及其相关工业产品
第3类	塑料及其制品;橡胶及其制品
第4类	生皮、皮革、毛皮及其制品
第5类	木及木制品;编结材料制品
第6类	木浆及其他纤维浆;纸、纸板及其制品
第7类	纺织类原料及制品
第8类	鞋、帽、伞、杖、鞭及其零件;羽毛及其制品;人造花;人发制品
第9类	建筑材料类制品;陶瓷产品;玻璃及其制品
第10类	珍珠、宝石、半宝石、贵金属及其制品;仿制首饰;硬币产品
第11类	贱金属及其制品
第12类	机器、机械器具、电气设备及其零件;录音机及放声机、电视图像
第13类	车辆、航空器、船舶及有关运输设备
第14类	光学、照相、电影、计量、检验、医疗仪器设备、精密仪器设备;钟表;乐器
第15类	其他制品(武器、弹药及其零件,杂项制品)

中国制造业跨境电商发展的行业规模分析将从以上15个行业进口差异(规模-结构-增速)、出口差异(规模-结构-增速)、进出口贸易差额(规模-结构-增速)和出口竞争力四个方面展开。

3.2 中国制造业分行业跨境电商进口差异分析

中国制造业分行业跨境电商进口差异分析将从各行业进口规模差异、进口结构差异和进口增速差异三个方面展开。

3.2.1 中国制造业分行业跨境电商进口规模差异分析

根据表 3.2 分类标准,中国制造业分行业的跨境电商进口规模见表 3.3。

表 3.3 2014—2018 年中国制造业各行业跨境电商进口额

单位:亿美元

行业分类	2014	2015	2016	2017	2018	年平均额
第 1 类	4.34	11.93	17.24	20.95	24.14	15.72
第 2 类	28.86	56.59	90.77	117.64	141.61	87.09
第 3 类	474.67	540.63	588.77	718.81	831.10	630.80
第 4 类	4.68	11.15	17.34	22.55	27.20	16.58
第 5 类	7.79	15.24	23.28	31.45	38.85	23.32
第 6 类	5.88	12.94	19.67	25.31	30.32	18.82
第 7 类	8.73	16.61	24.07	29.25	33.72	22.48
第 8 类	0.60	1.65	2.65	3.58	4.42	2.58
第 9 类	2.40	5.18	7.82	9.43	10.82	7.13
第 10 类	106.25	93.35	66.14	72.15	76.39	82.86
第 11 类	31.79	59.51	85.70	118.83	149.04	88.97
第 12 类	124.32	262.40	400.35	538.29	662.94	397.66
第 13 类	30.96	59.41	86.34	108.11	127.23	82.41
第 14 类	27.81	54.92	84.57	102.80	118.49	77.72
第 15 类	1.82	4.31	6.38	8.08	9.57	6.04

数据来源:中国海关(由深圳市三胜产业信息公司有偿提供),并经过计算整理得出。

由表 3.3 可以看出,2014—2018 年中国制造业各行业跨境电商进口规模大都呈较快发展态势,但行业之间差别较大。进口规模较大的只有两个行业即第 3 类和第 12 类,年均进口规模都在 300 亿美元以上,分别为 630.80 亿美元和 397.66 亿美元,与 2014 年相比,2018 年进口规模分别扩大了近 1 倍和 4 倍;进口规模较小的有 9 个行业,进口规模都在 30 亿美元以下,按年均进口规模由大到小依次是第 5、7、6、4、1、9、8 类和第 15 类,年均进口规模分别为 23.32、22.48、18.82、16.58、15.72、7.13、2.58 和 6.04 亿美元,8 个行业 2018 年的进口规模比 2014 年分别扩大了近 4、3、4、5、5、4、4 和 6 倍。其他 5 个行业的进口规模居中,年均进口规模处于 70 至 90 亿美元之间,平均进口规模为 83.81 亿美元,按年均进口规模由大到小依次是第 11、2、10、14 类及第 13 类,分别为 88.97、87.09、82.86、82.41 和 77.72 亿美元,除第 10 类下降了 28%,其余 4 个行业 2018 年的进口规模比 2014 年分别扩大了近 4、4、3 和 3 倍。

3.2.2　中国制造业分行业跨境电商进口结构差异分析

中国制造业分行业跨境电商进口结构是指中国制造业各行业跨境电商进口额占中国制造业跨境电商进口总额的比重。其计算结果详见表3.4。

表3.4　中国制造业各行业跨境电商进口额占全国进口总额的比重

行业分类	2014	2015	2016	2017	2018	年均占比
第1类	0.44%	1.00%	0.94%	1.10%	0.87%	0.87%
第2类	2.89%	4.74%	4.96%	6.17%	5.13%	4.78%
第3类	47.60%	45.27%	32.17%	37.71%	30.12%	38.57%
第4类	0.47%	0.93%	0.95%	1.18%	0.99%	0.90%
第5类	0.78%	1.28%	1.27%	1.65%	1.41%	1.28%
第6类	0.59%	1.08%	1.07%	1.33%	1.10%	1.03%
第7类	0.88%	1.39%	1.32%	1.53%	1.22%	1.27%
第8类	0.06%	0.14%	0.14%	0.19%	0.16%	0.14%
第9类	0.24%	0.43%	0.43%	0.49%	0.39%	0.40%
第10类	10.66%	7.82%	3.61%	3.78%	2.77%	5.73%
第11类	3.19%	4.98%	4.68%	6.23%	5.40%	4.90%
第12类	12.47%	21.97%	21.88%	28.24%	24.02%	21.72%
第13类	3.10%	4.97%	4.72%	5.67%	4.61%	4.62%
第14类	2.79%	4.60%	4.62%	5.39%	4.29%	4.34%
第15类	0.19%	0.37%	0.36%	0.43%	0.36%	0.34%

数据来源:原始数据来自中国海关(由深圳市三胜产业信息公司有偿提供),并经过计算整理得出。

由表3.4可知,中国制造业各行业跨境电商的进口占比存在很大差异。第3和12类的进口额占中国制造业跨境电商进口总额的比重较高,都在20%以上,分别为38.57%和21.72%,这两个行业跨境电商进口额占中国制造业跨境电商进口总额的比重高达60.29%,在中国制造业跨境电商的行业进口发展中占极其重要地位;进口占比居中的有8个行业,年均占比介于1%至10%之间,平均占比为3.49%,按年均占比由大到小依次为第10、11、2、13、14、5、7类和第6类,分别为5.73%、4.90%、4.78%、4.62%、4.34%、1.28%、1.27%和1.03%,这8个行业跨境电商进口额占中国制造业跨境电商进口总额的比重为27.95%,在中国制造业跨境电商的行业进口发展中处于比较重要的地位;而进口占比较低的有5个行业,按年均占比由大到小依次为第4、1、9、16和第8类,年均占比不足1%,分别为0.90%、0.87%、0.40%、0.33%和0.14%,这5个行业跨境电商进口额占中国制造业跨境电商进口总额的比重仅为2.65%,在中国制造业跨境电商的进口发展中所处地位较低。

3.2.3　中国制造业分行业跨境电商进口增速差异分析

2014—2018 年中国制造业分行业跨境电商进口增长速度详见表 3.5。

表 3.5　2015—2018 年中国制造业分行业跨境电商进口增长率

行业分类	2015	2016	2017	2018	年均增长率
第 1 类	63.62%	30.80%	17.71%	13.21%	31.34%
第 2 类	49.00%	37.66%	22.84%	16.93%	31.61%
第 3 类	12.20%	8.18%	18.09%	13.51%	13.00%
第 4 类	58.03%	35.70%	23.10%	17.10%	33.48%
第 5 类	48.88%	34.54%	25.98%	19.05%	32.11%
第 6 类	54.56%	34.21%	22.28%	16.52%	31.89%
第 7 类	47.44%	30.99%	17.71%	13.26%	27.35%
第 8 类	63.34%	37.74%	25.98%	19.00%	36.52%
第 9 类	53.67%	33.76%	17.07%	12.85%	29.34%
第 10 类	-13.82%	-41.14%	8.33%	5.55%	-10.27%
第 11 类	46.58%	30.56%	27.88%	20.27%	31.32%
第 12 类	52.68%	34.37%	25.63%	18.80%	32.87%
第 13 类	47.89%	31.19%	20.14%	15.03%	28.56%
第 14 类	49.36%	35.06%	17.73%	13.24%	28.85%
第 15 类	58.14%	32.50%	20.97%	15.60%	31.80%

数据来源:原始数据来自中国海关(由深圳市三胜产业信息公司有偿提供),并经过计算整理得出。

由表 3.5 可知,中国制造业细分行业跨境电商进口总体上呈快速增长态势,但增幅有所下降,行业间进口增速差别较大。年均进口增速在 30% 以上的有 9 个行业,按年均增速由大到小依次为第 8、4、12、5、6、16、2、1 和第 11 类,年均进口增速分别为 36.52%、33.48%、32.87%、32.11%、31.89%、31.80%、31.61%、31.34% 和 31.32%,增速较快。但与 2015 年相比,2018 年的进口增速均下降了近一倍;年均增速在 20% 至 30% 之间的有 4 个行业,平均增速达 28.53%,按年均增速由大到小依次为第 9、14、13 和第 7 类,年均增速分别为 29.34%、28.85%、28.56% 和 27.35%,但与 2015 年相比,2018 年的进口增速均下降了近一倍。但第 10 类年均增速为-10.27%,但降幅在波动中有所减少。其余 14 个行业的进口增速在波动中呈下降趋势,年均降幅为 12.6%。

3.3 中国制造业分行业跨境电商出口差异分析

中国制造业分行业跨境电商出口差异分析将从各行业出口规模差异、出口结构差异和出口增速差异三个方面展开。

3.3.1 中国制造业分行业跨境电商出口规模差异分析

中国制造业分行业跨境电商出口规模见表3.6。

表3.6 2014—2018年中国制造业各行业跨境电商出口额

单位:亿美元

行业分类	2014	2015	2016	2017	2018	年平均额
第1类	68.9	92.17	114.68	124.8	132.46	106.6
第2类	311.74	394.83	458.36	572.67	675.64	482.6
第3类	882.54	873.94	839.52	913.55	769.49	855.8
第4类	76.03	96.97	115.06	129.67	141.72	111.9
第5类	51.63	67.98	81.34	92.81	102.43	79.24
第6类	50.77	68.41	84.02	90.17	94.54	77.58
第7类	665.56	843.91	997.31	1 067.1	1 115.7	937.9
第8类	150.41	185.1	214.33	244.53	269.89	212.8
第9类	120.22	153.86	182.95	199.97	213.02	174
第10类	140.88	108.12	84.04	75.28	62.66	94.2
第11类	540.28	662.77	765.67	869.14	955.4	758.6
第12类	1 866.02	2 434.4	2 926.8	3 345.3	3 685.5	2851.
第13类	248.88	315.68	373.14	439.27	496.7	374.7
第14类	192.48	249.32	298.8	322.43	339.68	280.5
第15类	317.49	446.85	563.93	633.09	685.71	529.4

数据来源:原始数据来自中国海关(由深圳市三胜产业信息公司有偿提供),并经过计算整理得出。

总体来看,由表3.6可得,2014—2018年中国制造业各行业跨境电商出口规模大多呈上升态势,除第3类与第10类外,其余行业2018年的出口规模均比2014年扩大了近1倍,但行业之间差异较大。

具体来看,出口规模较高的有5个行业,年均出口规模均在500亿美元以上,按年均出口规模由大到小依次是第12、7、3、11和第15类,分别为2 851.60、937.92、855.81、758.65和529.4亿美元。与2014年相比,除第3类下降13%,其余4个行业2018年出口规模均扩大了近1倍。出口规模较小的有3个行业,年均出口规模都在100亿美元以下,按年均出规模由大到小依次是第 10、5 类和第 6 类,年均出口规模分别为 94.20、79.24 和 77.58 亿美元,除第 10 类下降 50%,其余 2 个行业 2018 年出口规模均比 2014 年扩大了近 1 倍。其他 7 个行业的出口规模居中,年均出口规模处于 500 至 100 亿美元之间,平均出口规模为 249.04 亿美元,按年均出口规模由大到小依次是第 2、13、14、8、9、4 及第 1 类,年均出口规模分别为 482.65、374.73、280.54、212.85、174.00、111.89 和 106.60 亿美元,2018 年出口规模与 2014 年相比,均扩大了近 1 倍。

3.3.2 中国制造业分行业跨境电商出口结构差异分析

中国制造业跨境电商各行业出口结构是指中国制造业各行业跨境电商出口额占中国制造业跨境电商出口总额的比重。中国制造业分行业跨境电商出口结构如表 3.7 所示。

表 3.7 中国制造业各行业跨境电商出口额占全国出口总额的比重

行业分类	2014	2015	2016	2017	2018	年均占比
第 1 类	1.17%	1.34%	1.37%	1.39%	1.29%	1.31%
第 2 类	5.31%	5.72%	5.46%	6.37%	6.56%	5.88%
第 3 类	15.03%	12.66%	10.00%	10.16%	7.47%	11.06%
第 4 类	1.30%	1.40%	1.37%	1.44%	1.38%	1.38%
第 5 类	0.88%	0.98%	0.97%	1.03%	0.99%	0.97%
第 6 类	0.86%	0.99%	1.00%	1.00%	0.92%	0.96%
第 7 类	11.34%	12.23%	11.88%	11.86%	10.83%	11.63%
第 8 类	2.56%	2.68%	2.55%	2.72%	2.62%	2.63%
第 9 类	2.05%	2.23%	2.18%	2.22%	2.07%	2.15%
第 10 类	2.40%	1.57%	1.00%	0.84%	0.61%	1.28%
第 11 类	9.20%	9.60%	9.12%	9.66%	9.27%	9.37%
第 12 类	31.79%	35.27%	34.88%	37.19%	35.76%	34.98%
第 13 类	4.24%	4.57%	4.45%	4.88%	4.82%	4.59%
第 14 类	3.28%	3.61%	3.56%	3.58%	3.30%	3.47%
第 15 类	5.41%	6.48%	6.72%	7.04%	6.66%	6.46%

数据来源:原始数据来自中国海关(由深圳市三胜产业信息公司有偿提供),并经过计算整理得出。

由表 3.7 可得,中国制造业各行业跨境电商的出口地位悬殊。中国制造业各行业跨境电商出口额占中国制造业跨境电商出口总额的比重较高的有 3 个行业,年均占比都在 10% 以上,按年均占比从大到小依次为第 12、7 和第 3 类,年均占比分别为 34.98%、11.63% 和 11.06%,这三个行业跨境电商出口额占中国制造业跨境电商出口总额的比重高达 57.67%,在中国制造业跨境电商的出口发展中占有极其重要地位;出口占比居中的有 10 个行业,年均占比为 3.85%,按年均占比由大到小依次为第 11、15、2、13、14、8、9、4、1 和第 10 类,分别占比 9.37%、6.46%、5.88%、4.59%、3.47%、2.63%、2.15%、1.38%、1.31% 和 1.28%，这 10 个行业跨境电商出口额占中国制造业跨境电商出口总额的比重为 38.51%，在中国制造业跨境电商的行业出口发展中处于比较重要的地位。出口占比较低的有 2 个行业，年均占比不到 1%，按年均占比由大到小依次为第 5 类和第 6 类，分别占比 0.97% 和 0.96%，这两个行业跨境电商出口额占中国制造业跨境电商出口总额的比重仅为 1.93%，在中国制造业跨境电商的出口发展中所处地位较低。

3.3.3　中国制造业分行业跨境电商出口增速差异分析

2014—2018 年中国制造业各行业跨境电商出口增长率如表 3.8 所示。

表 3.8　2015—2018 年中国制造业分行业跨境电商出口增长率

行业分类	2015	2016	2017	2018	年均增长率
第 1 类	25.25%	19.63%	8.11%	5.78%	14.69%
第 2 类	21.04%	13.86%	19.96%	15.24%	17.53%
第 3 类	-0.98%	-4.10%	8.10%	5.77%	2.20%
第 4 类	21.59%	15.72%	11.27%	8.50%	14.27%
第 5 类	24.05%	16.42%	12.36%	9.39%	15.56%
第 6 类	25.79%	18.58%	6.82%	4.62%	13.95%
第 7 类	21.13%	15.38%	6.54%	4.36%	11.85%
第 8 类	18.74%	13.64%	12.35%	9.40%	13.53%
第 9 类	21.86%	15.90%	8.51%	6.13%	13.10%
第 10 类	-30.30%	-28.65%	-11.64%	-20.14%	-22.68%
第 11 类	18.48%	13.44%	11.90%	9.03%	13.21%
第 12 类	23.35%	16.82%	12.51%	9.23%	15.48%
第 13 类	21.16%	15.40%	15.05%	11.56%	15.79%
第 14 类	22.80%	16.56%	7.33%	5.08%	12.94%
第 15 类	28.96%	20.77%	10.92%	7.67%	17.08%

数据来源：原始数据来自中国海关（由深圳市三胜产业信息公司有偿提供），并经过计算整理得出。

由表 3.8 可知，中国制造业细分行业跨境电商出口总体上呈快速增长态势，但增幅有所下降，行业间出口增速差别较大。年均出口增速在 10% 以上的行业有 13 个，按年均出口增速由大到小依次为第 2、15、13、5、12、1、4、6、8、11、9、14 和第 7 类，年均出口增速分别为 17.53%、17.08%、15.79%、15.56%、15.48%、14.69%、14.67%、14.27%、13.95%、13.53%、13.21%、13.10%、12.94% 和 11.85%，增速较快，除第 2 类、第 8 与第 13 类无明显变化外，其余 11 个行业 2018 年的出口增速均比 2015 年的下降了近一倍；第 3 类的年均出口增速居中，在 1%～10%，并且由负增长变化为正增长，平均增幅为 2.2%；第 10 类的年均出口增速为负,年均增速为 -22.68% 。其余 13 个行业的跨境电商出口增速也呈逐年下降态势,年均降幅为 14.32% 。

3.4 中国制造业分行业跨境电商出口竞争力差异分析

3.4.1 跨境电商出口竞争力的测度方法

一个国家的制造业及细分行业跨境电商出口竞争力不仅与该国行业进出口规模有关,也与其贸易差额有关。

制造业分行业跨境电商贸易竞争优势力(TC 指数)是指一国跨境电商某行业出口额与进口额的差额占进出口总额的比重。分行业跨境电商贸易竞争力指数可用公式表示为:

$$TC_{ij} = \frac{X_{ij} - M_{ij}}{X_{ij} + M_{ij}} \quad\cdots\cdots\cdots\cdots\cdots\cdots\cdots\cdots\cdots\cdots\cdots\cdots\cdots (3.1)$$

其中,TC_{ij} 为 i 国 j 行业制造业跨境电商出口竞争力指数,X_{ij} 代表 i 国 j 行业制造业跨境电商出口额,M_{ij} 代表 i 国 j 行业制造业跨境电商进口额。

TC 指数的取值范围为 $[-1,1]$,趋于 0 则表示竞争力趋于平均水平;该指数为 -1 时,表示有较大的竞争劣势,越接近 -1 表示竞争力越弱;该指数为 1 时,表示有较大的竞争优势,且越接近于 1 竞争力越强。

3.4.2 中国制造业分行业跨境电商出口竞争力的测度及分析

对中国制造业各行业跨境电商出口竞争力进行测度,测度结果详见表 3.9。

表 3.9 2014—2018 年中国制造业细分行业跨境电商出口争力指数(TC)

行业分类	2014	2015	2016	2017	2018	平均指数
第 1 类	0.88	0.77	0.74	0.71	0.69	0.76
第 2 类	0.83	0.75	0.67	0.66	0.65	0.71
第 3 类	0.30	0.24	0.18	0.12	−0.04	0.16
第 4 类	0.88	0.79	0.74	0.70	0.68	0.76
第 5 类	0.74	0.63	0.55	0.49	0.45	0.57
第 6 类	0.79	0.68	0.62	0.56	0.51	0.63
第 7 类	0.97	0.96	0.95	0.95	0.94	0.96
第 8 类	0.99	0.98	0.98	0.97	0.97	0.98
第 9 类	0.96	0.93	0.92	0.91	0.90	0.93
第 10 类	0.14	0.07	0.12	0.02	−0.10	0.05
第 11 类	0.89	0.84	0.80	0.76	0.73	0.80
第 12 类	0.88	0.81	0.76	0.72	0.70	0.77

续表

行业分类	2014	2015	2016	2017	2018	平均指数
第13类	0.78	0.68	0.62	0.60	0.59	0.66
第14类	0.75	0.64	0.56	0.52	0.48	0.59
第15类	0.99	0.98	0.98	0.97	0.97	0.98

数据来源：中国海关（由深圳市三胜产业信息公司有偿提供），并经过计算处理得出。

由表3.9可得，从2014—2018年各行业TC平均指数来看，制造业各行业跨境电商大都具有较强的出口竞争力，但行业间竞争力差异较大。其中，有11个行业的出口竞争力TC指数较高，年均TC指数均在0.6以上。按年均TC指数由大到小依次是第8、15、7、9、11、12、1、4、2、13和第6类，分别为0.98、0.98、0.96、0.93、0.80、0.77、0.76、0.76、0.71、0.66和0.63，具有极强的出口竞争优势；第3类和第10类的年均TC指数较低，低于0.3，分别为0.16和0.05，出口竞争力较弱；其余两个行业，即第14类和第5类的年均TC指数居中，分别为0.59和0.57，具有较强的出口竞争优势。

然而，从趋势上看，第1、2、3、4、5、6、9、11、12、13和第14类11个行业的TC指数总体上呈逐年下降趋势；第7、8和第15类的TC指数呈波动下降趋势。其中，第7类的TC指数由2014年的0.97下降到2015年的0.95，然后趋于平稳，最后降低至2018年的0.94，平均TC指数为0.96；第8类和第15类的TC指数呈先降后稳再降再稳的趋势，均从2014年的0.99降至2015年的0.98，然后趋于平稳，随后下降至2017年的0.97，最后趋于平稳态势，平均TC指数为0.98，出口竞争力极强；其余两个行业，第10类指数呈先降后升再降的趋势，由2014年的0.14下降至2015年的0.07，随后上升至2016年的0.12，最后下降至2018年的−0.10，平均TC指数为0.05，出口竞争力较弱。

3.4.3　中国制造业分行业跨境电商进出口贸易差额分析

表3.10是2014—2018年各行业跨境电商进出口贸易差额。

表3.10　2014—2018年各行业跨境电商进出口贸易差额

类　别	2014	2015	2016	2017	2018	年均贸易顺差
第1类	64.56	80.24	97.44	1 035	108.32	90.88
第2类	282.88	338.24	367.59	455.03	534.03	395.55
第3类	407.87	333.31	250.75	194.74	−61.61	225.01
第4类	71.35	85.82	97.72	107.12	114.52	95.31
第5类	43.84	52.74	58.06	61.36	63.58	55.92
第6类	44.89	55.47	64.35	64.86	64.22	58.76
第7类	656.83	827.30	973.24	1 037.84	1 082.03	915.45
第8类	149.81	183.45	211.68	240.95	265.47	210.27

类 别	2014	2015	2016	2017	2018	年均贸易顺差
第 9 类	117.82	148.68	175.13	190.54	202.20	166.87
第 10 类	34.63	14.77	17.90	3.13	-13.73	11.34
第 11 类	508.49	603.26	679.97	750.31	806.36	669.68
第 12 类	1 741.70	2 171.95	2 526.43	2 807.04	3 022.60	2 453.94
第 13 类	217.92	256.27	286.80	331.16	369.47	292.32
第 14 类	164.67	194.40	214.23	219.63	221.19	202.82
第 15 类	315.67	442.54	557.55	625.01	676.14	523.38

数据来源:中国海关(由深圳市三胜产业信息公司有偿提供),并经过计算整理得出。

总体来看,由表 3.10 可得,2014—2018 年中国制造业各行业跨境电商进出口贸易差额大多呈上升态势,除第 3、5、6、10 和第 14 类以外,其余 11 个行业 2018 年的进出口贸易差额均比 2014 年扩大了近 1 倍,且大都表现为贸易顺差,但行业之间差异较大。

具体来看,贸易差额较大的有 4 个行业,按年均贸易差额由大到小依次是第 12、7、11 类和第 15 类,年均贸易差额均在 500 亿美元以上,分别为 2 453.94、915.45、669.68 和 523.38 亿美元,与 2014 年相比,2018 年出口规模均扩大了近 1 倍;进出口贸易差额较小的有 6 个行业,年均差额都在 100 亿美元以下,按年均贸易差额由大到小依次是第 4、1、6、5 和第 10 类,年均贸易差额分别为 95.31、90.88、58.76、55.92 和 11.34 亿美元,除第 6 类与第 5 类无明显变化,以及第 10 类缩小近 1 倍之外,其余 3 个行业 2018 年的进出口贸易差额均比 2014 年扩大了近 1 倍;其他 6 个行业的年均进出口贸易差额居中,年均差额处于 500 至 100 亿美元之间,平均进出口贸易差额达 248.81 亿美元,按年均进出口贸易差额由大到小依次是第 2、13、3、8、14 和第 9 类,年均进出口贸易差额分别为 395.55、292.32、225.01、210.27、202.82 和 166.87 亿美元,除第 3 类缩小了近 1 倍,以及第 14 类无明显变化外,其余 4 个行业 2018 年的进出口贸易差额均比 2014 年扩大了近 1 倍。

综上可得,大多数行业的进口额、出口额及进出口贸易差额在 2014—2018 年大都呈上升态势,且行业之间的差异较大。中国制造业各行业跨境电商的发展以出口占主导地位,进口占次要地位。但是,从近五年的发展态势来看,制造业各行业跨境电商的进口规模上升幅度较大,各行业 2018 年的进口规模比 2014 年大都翻了 3 至 5 番,发展态势良好。

【思政课堂】

通过本章的教学,了解中国跨境电商分行业发展的规模、结构、速度差异及其特点,弄清中国跨境电商分行业出口竞争力的差异及其变化趋势,探索中国跨境电商分行业发展差异的成因及均衡发展的实现路径,培养学生综合运用国际贸易基本理论独立分析解决跨境电商行业发展差异问题的基本能力,掌握比较分析跨境电商分行业发展规模、结构、速度以及出口竞争力差异的基本方法,提高学生独立观察、比较分析和综合解决跨境电商发展中复杂问题的能力与专业素养。

使学生从中国跨境电商分行业发展的规模、结构、速度、出口竞争力以及贸易差额的分析中增进自己对从事跨境电商职业的向往意识及爱业敬业精神，为中国各行业跨境电商更快更好发展贡献自己的智慧和力量。

复习思考题

1. 简析中国制造业各行业跨境电商进口的规模、结构、速度差异变化的主要特点。

2. 简析中国制造业各行业跨境电商出口的规模、结构、速度差异变化的主要特点。

3. 试析中国制造业各行业跨境电商发展差异的主要原因。

4. 运用国际贸易的相关理论解释中国制造业各行业跨境电商出口竞争力差异的成因，并提出可行对策。

5. 中国大多数行业跨境电商贸易顺差为何呈现持续扩大趋势？

6. 根据下表数据，分析中国鞋帽类制品及其细分行业跨境电商发展的规模、结构、速度差异及其变化的主要特点（定性分析与定量分析相结合），并展望该产业细分行业跨境电商发展的前景。

2014—2018 年中国鞋帽类制品跨境电商进出口额

（单位：亿美元）

HS 编码	商品名称	指标	2014	2015	2016	2017	2018
64-65	鞋帽类制品	进口额	11.7	13.3	15.5	18.5	21.2
		出口额	326.4	320.3	327.3	353.8	390.2
6401-6404	鞋类制品	进口额	5.8	6.7	7.7	8.5	9.3
		出口额	135.3	130.7	128.3	139.6	154.4
6501-6506	帽类制品	进口额	4.5	5.2	6.1	7.1	8.1
		出口额	129.5	132.4	139.4	148.3	158.7
6405-6406 6506-6507	鞋帽配件	进口额	1.5	1.4	1.6	2.9	3.8
		出口额	61.6	57.2	59.6	65.9	77.1
全国跨境电商交易额		进口额	997	1 443	1 830	2 271	2 759
		出口额	5 870	7 109	8 391	9 231	10 305

第 4 章
中国跨境电子商务区域发展差异分析

4.1 中国跨境电商区域规模差异分析

4.1.1 跨境电商区域进口规模差异分析

随着"互联网+"的深入发展,中国各地区经济贸易与跨境电商日益融合,跨境电商已成为各地区经济贸易新的增长点。然而,各地区跨境电商发展极不平衡,质量、品牌等出口新优势缺乏,资源配错严重。因此,弄清中国各地区跨境电商的发展差异及其主要影响因素,对于中国各地区提高跨境电商出口竞争力,具有重要意义。

国内外众多学者虽然已经从整体层面对中国制造业跨境电商的发展现状做了初步研究,也有学者从不同角度对部分地区跨境电商规模进行了初步分析,但是,仍然缺乏对中国各地区跨境电商的发展差异及特点的系统分析。本章试图从规模、结构、增速以及竞争力等视角对中国各地区跨境电商的进口差异、出口差异、进出口差异及其特点进行比较全面系统的分析。

中国各地区是指除港澳台以外的 31 个地区。

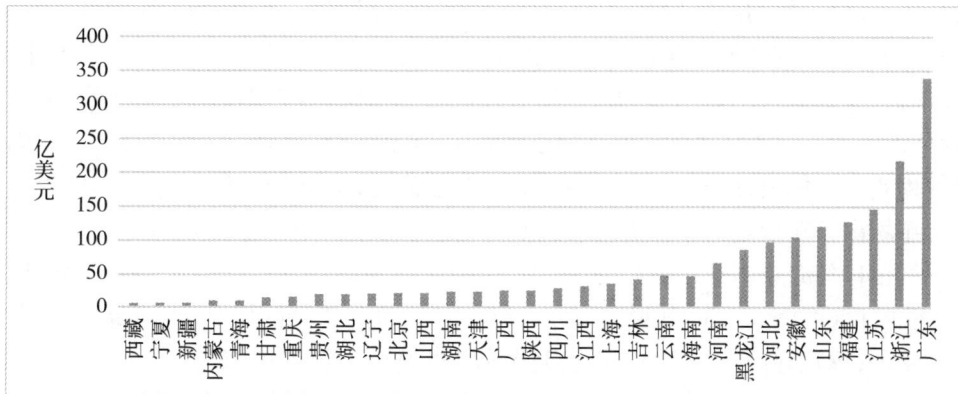

图 4.1 中国各地区跨境电商进口规模(2014—2018 年平均值)
数据来源:中国海关(由深圳市三胜产业信息公司有偿提供)。

如图 4.1 所示,2014 年至 2018 年中国各地区跨境电商进口规模差距较大,进口规模较大的有 6 个地区,年均进口额都高于 100 亿美元,其中,广东年均进口额最高,超过 300 亿美元,然后是浙江和江苏,年均进口额分别是 216.39 亿美元和 144.71 亿美元,接着是福建、山东以及安徽,年均进口额分别是 126.33 亿美元和 120.59 亿美元以及 103.63 亿美元;跨境电商进口规模较小的有 5 个地区,年均进口额都低于 10 亿美元,其中,西藏年均进口额最低,不到 3 亿美元,然后,依次是宁夏、新疆、内蒙古和青海,年均进口额分别是 3.7 亿美元、6.03 亿美元、7.21 亿美元、7.90 亿美元;其余 20 个地区的跨境电商年均进口规模介于 10 亿至 100 亿美元之间,其中,河北、黑龙江与河南的年均进口额稍高一些,分别是 95.93 亿美元、83.86 亿美元、67.31 亿美元,其余 17 个地区年均进口额都低于 50 亿美元。详见附录表 A-1。

4.1.2　跨境电商区域出口规模差异分析

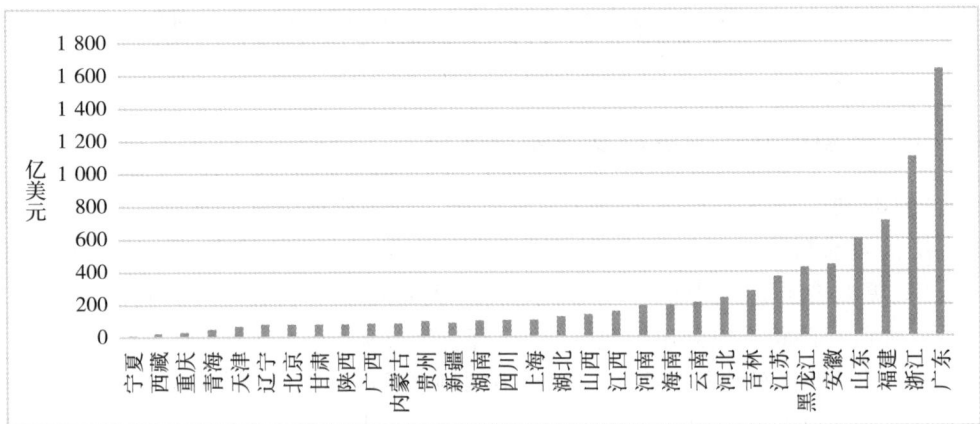

图 4.2　中国各地区跨境电商出口规模(2014—2018 年平均值)

数据来源:中国海关(由深圳市三胜产业信息公司有偿提供)。

如图 4.2 所示,2014 年至 2018 年中国各地区跨境电商出口规模极不均衡,其中,出口规模较大的 2 个地区,年均出口额都高于 1 000 亿美元,分别是广东、浙江,年均出口额分别为 1 630.66 亿美元、1 094.93 亿美元;出口规模较小的有 12 个地区,年均出口额都低于 100 亿美元,其中,宁夏最低,仅 11.71 亿美元,然后是西藏和重庆,各为 21.72 亿美元和 38.73 亿美元,青海和天津为 47.28 亿美元、76.78 亿美元,接着是辽宁、北京、内蒙古、甘肃、新疆,年均出口额各为 83.34 亿美元、84.39 亿美元、85.84 亿美元、85.85 亿美元、87.82 亿美元,陕西和贵州的年均出口额接近 100 亿美元,为 96.97 亿美元和 98.75 亿美元;其余 17 个地区的跨境电商年均出口额介于 100 亿~1 000 亿美元,依次是福建、山东、安徽、江苏、黑龙江、河北、吉林、云南、河南、海南、江西、山西、湖北、上海、四川、湖南、广西;其中,年均出口额稍高一些的地区有 4 个,福建和山东为 703.13 亿美元和 598.90 亿美元,安徽、江苏为 442.23 亿美元和 430.83 亿美元。其余 13 个地区平均出口额都低于 400 亿美元。详见附录表 A-2。

4.1.3　跨境电商区域贸易差额分析

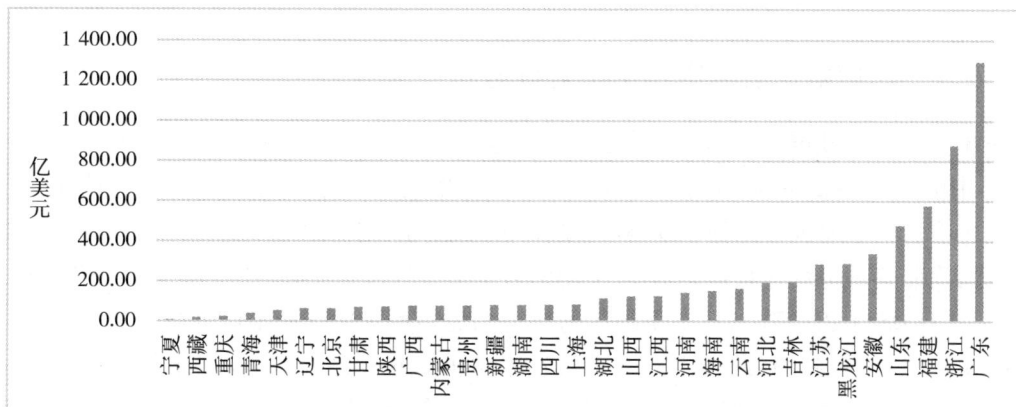

图 4.3　中国各地区跨境电商进出口差额（2014—2018 年平均值）

数据来源：中国海关（由深圳市三胜产业信息公司有偿提供），并经过计算整理得出。

图 4.3 显示了 2014—2018 年中国各地区跨境电商进出口贸易差额。总体来看，2014—2018 年中国各地区跨境电商的出口额都显著大于进口额，但各地区跨境电商贸易顺差规模差距较大。

由图 4.3 可知，2014 年至 2018 年中国各地区跨境电商进出口规模较大，五年间各地区年均贸易顺差高达 204.82 亿美元。其中，年均贸易顺差高于 300 亿美元的 5 个地区，分别是广东、浙江、福建、山东、安徽，年均贸易顺差分别为 1 293.620 亿美元、878.530 亿美元、576.790 亿美元、478.300 亿美元和 338.60 亿美元；贸易顺差较小的有 4 个地区，年均贸易顺差都低于 50 亿美元，其中，宁夏最低，仅 7.98 亿美元，然后是西藏、重庆和青海，年均贸易顺差分别为 19.12 亿美元、23.73 亿美元和 39.38 亿美元；其余 22 个地区的跨境电商年均贸易顺差介于 50 亿 ~ 300 亿美元，依次是黑龙江、江苏、吉林、河北、云南、海南、河南、江西、山西、湖北、上海、四川、湖南、新疆、贵州、内蒙古、广西、陕西、甘肃、北京、辽宁、天津；其中，年均贸易顺差偏高一些的地区有 4 个，分别是黑龙江、江苏、吉林、河北，年均贸易顺差分别为 289.89 亿美元、286.12 亿美元、197.33 亿美元和 195.30 亿美元；年均贸易顺差偏低一些的地区有 12 个，分别是上海、四川、湖南、新疆、贵州、内蒙古、广西、陕西、甘肃、北京、辽宁、天津，年均贸易顺差分别为 85.11 亿美元、83.20 亿美元、81.95 亿美元、81.79 亿美元、79.45 亿美元、78.62 亿美元、77.28 亿美元、73.89 亿美元、71.31 亿美元、64.18 亿美元、63.43 亿美元和 53.93 亿美元。其余 6 个地区年均贸易顺差位于 90 亿 ~ 165 亿美元。详见附录表 A-3。

由附录表 A-3 可知，2014—2018 年中国各地区跨境电商的贸易顺差规模普遍呈扩大态势，2018 年的贸易顺差比 2014 年扩大了 0.55 倍，贸易顺差年均增长率达 11.79%，但增幅呈缩小趋势。

综上可知，中国各地区跨境电商的进口额、出口额及进出口贸易差额在 2014—2018 年大都呈上升态势，且行业之间的差异较大。

4.2 中国跨境电商区域结构差异分析

4.2.1 跨境电商区域进口结构差异分析

跨境电商的区域进口结构可以由各地区跨境电商的进口占比来表示。表4.1为2014—2018年中国31个地区跨境电商进口额占同期全国跨境电商进口总额的比重。从5年平均值占比来看,31个地区占比都在0.001~0.2,但地区间差距较大,广东、浙江、江苏、福建、山东、安徽、河北跨境电商进口额占比5年均值较大,分别为0.189 5、0.122 3、0.082 1、0.070 0、0.068 2、0.058 0、0.055 3,这7个地区跨境电商进口额占中国跨境电商进口总额的比重高达64.54%,在中国各地区跨境电商的进口发展中占有重要地位;占比居中的地区有17个,其中黑龙江、河南和海南以及云南、吉林的占比在0.02以上,各为0.046 8、0.038 9、0.027 6、0.027 4、0.024 0,而上海、江西和四川以及天津、广西、陕西、山西、湖南、北京、辽宁、湖北、贵州,分别占比0.019 5、0.017 7、0.015 1、0.013 4、0.012 7、0.012 6、0.012 2、0.012 0、0.010 8、0.010 5、0.010 1,这17个地区跨境电商进口额占中国跨境电商进口总额的比重为33.65%,在中国各地区跨境电商的进口发展中居于比较重要地位;重庆、甘肃、青海、内蒙古、新疆、宁夏、西藏占比较少,分别为0.008 3、0.007 9、0.004 3、0.004 0、0.003 4、0.002 1、0.001 4,这7个地区跨境电商进口额占中国跨境电商进口总额的比重仅为1.81%,在中国各地区跨境电商的进口发展中所处地位较低。

从表中可以看出,除宁夏5年保持着0.002 1占比,其他省份均在上下波动。其中辽宁、吉林、安徽、湖北、湖南、广西、四川、贵州、陕西、甘肃、青海11个地区呈现5年逐年增加趋势,而河北、山东、山西、黑龙江、江西、云南的占比呈现先减后增的趋势,浙江、福建、广东、内蒙古、重庆的占比呈现先增后减的趋势,西藏占比呈现先减少后增加再减少趋势,新疆的趋势与之相反。2018年较2014年,12个地区跨境电商进口额占比排名下降,分别是北京、天津、河北、上海、山东、海南、山西、内蒙古、重庆、新疆。10个地区跨境电商进口额排名上升,分别是辽宁、福建、吉林、安徽、湖南、广西、四川、贵州、云南、陕西、甘肃、青海,其他11个地区占比排名没有变化。

表4.1　各地区跨境电商进口额占全国跨境电商进口总额的比重

地区	2014	2015	2016	2017	2018	平均值
北京	0.015 7	0.012 6	0.011 0	0.010 5	0.010 2	0.012 0
天津	0.016 5	0.014 0	0.012 6	0.012 1	0.011 7	0.013 4
河北	0.064 3	0.056 0	0.051 6	0.052 1	0.052 4	0.055 3
辽宁	0.009 1	0.010 2	0.010 8	0.011 7	0.012 3	0.010 8
上海	0.021 6	0.020 0	0.019 1	0.018 6	0.018 2	0.019 5
江苏	0.085 3	0.082 9	0.081 6	0.080 6	0.079 9	0.082 1

地区	2014	2015	2016	2017	2018	平均值
浙江	0.122 4	0.124 2	0.125 1	0.121 2	0.118 5	0.122 3
福建	0.061 3	0.069 9	0.074 6	0.072 7	0.071 5	0.070 0
山东	0.071 8	0.067 8	0.065 6	0.067 3	0.068 4	0.068 2
广东	0.183 2	0.191 8	0.196 4	0.190 1	0.185 9	0.189 5
海南	0.030 0	0.027 9	0.026 8	0.026 7	0.026 7	0.027 6
山西	0.012 2	0.011 9	0.011 7	0.012 4	0.012 9	0.012 2
吉林	0.021 4	0.022 7	0.023 4	0.025 5	0.026 8	0.024 0
黑龙江	0.046 3	0.045 8	0.045 5	0.047 6	0.049 0	0.046 8
安徽	0.056 9	0.057 2	0.057 3	0.058 7	0.059 7	0.058 0
江西	0.018 1	0.017 6	0.017 4	0.017 7	0.017 9	0.017 7
河南	0.046 0	0.039 7	0.036 3	0.036 3	0.036 3	0.038 9
湖北	0.008 8	0.010 2	0.011 0	0.011 2	0.011 4	0.010 5
湖南	0.009 0	0.011 3	0.012 6	0.013 3	0.013 8	0.012 0
内蒙古	0.003 8	0.004 0	0.004 1	0.004 1	0.004 1	0.004 0
广西	0.012 1	0.012 4	0.012 6	0.013 1	0.013 5	0.012 7
重庆	0.007 1	0.008 2	0.008 8	0.008 7	0.008 6	0.008 3
四川	0.012 1	0.014 4	0.015 7	0.016 4	0.016 9	0.015 1
贵州	0.007 8	0.009 4	0.010 3	0.011 1	0.011 7	0.010 1
云南	0.029 8	0.027 4	0.026 1	0.026 6	0.026 9	0.027 4
西藏	0.001 3	0.001 4	0.001 5	0.001 5	0.001 5	0.001 4
陕西	0.011 1	0.012 1	0.012 6	0.013 4	0.014 0	0.012 6
甘肃	0.006 3	0.007 4	0.008 0	0.008 6	0.009 0	0.007 9
青海	0.003 3	0.004 0	0.004 4	0.004 7	0.004 9	0.004 3
宁夏	0.002 1	0.002 1	0.002 1	0.002 1	0.002 1	0.002 1
新疆	0.003 3	0.003 3	0.003 4	0.003 4	0.003 5	0.003 4

数据来源：中国海关（由深圳市三胜产业信息公司有偿提供），并经过计算整理得出。

4.2.2 跨境电商区域出口结构差异分析

跨境电商的区域出口结构可以由各地区跨境电商的出口占比来表示。表 4.2 为 2014 年到 2018 年中国 31 个地区跨境电商出口额占全国跨境电商出口总额的比重。从 5 年平均值占比来看，地区间差距较大。广东、浙江、福建、山东、安徽、江苏、黑龙江、河北 8 个地区跨境电商出口占比较大，分别为 0.200 9、0.134 6、0.086 1、0.073 8、0.054 5、0.053 2、0.046 2、

0.036 1，这8个地区跨境电商出口额占中国跨境电商出口总额的比重高达68.54%，在中国各地区跨境电商的出口发展中占有重要地位；占比居中的地区有18个，分别是吉林、河南、云南、海南、江西、山西、湖北、上海、四川、湖南、广西、贵州、陕西、新疆、内蒙古、甘肃、北京、辽宁，分别占比0.029 6、0.026 3、0.026 2、0.024 8、0.019 5、0.018 1、0.016 6、0.014 6、0.013 5、0.012 7、0.012 3、0.012 0、0.011 9、0.010 8、0.010 6、0.010 5、0.010 4、0.010 2，这18个地区跨境电商出口额占中国跨境电商出口总额的比重为29.06%，在中国各地区跨境电商的出口发展中居于比较重要地位；占比较少的地区有5个，分别是宁夏、西藏、重庆、青海、天津，占比分别为0.001 5、0.002 7、0.004 7、0.005 8、0.009 4，这5个地区跨境电商出口额占中国跨境电商出口总额的比重仅为2.41%，在中国各地区跨境电商的出口发展中所处地位较低。

从表中可以看出，除西藏5年保持着0.002 7占比，其他地区的占比均在上下波动。其中浙江、福建、江西、湖北、四川、甘肃6个地区5年均保持着占比逐年增加，而江苏、山东、广东、黑龙江4个地区5年跨境电商出口额占比呈逐年减少趋势，河北、辽宁、海南、山西、河南、湖南、广西、贵州、云南、陕西、青海11个地区的占比呈现先减少后增加的趋势，北京、天津、上海、吉林、安徽、内蒙古、重庆、宁夏、新疆9个地区的占比呈现先增加后减少的趋势。总体而言，中国跨境电商出口额的平均值占比各地区之间存在较大差距。6个地区跨境电商出口额占比排名下降，分别是北京、江苏、河南、内蒙古、广西、新疆。6个地区跨境电商出口额排名上升，分别是辽宁、吉林、安徽、湖南、贵州、甘肃，其他地区占比排名没有变化。

表4.2　各地区跨境电商出口额占全国跨境电商出口总额的比重

地区	2014	2015	2016	2017	2018	平均值
北京	0.010 1	0.010 4	0.010 7	0.010 4	0.010 3	0.010 4
天津	0.008 9	0.009 5	0.010 0	0.009 5	0.009 2	0.009 4
河北	0.039 1	0.036 3	0.034 3	0.035 0	0.035 7	0.036 1
辽宁	0.009 9	0.009 8	0.009 7	0.010 5	0.011 1	0.010 2
上海	0.014 0	0.014 6	0.015 1	0.014 8	0.014 5	0.014 6
江苏	0.055 1	0.053 9	0.053 1	0.052 4	0.051 7	0.053 2
浙江	0.132 8	0.134 2	0.135 1	0.135 3	0.135 4	0.134 6
福建	0.082 8	0.085 2	0.086 9	0.087 6	0.088 2	0.086 1
山东	0.075 3	0.074 2	0.073 4	0.073 2	0.073 1	0.073 8
广东	0.202 4	0.201 8	0.201 4	0.200 0	0.198 8	0.200 9
海南	0.025 3	0.024 6	0.024 2	0.024 7	0.025 2	0.024 8
山西	0.018 4	0.017 6	0.017 0	0.018 2	0.019 1	0.018 1
吉林	0.027 5	0.030 1	0.031 9	0.030 0	0.028 5	0.029 6
黑龙江	0.047 2	0.047 1	0.047 1	0.045 4	0.044 1	0.046 2
安徽	0.054 0	0.055 5	0.056 4	0.054 2	0.052 4	0.054 5
江西	0.019 1	0.019 2	0.019 3	0.019 8	0.020 2	0.019 5

地区	2014	2015	2016	2017	2018	平均值
河南	0.028 9	0.026 6	0.025 0	0.025 3	0.025 5	0.026 3
湖北	0.015 8	0.016 2	0.016 5	0.017 0	0.017 4	0.016 6
湖南	0.012 3	0.012 3	0.012 4	0.013 1	0.013 6	0.012 7
内蒙古	0.010 5	0.010 8	0.010 9	0.010 5	0.010 2	0.010 6
广西	0.012 4	0.012 2	0.012 0	0.012 4	0.012 6	0.012 3
重庆	0.004 4	0.004 7	0.004 9	0.004 8	0.004 8	0.004 7
四川	0.012 8	0.013 1	0.013 3	0.014 0	0.014 5	0.013 5
贵州	0.011 5	0.011 5	0.011 6	0.012 3	0.013 0	0.012 0
云南	0.027 5	0.026 2	0.025 2	0.025 8	0.026 3	0.026 2
西藏	0.002 7	0.002 7	0.002 7	0.002 7	0.002 7	0.002 7
陕西	0.011 6	0.011 5	0.011 4	0.012 1	0.012 7	0.011 9
甘肃	0.009 9	0.010 2	0.010 3	0.010 8	0.011 2	0.010 5
青海	0.005 6	0.005 6	0.005 6	0.005 9	0.006 1	0.005 8
宁夏	0.001 4	0.001 5	0.001 5	0.001 5	0.001 4	0.001 5
新疆	0.010 7	0.011 0	0.011 1	0.010 8	0.010 5	0.010 8

数据来源:中国海关(由深圳市三胜产业信息公司有偿提供),并经过计算整理得出。

4.3 中国跨境电商区域增速差异分析

4.3.1 跨境电商的区域进口增速差异分析

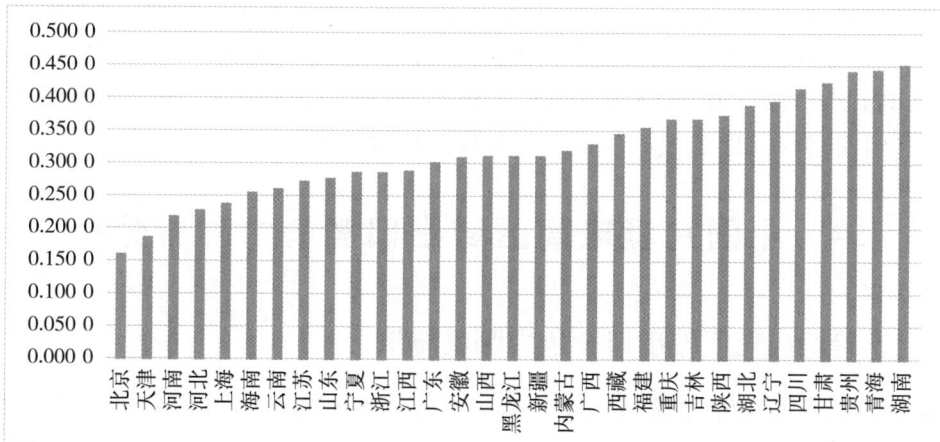

图 4.4 2015—2018 年中国各地区跨境电商进口平均增速

数据来源:中国海关(由深圳市三胜产业信息公司有偿提供),并经过计算整理得出。

图 4.4 展示了近 4 年中国各地区跨境电商年均进口增速差异。从图中可以看出,中国各地区跨境电商进口额的平均增速在 0.15 以上,增速呈现不平衡态势。年均增速在 0.35 以上的地区有湖南、青海、贵州、甘肃、四川、辽宁、湖北、陕西、吉林、重庆、福建,其增速分别为 0.447 8、0.440 9、0.438 9、0.420 0、0.416 9、0.395 2、0.388 7、0.371 7、0.367 8、0.365 9、0.351 6;年均增速在 0.2 以下的地区有两个,分别是天津、北京,增速为 0.184 7 和 0.158 7;其余地区增速均在 0.2 到 0.35 之间。

4.3.2 跨境电商的区域出口增速差异分析

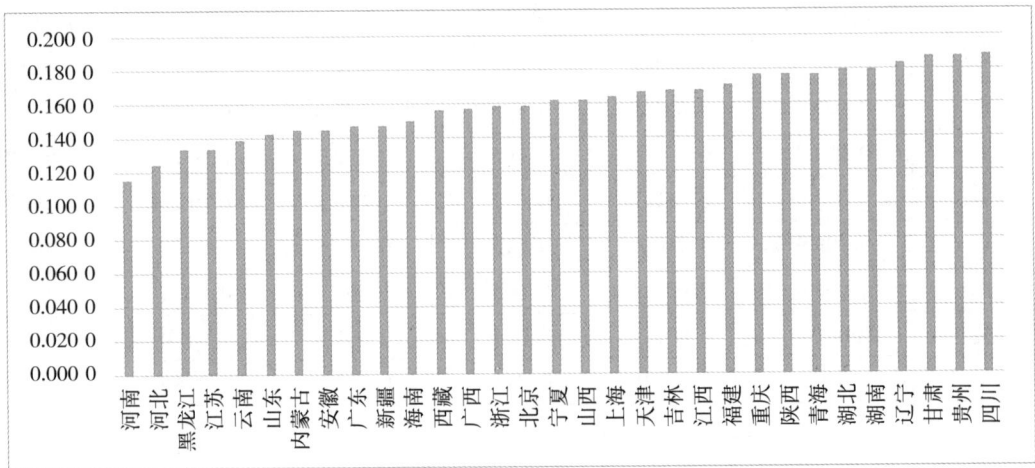

图 4.5　2015—2018 年中国各地区跨境电商出口平均增速

数据来源:中国海关(由深圳市三胜产业信息公司有偿提供),并经过计算整理得出。

图 4.5 展示了中国近四年各地区跨境电商出口额年均增速差异。中国各地区跨境电商出口额的平均增速在 0.1 以上,增速最快不超过 0.2,中国各地区跨境电商出口增速呈现较为平稳态势。年均增速在 0.16 以上的地区有 16 个,其中四川、贵州和甘肃还有辽宁以及湖南年均增速超过 0.18,各为 0.188 8、0.187 8、0.187 4、0.183 8、0.180 4,湖北、青海、陕西、重庆、福建、江西、吉林、天津、上海、山西和宁夏,年均增速分别为 0.179 4、0.177 6、0.177 2、0.177 1、0.171 0、0.168 1、0.167 8、0.166 6、0.166 9、0.162 7、0.161 4。年均增速在 0.12 以下的地区是河南,为 0.115 2,其余地区的增速均在 0.12 ~ 0.16。

4.4　中国跨境电商区域出口竞争力差异分析

4.4.1 跨境电商区域出口竞争力测度方法

衡量一国各地区跨境电商出口竞争力,与该国各地区跨境电商贸易竞争优势指数(RETC)密切相关。

地区跨境电商贸易竞争指数(RETC 指数)即一地区跨境电商出口额与进口额的差额占

该地区跨境电商进出口总额的比重,所以地方跨境电商贸易竞争指数 RETC 用公式表示为:

$$RETC_{it} = \frac{X_{it} - M_{it}}{X_{it} + M_{it}} \quad \cdots\cdots\cdots\cdots\cdots\cdots\cdots\cdots \text{(4.1)}$$

其中,X_{it} 为 i 地区 t 年的跨境电商出口额;M_{it} 为 i 地区 t 年的跨境电商进口额。

RETC 指数的取值范围为 $[-1,1]$,该地区的贸易竞争力指数趋近 1,该地区跨境电商贸易易竞争力与他国跨境电商贸易竞争力相比处于优势;当该地区跨境电商的贸易竞争力指数趋近 -1,则表示对他国跨境电商贸易竞争力而言,该地区跨境电商的贸易竞争力处于劣势;当指数趋近 0,表示该地区和他国跨境电商贸易竞争力处于同等水平。

4.4.2　跨境电商区域出口竞争力测度分析

运用公式 4.1,利用 2014—2018 年中国各地区跨境电商进出口的相关数据,计算了各地区的 RETC 指数,见表 4.3。

表 4.3　2014—2018 年中国各地区跨境电商 RETC 指数

地区	2014	2015	2016	2017	2018	平均指数
北京	0.593 5	0.624 2	0.644 2	0.614 8	0.591 6	0.613 7
天津	0.531 6	0.561 7	0.579 8	0.537 6	0.503 0	0.542 7
河北	0.575 5	0.544 1	0.518 6	0.478 5	0.449 5	0.513 2
辽宁	0.737 2	0.667 0	0.619 5	0.580 0	0.553 7	0.631 5
上海	0.597 1	0.586 4	0.578 4	0.540 6	0.511 0	0.562 7
江苏	0.595 2	0.545 9	0.510 9	0.464 7	0.429 3	0.509 2
浙江	0.737 4	0.699 6	0.673 6	0.649 2	0.630 7	0.678 1
福建	0.783 5	0.729 0	0.693 7	0.670 7	0.653 5	0.706 1
山东	0.729 8	0.702 9	0.683 3	0.641 7	0.609 9	0.673 5
广东	0.741 6	0.692 8	0.659 2	0.631 6	0.610 3	0.667 1
海南	0.674 5	0.644 3	0.621 9	0.592 0	0.570 2	0.620 6
山西	0.804 0	0.771 7	0.747 4	0.721 4	0.703 6	0.749 6
吉林	0.773 5	0.747 9	0.732 1	0.664 6	0.608 2	0.705 3
黑龙江	0.722 9	0.686 9	0.661 7	0.601 6	0.553 6	0.645 3
安徽	0.705 6	0.670 9	0.647 5	0.590 8	0.545 1	0.632 0
江西	0.731 3	0.701 9	0.681 2	0.650 5	0.628 1	0.678 6
河南	0.586 5	0.556 3	0.531 5	0.491 0	0.461 1	0.525 3
湖北	0.833 5	0.785 2	0.753 5	0.727 9	0.709 2	0.761 9
湖南	0.785 4	0.701 6	0.646 7	0.610 4	0.585 3	0.665 9
内蒙古	0.887 4	0.868 0	0.854 7	0.830 3	0.809 8	0.850 0

续表

地区	2014	2015	2016	2017	2018	平均指数
广西	0.724 4	0.674 2	0.639 0	0.596 6	0.566 0	0.640 0
重庆	0.585 4	0.500 5	0.450 4	0.403 4	0.367 4	0.461 4
四川	0.731 9	0.652 5	0.602 1	0.563 8	0.537 2	0.617 5
贵州	0.799 2	0.730 5	0.685 2	0.646 9	0.620 8	0.696 5
云南	0.698 0	0.666 5	0.642 2	0.606 6	0.580 7	0.638 8
西藏	0.851 6	0.814 4	0.788 8	0.766 2	0.749 0	0.794 0
陕西	0.729 3	0.665 0	0.621 0	0.582 7	0.556 8	0.631 0
甘肃	0.811 6	0.755 2	0.718 5	0.681 7	0.655 8	0.724 6
青海	0.826 2	0.760 1	0.715 9	0.681 9	0.658 1	0.728 4
宁夏	0.595 9	0.563 2	0.542 0	0.490 9	0.449 6	0.528 3
新疆	0.905 2	0.890 2	0.879 8	0.859 6	0.843 0	0.875 6

数据来源:中国海关(由深圳市三胜产业信息公司有偿提供),并经过公式4.1计算整理得出。

由表4.3可知,2014—2018年,中国各地区跨境电商贸易竞争优势指数都大于0,且大部分地区都在0.5以上,但各地区出口竞争力RETC指数都呈逐年递减趋势,年均下滑幅度在0.01左右,各地区的跨境电商贸易竞争优势总体较强,但差异明显。

从5年RETC平均指数来看,地区间差异较大。RETC指数相对较高的地区有新疆、内蒙古、西藏、湖北、山西、青海、甘肃、福建、吉林,分别为0.875 6、0.850 0、0.794 0、0.761 9、0.749 6、0.728 4、0.724 6、0.706 1和0.705 3;平均RETC指数相对中等水平的地区有15个,分别是北京、四川、海南、陕西、辽宁、安徽、云南、广西、黑龙江、湖南、广东、山东、浙江、江西、贵州。其余7个地区RETC指数较低,分别为重庆、江苏、河北、河南、宁夏、天津、上海,RETC指数分别为0.461 4、0.509 2、0.513 2、0.525 3、0.528 3、0.542 7和0.562 7。

中国各地区跨境电商RETC指数呈逐年下降趋势,从2014年的0.718 3减小到2018的0.588 9,但各地区间的RETC指数下降幅度不同,其中,北京下滑幅度最小,仅下滑0.001 9,其次是天津、新疆,分别下滑0.028 6、0.062 2;下滑幅度最大的是重庆,下滑0.218,其次为湖南、四川,分别下滑0.200 1、0.194 7;其余各地区减速相对居中,山西、吉林、黑龙江、安徽、江西、河南、湖北、广西、四川、贵州、云南、西藏、陕西、甘肃、青海、宁夏分别减小了0.100 4、0.165 3、0.169 3、0.160 5、0.103 1、0.125 5、0.124 3、0.158 4、0.194 7、0.178 4、0.117 3、0.102 5、0.172 5、0.155 8、0.168 1、0.146 3。

【思政课堂】

通过本章的教学,了解中国跨境电商区域发展的规模、结构、速度差异及其特点,弄清中国跨境电商区域出口竞争力的差异及其变化趋势,探索中国跨境电商区域发展差异的成因及均衡发展的实现路径,培养学生综合运用国际贸易基本理论独立分析解决跨境电商区域发展差异问题的基本能力,掌握比较分析跨境电商区域发展规模、结构、速度以及出口竞争力差异的基本方法,提高学生独立观察、比较分析和综合解决跨境电商区域发展中复杂问题的能力与专业素养。

使学生从中国跨境电商区域发展的规模、结构、速度、出口竞争力以及贸易差额的分析中增进自己对从事跨境电商职业的向往及爱业敬业精神,为中国各区域跨境电商更快更好发展贡献自己的智慧和力量。

复习思考题

1. 简析中国各区域跨境电商进口的规模、结构、速度差异变化的主要特点。

2. 简析中国各区域跨境电商出口的规模、结构、速度差异变化的主要特点。

3. 试析中国各区域跨境电商发展差异的主要原因。

4. 运用国际贸易的相关理论解释中国各区域跨境电商出口竞争力差异的主要成因,并提出可行对策。

5. 中国各区域跨境电商贸易顺差为何呈现持续扩大趋势?

附　录

表 A-1　2014—2018 年各地区跨境电商进口额

单位：百万美元

地区	2014	2015	2016	2017	2018
北京	1 485	1 718.29	1 907.47	2 318.15	2 671.58
天津	1 567.9	1 906.2	2 195.58	2 672.72	3 083.88
河北	6 093.83	7 630.84	8 971.99	11 508.11	13 760.09
辽宁	865.48	1 393.46	1 885.68	2 585.96	3 222.4
上海	2 049.88	2 722.11	3 324.48	4 101.97	4 778.17
江苏	8 085.11	11 289.01	14 203.16	17 807.4	20 971.96
浙江	11 608.92	16 906.6	21 770.35	26 780.95	31 130.29
福建	5 816.82	9 521.04	12 980.88	16 075.02	18 772.24
山东	6 804.76	9 227.28	11 412.97	14 877.3	17 974.29
广东	17 376.81	26 111.41	34 175.83	42 022.4	48 831.37
海南	2 844.92	3 800.83	4 659.19	5 902.96	7 000.98
山西	1 156.37	1 615.1	2 032.36	2 739.25	3 378.5
吉林	2 031.61	3 094.14	4 077.25	5 626.22	7 036.26
黑龙江	4 390.83	6 236.51	7 922.13	10 520.92	12 859.93
安徽	5 396.73	7 787.08	9 977.57	12 984.09	15 670.02
江西	1 717.22	2 399.73	3 020.64	3 903.77	4 690.52
河南	4 360.16	5 408.67	6 318.36	8 027.88	9 539.19
湖北	830.49	1 388.4	1 910.68	2 484.79	2 997.56
湖南	857.69	1 543.45	2 189.6	2 939.42	3 616.65
内蒙古	363.01	542.45	707.97	907.99	1 085.6
广西	1 145.92	1 690.68	2 192.04	2 906.35	3 548.9
重庆	670.48	1 119.26	1 539.31	1 918.31	2 249.94
四川	1 147.32	1 963.53	2 729.34	3 630.98	4 442.97
贵州	739.63	1 280.33	1 788.17	2 464.44	3 079.86
云南	2 830.04	3 732.15	4 538.47	5 879.2	7 074.77
西藏	123.25	193.93	259.63	330.15	392.53
陕西	1 053.09	1 646.29	2 197.25	2 972.25	3 673.87

地区	2014	2015	2016	2017	2018
甘肃	596.54	1 009.45	1 396.45	1903.09	2 362.73
青海	309.09	546.3	769.5	1 040.33	1 285.48
宁夏	200.9	289.94	371.55	461.35	539.76
新疆	309.17	453.71	586.62	757.36	909.4

数据来源:中国海关(由深圳市三胜产业信息公司有偿提供)。

表 A-2　2014—2018 年各地区跨境电商出口额

单位:百万美元

地区	2014	2015	2016	2017	2018
北京	5 822	7 427	8 813	9 718	10 411
天津	5 127	6 792	8 256	8 888	9 327
河北	22 617	25 843	28 305	32 622	36 230
辽宁	5 721	6 976	8 025	9 728	11 219
上海	8 125	10 440	12 446	13 755	14 765
江苏	31 859	38 434	43 874	48 728	52 522
浙江	76 823	95 639	111 628	125 914	137 461
福建	47 909	60 741	71 777	81 563	89 574
山东	43 570	52 897	60 660	68 155	74 167
广东	117 097	143 881	166 412	186 134	201 805
海南	14 634	17 570	19 986	23 032	25 578
山西	10 643	12 537	14 060	16 924	19 421
吉林	15 907	21 452	26 363	27 927	28 884
黑龙江	27 301	33 605	38 916	42 296	44 756
安徽	31 268	39 531	46 625	50 472	53 220
江西	11 064	13 698	15 928	18 433	20 537
河南	16 731	18 973	20 655	23 514	25 862
湖北	9 144	11 538	13 591	15 777	17 621
湖南	7 136	8 801	10 207	12 149	13 827
内蒙古	6 087	7 674	9 035	9 790	10 332
广西	7 170	8 689	9 952	11 504	12 806
重庆	2 564	3 363	4 062	4 512	4 864
四川	7 411	9 339	10 991	13 016	14 758

续表

地区	2014	2015	2016	2017	2018
贵州	6 626	8 221	9 573	11 493	13 163
云南	15 912	18 647	20 832	24 013	26 671
西藏	1 537	1 896	2 199	2 494	2 736
陕西	6 728	8 184	9 397	11 273	12 905
甘肃	5 737	7 239	8 527	10 056	11 366
青海	3 248	4 008	4 648	5 501	6 234
宁夏	793	1 038	1 251	1 351	1 421
新疆	6 214	7 809	9 173	10 035	10 679

数据来源：中国海关（由深圳市三胜产业信息公司有偿提供）。

表 A-3　2014—2018 年各地区跨境电商进出口差额

单位：百万美元

地区	2014	2015	2016	2017	2018
北京	4 337	5 709	6 906	7 400	7 740
天津	3 559	4 886	6 060	6 215	6 243
河北	16 523	18 212	19 333	21 114	22 470
辽宁	4 856	5 583	6 140	7 142	7 997
上海	6 075	7 717	9 121	9 653	9 986
江苏	23 774	27 145	29 670	30 921	31 550
浙江	65 214	78 732	89 857	99 133	106 330
福建	42 092	51 220	58 796	65 488	70 802
山东	36 765	43 670	49 247	53 278	56 193
广东	99 720	117 770	132 236	144 111	152 973
海南	11 789	13 769	15 327	17 129	18 577
山西	9 487	10 922	12 027	14 185	16 042
吉林	13 875	18 358	22 286	22 301	21 847
黑龙江	22 910	27 368	30 993	31 775	31 896
安徽	5 871	31 744	36 648	37 488	37 550
江西	9 346	11 299	12 908	14 529	15 846
河南	12 371	13 565	14 336	15 486	16 323
湖北	8 314	10 150	11 680	13 293	14 623
湖南	6 278	7 258	8 017	9 210	10 211

地区	2014	2015	2016	2017	2018
内蒙古	5 724	7 132	8 327	8 882	9 247
广西	6 024	6 999	7 760	8 598	9 257
重庆	1 893	2 243	2 523	2 594	2 614
四川	6 263	7 375	8 261	9 385	10 315
贵州	5 886	6 941	7 785	9 029	10 084
云南	13 082	14 915	16 293	18 134	19 597
西藏	1 414	1 702	1 939	2 164	2 343
陕西	5 675	6 537	7 200	8 301	9 231
甘肃	5 140	6 229	7 130	8 153	9 004
青海	2 939	3 461	3 879	4 461	4 949
宁夏	593	748	879	890	882
新疆	5 905	7 355	8 586	9 278	9 769

数据来源:中国海关数据整理,根据贸易差额=出口额-进口额的公式计算而得。

表 A-4　2014—2018 年各地区跨境电商 RETC 指数

地区	2014	2015	2016	2017	2018
北京	0.593 5	0.624 2	0.644 2	0.614 8	0.591 6
天津	0.531 6	0.561 7	0.579 8	0.537 6	0.503 0
河北	0.575 5	0.544 1	0.518 6	0.478 5	0.449 5
辽宁	0.737 2	0.667 0	0.619 5	0.580 0	0.553 7
上海	0.597 1	0.586 4	0.578 4	0.540 6	0.511 0
江苏	0.595 2	0.545 9	0.510 9	0.464 7	0.429 3
浙江	0.737 4	0.699 6	0.673 6	0.649 2	0.630 7
福建	0.783 5	0.729 0	0.693 7	0.670 7	0.653 5
山东	0.729 8	0.702 9	0.683 3	0.641 7	0.609 9
广东	0.741 6	0.692 8	0.659 2	0.631 6	0.610 3
海南	0.674 5	0.644 3	0.621 9	0.592 0	0.570 2
山西	0.804 0	0.771 7	0.747 4	0.721 4	0.703 6
吉林	0.773 5	0.747 9	0.732 1	0.664 6	0.608 2
黑龙江	0.722 9	0.686 9	0.661 7	0.601 6	0.553 6
安徽	0.705 6	0.670 9	0.647 5	0.590 8	0.545 1

续表

地区	2014	2015	2016	2017	2018
江西	0.731 3	0.701 9	0.681 2	0.650 5	0.628 1
河南	0.586 5	0.556 3	0.531 5	0.491 0	0.461 1
湖北	0.833 5	0.785 2	0.753 5	0.727 9	0.709 2
湖南	0.785 4	0.701 6	0.646 7	0.610 4	0.585 3
内蒙古	0.887 4	0.868 0	0.854 7	0.830 3	0.809 8
广西	0.724 4	0.674 2	0.639 0	0.596 6	0.566 0
重庆	0.585 4	0.500 5	0.450 4	0.403 4	0.367 4
四川	0.731 9	0.652 5	0.602 1	0.563 8	0.537 2
贵州	0.799 2	0.730 5	0.685 2	0.646 9	0.620 8
云南	0.698 0	0.666 5	0.642 2	0.606 6	0.580 7
西藏	0.851 6	0.814 4	0.788 8	0.766 2	0.749 0
陕西	0.729 3	0.665 0	0.621 0	0.582 7	0.556 8
甘肃	0.811 6	0.755 2	0.718 5	0.681 7	0.655 8
青海	0.826 2	0.760 1	0.715 9	0.681 9	0.658 1
宁夏	0.595 9	0.563 2	0.542 0	0.490 9	0.449 6
新疆	0.905 2	0.890 2	0.879 8	0.859 6	0.843 0

数据来源:中国海关数据整理,根据公式计算而得。

第5章
中国跨境电子商务进口政策分析

5.1 中国跨境电商进口政策的形成、演化及特点

5.1.1 中国跨境电商进口政策的形成过程

我国跨境电商进口政策的形成过程可以分为五个阶段,即进口政策分析阶段、进口政策制定阶段、进口政策影响阶段、进口市场反馈阶段、进口政策调整阶段。各个阶段环环相扣,形成一个动态调整的循环,更好地服务我国跨境电商进口高质量发展的客观需求,具体见表5.1。

表5.1 我国跨境电商进口政策的形成过程

阶 段	内 容
政策分析阶段	根据行业发展需求和调研反馈,分析进口政策出台的背景和条件是否成熟
政策制定阶段	由各行业向政府提出进口政策需求,得到政府认可,并出台具体进口政策
政策影响阶段	进口政策出台后,分析对行业产生的作用和影响,并对影响因素做量化分析
市场反馈阶段	市场对进口政策运行提出反馈意见,尤其是不足之处,汇总和分析不同意见,达成一致意见
政策调整阶段	政府对进口政策进行修订和完善,并向行业做出解释和说明,进入下一个动态循环过程

5.1.2 中国跨境电商进口政策的演化历程

跨境电商模式初露头角于2005年,作为国内第一个海外购物平台,海洋码头创建于2009年。以此算起,我国跨国电子商务走过了10多年的发展历程,对政策红利也不乏强有力的支持。到2016年,我国跨境电子商务企业呈现爆炸式快速增长,交易额达1.2万亿元

人民币。国家政策对跨境电子商务的发展影响越来越大。近年跨境电商政策的发展可以分为：鼓励发展期、调整发展期和规范发展期。

（1）鼓励发展期（2004—2015 年）

该阶段，我国跨国电子商务还处于起步阶段，商品价格低廉，企业利润率较大，因而大批企业和平台投入到跨境电商行业中，市场规模不断扩大，主要是因为政策的支持，如"关于加快电子商务发展的若干意见"等文件。此外，国家于 2013 年出台了"跨境电子商务标准框架"，并开始建立规范的跨境电子商务监管体系。

（2）调整发展期（2016—2018 年）

2015 年以来，大量跨境电子商务平台如天普国际、京东环球采购等应运而生。同时，国家颁布了"支付机构跨境支付试点通函"等相关政策，确保行业健康稳定，并对政策及时做出适时调整。2016 年，海关 18 号文件发布，内容包括调整税收方式，取消行邮税，以一般征收税和增值税代替，并明确规定了跨境电商零售进口"正面清单"等。之前在 2015 年税收方面争议最多的是海关进口许可证件、注册或备案要求等，但鉴于一些企业不能对政策做出及时的适应性调整，国家特地设置了一段时间的过渡期，以保证企业能够跟上转型的步伐。

在此期间，政府和市场也明确了对外贸易的良好分工，政府的主要任务营造适宜的贸易氛围，为市场提供法律政策支撑，企业也是在不断完善和规范的政策体系下逐渐转型升级。跨境电子商务在经营方式和发展规模上的这一阶段正处于兴起期，企业之间的竞争点由单一产品转变为了整个产业链核心。2016 年，我国有关部门也颁布了相关政策，宣布过渡期延长至 2017 年底。但从现实情况来看，税收新政对跨境电商企业的影响还是明显的，如电子商务企业成本的增加，通关效率的降低，货物进口门槛的提高等，给一些中小企业带来的压力越来越大，大型企业的市场份额逐渐增加。2018 年 11 月初，习近平总书记就表示，不断促进新型跨国电子商务的形成。随后，11 月 21 日，跨境电商的进口政策得到进一步完善，且适用范围也得到进一步扩大，给跨境电商带来了巨大的好处。据统计，2018 年，我国共出台了 10 项与跨境电子商务相关的政策，其领域涉及税收、海关企业征信、综合试验区等。

（3）规范发展期（2019 年至今）

2019 年以来，我国跨境电子商务的发展得到了明确，有关部门明确提出了"个人物品监管"，以稳定市场对政策的预期；还明确了零售进口电商仅是为了扩展个人消费者的消费选择；此外，还明确禁止对这些网上购买的保税区内的保税产品进行离线自检。2018 年，我国还通过了《中华人民共和国电子商务法》，对跨国电子商务的"前身"零售和进口海外采购提出了相应的规范要求，代购的规范将导流部分消费群体去正规的跨境电商进口平台消费。最新的电子商务法也从最高标准法的层面明确了以往部委制定的规章制度的合法性，在法律层面支持跨境电商的发展和规范。

国家发展跨国电子商务有目共睹,跨国电子商务的发展前景也是无限的。国家政策涉及的领域较为广泛,从电商的运营细节到电商的监管体制制度,为我国的跨境电商营造了一个极其有利的环境。

5.1.3 中国跨境电商进口政策的演化特点

(1)从激励跨境电商进口发展向规范监管跨境电商进口行为的转变

跨境电商的合法性起源于 2004 年海关总署发布的两条政策——"56 号"文和"57 号"文两条政策。从那时起,政府开始不断出台政策,支持我国跨境电子商务的蓬勃发展,具体体现在试点城市,跨境电子商务试验区,以及优惠的税收模式,特别是保税进口税率,使税率明显低于一般贸易进口,极大地促进了进口零售电子商务的发展。创新跨境电子商务零售进口监管体系,一方面,政府限制了逃税企业,提高产品的质检标准,另一方面不断更新和扩充"正品清单"的品类数目。

(2)从单一激励向多元激励的转变

跨境电商的发展过程中,以"四八新政"可划分为两个阶段:探索期和调整期。探索期是在 2016 年 4 月之前,整个跨境电商行业处于探索和自由发展阶段。"新政"的调整期,整个行业面临大洗牌,政策也在适应电商企业的应对。政府在两个阶段的鼓励措施由单一的税惠转变为税惠和通关手续的简化。在探索期政府对跨境电商企业的鼓励主要体现在税惠方面。现阶段整个行业都在发展,跨境贸易政策主要由海关总署、国家质检总局和国家外汇管理局发布,税收主要走行邮渠道。2015 年 6 月,国家出台了"降低部分日用消费品进口关税税率"的政策。14 类消费品进口关税税率以暂定税率形式下调,随后 12 月发布《关于 2016 年关税实施方案的公告》,对小麦、海鲜、新鲜或干果实行最惠国税率,根据签署的贸易或关税优惠协议,税率和特惠税率,特惠税率的范围以及在有关国家或地区执行协定的税率水平保持不变。"四八新政"以后,跨境电商行业进入调整,政府的鼓励措施不仅体现在税收方面,还鼓励大量零售产品通过简化通关手续进行跨境进口。如 2016 年 4 月份国家先后公布了两批跨境电商进口商品的"正面清单",同年 7 月政府又发布了有关"完税商品价格问题"的政策,对完税价格、运费和保险费等做出了明确的规则认定。在通关程序方面,"四八新政"规定对于跨境电商需要输入的货物通过海关三单合一,也就是说,支付订单、订单和物流订单必须以同样的方式匹配,相关城市和地区才能按照 2018 年"完善跨境电子商务进口法规"进行。通过海关之前,相关平台、代理人或物流企业等需要再分别在国际贸易"单一窗口"或跨境电商通关服务平台,以电子信息的形式向海关传输相关文件,并对文件内容的真实性负责,这一举措大大提高了跨境电商企业和平台的通关效率。

(3)从简化进口通关程序向进口通关便利化转变

在跨境电商发展初期,国家出台了一系列简化跨境进口通关流程的政策。其代表性政策有 2014 年海关总署 56 号文件,报关采取"清单核销放行,汇总申报"的方式,通过已建立的电子仓储管理系统,对电子商务进出境货物、物品进行管理。2016 年海关总署 29 号文件对特殊地区和保税物流中心(B 型)的企业,采用区域通关一体化申报进境货物。涉及 24 个重点发展领域。2019 年海关总署又出台 10 项提升通关便利化水平的措施,主要着眼进一步简化单证、优化流程提高通关效率、提升口岸信息化水平、降低口岸收费 4 个方面,监管证件从 86 种减少到 46 种。继续生化国际贸易"单一窗口"建设,为市场提供"一站式"通关物流信息服务,大幅缩短了跨境进口通关时间,提高了跨境进口通关效率。

(4)政策实施呈现从进口试点开始—逐步推广—全面实行的渐进化过程

建设跨境电子商务平行试点城市和综合试验区,始于 2012 年,是 2014 年发展的第一年。2012 年 8 月至 2020 年 1 月,国家发改委先后批准了 88 个城市开展跨国电子商务试点;同时,截至 2015 年 3 月,我国已建立了 59 个跨国电子商务试点地区。

5.2 中国跨境电商进口政策的主要内容

5.2.1 跨境电商进口政策概述

2014 年 8 月,国家知识产权局提出了开展增值税政策对该商品的进口企业电子商务全面测试没有获得购买凭证。2018 年 3 月商务部颁布《关于做好电子商务统计工作的通知》,提出要加强电商统计体系建设,抓好重点企业,提高数据质量。

近年来,我国的跨国零售进口发展飞快,已成为对传统贸易的重要补充,可以促进供给改革,优化产业内部结构,缓和国际收支平衡。2018 年政府工作报告中,将发展跨境贸易列为"坚持对外开放基本国策"的工作项目之一。

作为跨国电子商务的重要组成部分,其进口来源于个人的海外购买,但是初期市场相当混乱,这也使得消费者的权益得不到保障。后期,随着市场规模的不断扩大,政府开始逐步正视行业发展,不断出台相关政策支持和规范行业发展。本章的主要研究目的是梳理 2014 年以来国家为促进跨境电商健康发展所出台的政策,并分析政策带来的促进效应。从海关总署官网、商务部官网、财务部官网以及国务院官网等网址搜集了大量涉及跨境电商进口的政策文件,同时,检索了大量的文献资料,并结合文献研究的主要成果,运用主要的分析方法,对电子商务跨境进口政策的主要内容进行了分析。下文将从这三个方面逐一展开分析。

5.2.2 跨境电商进口税收政策的主要内容

(1)跨境电商进口税收政策的主要内容简介

进口关税按从价税征收,以国家规定的措施或其他方式征收;增值税基本税率为 17%,

与国民经济和民生有关的一些重要物资的税率为 13%；消费税是根据不同类别的货物单独计算，其公式为(完价税+应交关税)/(1-消费税税率)×消费税税率；邮政税是对邮寄的行李和物品征收进口税的缩写。

表 5.2　2014—2019 年中国跨境电商进口税收政策一览表

发布时间	部门	文号	主要内容
2014.1	海关总署	总署公告〔2014〕12 号	规范海关监管方式：增加"9610"海关直接采购监管程序，全称"跨境贸易电子商务"，简称"电子商务"
2014.4	海关总署	总署公告〔2014〕43 号	规范进口模式：规定保税进口商品及金额，规范保税进口经营方式
2014.7	海关总署	总署公告〔2014〕56 号	规范通关管理：区分货物和物品，通过使用不同的监管方案来明确两者，以进一步明确对跨境电子商务的监管
2014.7	海关总署	总署公告〔2014〕57 号	方便通关：海关管制代码"1210"，"跨境保税贸易"或"电子保税贸易"
2015.6	国务院关税税则委员会	国税税委〔2015〕6 号	提振国内消费需求：降低日用消费品的进口关税
2015.12	海关总署	总署公告〔2015〕65 号	规范进口税收管理：对毛巾、风衣、箱包等日用消费品降低关税，降税幅度为 50%
2016.3	海关总署	总署公告〔2016〕18 号	促进零售进口：关税暂设为 0%；进口环节增值税和消费税免征，临时征收 70%；个人零售限额2 000 元，年交易限额 2 万元。
2016.4	海关总署	总署公告〔2016〕40 号	落实进口税收政策：颁布了第一批正面清单商品
2016.4	海关总署	总署公告〔2016〕47 号	落实进口税收政策：正面清单扩容，颁布了第二批正面清单商品
2016.7	海关总署	总署公告〔2016〕73 号	落实进口税收政策：明确完税价格，优惠促销和运费保险费确定规则
2016.9	国家税务总局	国税局〔2016〕48 号	规范消费税政策：取消普通美容化妆品消费税，征收范围包括高级美容、改良化妆品，高级护肤化妆品和成套化妆品，税率调为 15%
2016.12	海关总署	总署公告〔2017〕25 号	规范海关监管方式：增列监管方式代码"1239"
2017.11	国务院关税税则委员会	国税税委〔2017〕25 号	降低进口成本：降低部分日用品进口关税
2017.11	海关总署	总署公告〔2017〕101 号	规范食品安全：2017 年 1 月 1 日前生产的婴幼儿配方乳粉，可进口销售至保质期结束
2018.9	税则委员会	税委〔2018〕9 号	提振国内消费需求：11 月 1 日起，降低 1 585 个商品的最惠国税率。

续表

发布时间	部门	文号	主要内容
2018.11	海关总署	总署公告〔2018〕49号	规范进口税收政策:单笔限额从2 000元调整到5 000元,年度限额由2万元调整为2.6万元,调整相对较晚。
2018.11	海关总署	总署公告〔2018〕157号	规范进口税收政策:商品正面清单新增63个税目商品
2019.12	海关总署	总署公告〔2019〕96号	落实进口商品清单:调整和扩大跨境电子商务零售进口清单

数据来源:海关总署官网。

如表5.2所示,跨境电商进口税收政策主要内容大致可分为以下三个方面:规范海关进口模式,规范进口税收政策,规范通关管理。

(2)调整跨境电商零售进口商品的行邮税及起征额

海关总署2016年18号文件,对通过跨境电子商务进口商品征收关税和进口增值税。个人单笔交易限额为每笔2 000元,年度交易限额为2万元。多出的部分按一般贸易法征收增值税。单一不可分割产品超过2 000元限额的,按一般贸易进口额征收关税。行邮税也由原来的四项调整为三项,具体调整情况见表5.3。

表5.3 行邮税调整情况

调整前税率	调整后税率
10%	15%:包括电脑、相机、食品、玩具、游戏机等
20%	60%:包括眼影、香水、高档手表等
30%	30%:包括衣服、自行车、摄像机等
50%	

数据来源:政策文件《关于跨境电子商务零售进口税收政策的通知》。

2018年11月,海关总署〔2018〕49号,将单笔限额从2 000元调整到5 000元,年度限额从2万元调整到2.6万元,并且清楚指出,以后还会根据进口需求情况做出相应调整。

(3)调整跨境电商零售进口商品的消费税税率

2015年以来,我国实施了多轮降低生活必需品消费税的政策。2015年6月,财政部将服装、鞋靴、护肤品、尿布等日用品进口关税平均降低50%。2016年1月,财政部又降低箱包服装真空保温杯等商品进口关税。使得西装、毛皮服装等商品的进口关税由14%～23%降低到7%～10%,尿布的进口关税则由7.5%降至2%,其他部分商品见下表:

表 5.4　2015 年以来部分日用品消费税税率调整概况

文件号	商品品类		调整前税率	调整后税率
2015.6 〔2015〕6 号	西装、毛皮服装等		14%～23%	7%～10%
	短筒靴、运动鞋等		22%～24%	12%
	纸尿裤		7.5%	2%
	护肤品		5%	2%
2016.9 〔2016〕48 号	高档化妆品		30%	15%
	高档护肤品	进口采取清单核放方式办理通关手续	30%	15%
2017.11 〔2017〕101 号	高档护肤品		30%	20%

数据来源:海关总署官网。

(4)调整跨境电商零售进口商品的关税税率

国务院关税税则委员会在 2017 年 11 月宣布,从 12 月 1 日开始,以暂定税率形式下调部分日用消费品进口关税,并且各种消费品、食品、保健品、药品、日用品等,涉及 187 个 8 位税号,平均税率由 17.3% 降到 7.7%。

在 2018 年 5 月,国税税委会发布 4 号文件。7 月之后,某些消费品进口的最惠国税率降低,涵盖 1 449 件税务物品。本次消费品关税下调主要涉及家居、电器、水产品、化妆品等,见表 5.5,对应的数额为 380 亿美元,占比 4.2%。

表 5.5　2018 年 7 月部分日用品税率调整

文件号	商品品类	调整前平均税率	调整后平均税率
2017.11 〔2017〕25 号	海鲜类	10.3%	4.75%
	药品类	6%	2%
	学习用品类	21.4%	12%
	家居类	10.35%	4.7%
2018.5 〔2018〕9 号	服装鞋帽类	15.9%	7.1%
	家用电器类	20.5%	8%
	水产品类	15.2%	6.9%
	化妆品类	8.4%	2.9%

数据来源:国务院关税税则委员会。

此外,自 2018 年 11 月 1 日起,中国免除了 1 585 项进口关税,取消了 39 项进口商品最惠国关税。减税范围广泛,包括工业产品和人们生产和生活所需的其他商品。一些机电设备;部分资源性商品及初级加工产品;促进贸易便利化的商品。具体见表5.6。

表5.6　2018年11月部分商品税率调整

商品种类	税目数量	调整前税率	调整后税率
国内有相当生产能力和水平的商品	纺织品、建材、贱金属制品、钢材等677个税目	11.5%	8.4%
部分机电设备商品	纺织、轻工、工程、通用、金属加工及动力机械、农机、输变电设备、电工器材等396个税目	12.2%	8.8%
部分资源性商品及初级加工品	非金属矿、无机化学品、木材及纸制品、宝玉石等390个税目	6.6%	5.4%
促进贸易便利化的商品	整合部分同类或相似商品的税率,适当减少税率的水平,共122个税目	12.3%	8.5%

数据来源:《国务院关税税则委员会关于降低部分商品进口关税的公告》。

5.2.3　跨境电商进口通关程序政策的主要内容

(1)跨境电商进口通关程序政策的主要内容简介

2014—2019年跨境电商进口通关政策不断升级简化,海关频频推出1239、1210等贸易监管方式,印证了跨境贸易及电商的大趋势。为了促进跨境贸易电子商务的发展进口业务,促进企业的通关,2016年12月6日,海关新增监管代码"1239",适用于境内电商企业通过海关特殊监管区域或保税物流中心(B型)进行零售进口。具体见表5.7。

表5.7　2014—2019年中国跨境电商进口通关政策一览表

发布时间	部门	文号	主要内容
2014.3	海关总署	总署公告〔2013〕59号	简化进口通关手续:关于消费者自用进口限额及免税的规定
2014.7	海关总署	总署公告〔2014〕56号	简化进口通关手续:报关采取"清单核销放行,汇总申报"的方式
2014.7	海关总署	总署公告〔2014〕57号	方便企业通关,促进跨境电商发展:增加海关管制代码"1210"
2016.4	海关总署	总署公告〔2016〕26号	简化进口通关手续:明确跨境电商进口企业管理,通关管理和税收征管相关规定
2016.4	海关总署	总署公告〔2016〕40号	方便企业通关,促进跨境电商发展:首批正面清单商品出台
2016.4	海关总署	总署公告〔2016〕47号	方便企业通关,促进跨境电商发展:正面清单扩容:发布第二批正面清单商品

发布时间	部门	文号	主要内容
2016.6	海关总署	总署公告〔2016〕29 号	提高贸易便利化水平:对特殊地区和保税物流中心(B 型)的企业,采用区域通关一体化申报进境货物。涉及 24 个重点发展领域
2016.5	海关总署	总署公告〔2016〕59 号	方便通关:明确商品分类
2016.12	海关总署	总署公告〔2016〕75 号	方便通关,促进跨境电商发展:增设海关监管方式代码"1239"
2018.11	海关总署	总署公告〔2018〕129 号	提高贸易便利化水平:规范海关对保税物流中心(A 型)及其进出货物的管理和保税仓储物流企业的经营行为
2018.11	海关总署	总署公告〔2018〕157 号	方便通关,促进跨境电商发展商品正面清单新增 63 个税目,同时废止 2016 年第 40 号、47 号两批清单
2018.12	海关总署	总署公告〔2018〕194 号	简化进口通关手续:明确 1210 及直购进口按照个人物品模式进行监管,实行"清单核放"的通关模式

数据来源:海关总署官网。

(2)增设海关管制代码(1210、1239),方便进口通关

海关总署 2014 年、2016 年分别发布 57、75 号公告,增加海关监管方式代码"1210"和"1239"。"1210"适用于个人或电子商务企业在海关批准的跨境贸易电子商务平台上,经海关特殊监管区域或保税监管场所进行进出境货物电子商务零售。进口仅限于海关特殊监管区域和经批准开展跨境贸易电子商务进口试点的保税物流中心(B 类)。"1239"适用于国内电子商务企业的跨境电子商务零售进口货物通过海关特殊监管区域、保税物流中心(B 型)。跨境电子商务直接购买进口商品和进口商品的政策"网上购物保税进口"(监督方法代码1210)进口商品的政策,根据自用进口货物的监督,要求第一个进口许可证不得执行,相关商品的登记或备案。

(3)实行正面清单管理,简化进口通关手续

海关总署 2016 年 4 月发布第 40 号文件,实施跨境电商零售进口税收政策,发布首批正面清单商品,免于向海关提交许可证,直购商品免于验核通关单,网购保税商品"一线"进区时需按货物验核通关单、"二线"出区时免于验核通关单。同年,发布 47 号文件,并颁布第二批正面清单。2018 年 11 月,第 157 号文件下发,新增 63 个税目,第 40 号和第 47 号文件废止。

(4)简化跨境电商保税进口(B 类、A 类)通关手续

2018 年 11 月海关总署公布 129 号文件,制定保税物流中心(A 型)及其进出货物的管理

和保税仓储物流企业的经营行为办法,按照服务范围分为公用型物流中心和自用型物流中心。对于物流中心的设立、经营管理、对物流中心监管、进出货物的监管做出一系列的规章制度。2016 年 6 月海关总署公布 29 号文件,对特殊领域和保税物流中心(B 型)的企业,采用区域通关一体化申报进境货物,包括 24 个关键发展领域,其中,10 个属于信息技术,6 个属于流程外包,8 个属于知识流程外包。

(5)实行清单核放,优化进口通关模式

海关总署 2014 年 7 月,发布了 56 号文件,即电子商务企业和个人进行跨境与海关进出境货物、物品交易的电子商务交易平台被海关依法应当由海关监管规定公告。采取"清单核放"方式办理报关手续。未办理备案手续的,不得开展电子商务业务。2018 年 194 号文件,跨境电商零售商品出口时,跨境电商企业或其代理人应提交《申报清单》,符合跨境电商综合试验区要求的跨境电商零售商品出口,可采用"清单核放、汇总统计"方式办理报关手续。

(6)对消费者直购与企业进口实行分类管理,便于进口通关监管

海关总署 2013 年 3 月发布 59 号文件,进口限额及免税规定试点网购商品以根据"个人自用、合理数量"的原则,每次限额为 1 000 元,按《中华人民共和国工商行政管理条例》第 2 条的要求执行。海关总署 2010 年第 43 号超过限额的,海关应当按照货物的有关规定办理海关手续。但是,如果一次购买中只有一件物品是不可分割的,尽管它超过了规定的限制,但是如果在海关检查后供个人使用,则可以参考这些个人物品进行清关。实际销售价格视同完税价格,参照行邮税税率计征税款,50 元(含 50 元)以下的由海关免征。2016 年 4 月发布第 26 号文件,对于海关监管问题做出相关规定,如通关管理、税收征管、物流监控、退货管理等。

5.2.4 跨境电商进口行为规范政策的主要内容

(1)跨境电商进口行为规范政策的主要内容简介

2014—2019 年中国跨境电商企业行为规范的政策中根据时间点规范企业进口以及企业中的个人行为、规范消费者、综合性的规范进口行为。综合规范进口行为,包括采用"清单核查,汇总申报"的电子商务进口货物申报程序。除明确电子商务企业管理、通关管理、物流监管等相关规定外,对于过渡期的跨境电子商务进口商品零售也有明确的监管要求。分别对跨境电商企业,平台和消费者的行为做出了一系列规定。具体见表 5.8。

表 5.8 2014—2019 年中国跨境电商企业行为规范的政策一览表

发布时间	部门	文号	主要内容
2014 年 3 月	海关总署	总署公告〔2013〕59 号	规范消费者进口行为:关于消费者自用进口限额及免税的规定
2014 年 7 月	海关总署	总署公告〔2014〕56 号	综合性规范进口行为:采取"清单核放,汇总申报"的报关方式

发布时间	部门	文号	主要内容
2014 年 7 月	海关总署	总署公告〔2014〕57 号	规范企业个人进口行为,规范海关监管,防止逃税:增设海关监管方式代码"1210"
2015 年 9 月	海关总署	总署公告〔2015〕58 号	规范企业进口行为:试点城市要严格遵守现行规定,防止保税网购扩张,将交易额计入年度总额,并要求电子商务用户注册个体商户
2016 年 3 月	财政部等 3 部委	财政部〔2016〕18 号	规范消费者进口行为:提出跨境电商综合征税模式,设置单笔限额和个人年交易额
2016 年 4 月	海关总署	总署公告〔2016〕26 号	规范进口企业、服务企业行为:根据税收新政对税收、订购人、完税价格、限额、商品类目做了相应调整、按照货物税率全额增收关税
2016 年 4 月	财政部等 11 部委	财政部〔2016〕47 号	规范进口税收管理:设置了进口商品的正面清单
2016 年 5 月	海关总署	总署公告〔2016〕29 号	综合性规范进口行为:明确过渡期监管新要求。截止日期为 2017 年 5 月 11 日
2016 年 12 月	海关总署	总署公告〔2016〕75 号	规范企业个人进口行为,规范海关监管,防止逃税:增设海关监管方式代码"1239"
2018 年 11 月	财政部等 13 个部委	财政部〔2018〕157 号	规范进口税收管理:商品正面清单新增 63 个税目商品,同时废止 2016 年第 40 号、47 号两批清单
2018 年 12 月	商务部、发改委、财政部等	商发委〔2018〕486 号	综合性规范进口行为:对跨境电子商务企业的行为,平台行为和消费者行为进行了规制
2018 年 12 月	海关总署	总署公告〔2018〕165 号	规范进口服务平台企业行为:跨境电子商务进口公司平台向海关开放和支付原始数据
2018 年 12 月	海关总署	总署公告〔2018〕194 号	综合性规范进口行为:明确 1210,1239 和直接购买进口按个人物品模式监管抵免

数据来源:海关总署官网。

(2)规范企业进口行为政策的主要内容

国家对企业行为的规范主要体现在进口通关手续的有效实施、对产品质量的严格监督、消费者权益保护责任、消费者隐私信息保护等方面。海关总署 2014 年第 56 号文件规定:电子商务企业或个人、支付企业、海关监管场所经营人、物流企业等,应按照规定通过电子商务通关服务平台适时向电子商务通关管理平台传送交易、支付、仓储和物流等数据。上述企业需要变更注册信息并注销的,应当按照注册管理的有关规定进行处理。电子商务企业应当提前向海关备案电子商务进出境货物、物品信息。货物、物品信息应当包括经海关批准的货物的海关十位商品代码和关税编号。

电子商务企业或其代理人应当电子商务的运输方式进口货物从入境日期 14 天内宣布，在出境货物到达监管地点后的 24 小时内装货前，被发送到海关人员或代理人根据订单、付款、物流和其他信息如实填写"商品列表"，一个接一个地办理通关手续。除特殊情况外，海关对《货物清单》《货物清单》和《进出口货物申报》实行无纸化申报。电子商务企业或其代理商应在每月的 10 日之前，根据同一业务部门，运输方式，出发/到达的国家/地区，进出港口，以及十种海关商品代码，申报和计量单位，法定计量单位和货币规则的清单，它们将分别根据出入口进行合并和汇总，以形成"进出口货物报关单"。向海关申报。海关监管场所的经营者应当通过建立的电子仓库管理系统对电子商务的进、出境货物和物品进行管理、控制和检查。2015 年，发布的第 58 号文件规定，试点城市应执行现行规定，不得扩大政策，还限制了跨境保税进口必须在跨境电子商务试点城市的海关特殊监管区域或保税物流中心进行，不能设立普通保税仓库，有关企业和个人有违法行为，主管海关应当取消其参加资格。在网上购物保税进口试点中，所有申报进口原漂白袋纸的进口经营单位应如实向原产国申报。海关和有关原产地证明文件应提交。商务部公布最终结果后，海关将根据反倾销定金和进口增值税定金的最终结果，将定金转为税收。海关监管场所经营者应当使用已建立的电子仓库管理系统对货物和电子商务物品的进出进行管理、监督和检查。2018 年 12 月，《关于加强跨境电商零售进口监管工作的通知》明确指出，除"明确暂停疫区货物"和"安全风险较大的货物"外，要按照个人物品进行监督。跨境电子企业需要保证安全，平台需要执行"先行赔付"的责任，如果消费者在平台购买一种商品，有质量问题，平台要先赔，平台对卖家有追索权，这也是跨国电商要在各大平台缴纳高额保证金的原因之一。

（3）规范跨境电商平台进口服务行为政策的主要内容

在直接购买和进口方式下，物流企业应为邮政企业或经海关申报和向海关登记的进出境快递经营者。参与跨境电子商务的平台主体应在中国境内进行工商注册，按照有关规定接受严格监督，配合后续管理和执法，并公开支付单号，商品名称，交易金额，验证机构和其他原始数据以进行海关验证。此外，国家对参与跨境电子商务的支付平台和物流平台制定了统一规定，例如《关于跨境电子商务实时获取与支付有关的原始数据的公告》，平台企业要求跨境电子商务平台公司、物流公司、支付公司等涉及跨境电子商务零售，进口服务的企业按照海关登记管理的有关规定向当地海关办理注册登记；境外跨境电子商务应委托境内代理企业向其所在地海关办理注册；物流企业应获得国家邮政管理部门颁发的《快递业务经营许可证》。直购进口模式下，物流企业应向邮政企业或速递企业办理报关登记手续；支付企业为银行业金融机构，应当持有中国银行业监督管理委员会颁发的财务许可证。支付企业不属于银行支付机构的，应当持有中国人民银行颁发的支付业务许可证。

（4）规范消费者进口行为政策的主要内容

国家对消费者行为的规范主要体现在消费者的纳税行为上。从 2014 年开始，免税产品的统计口径从海关个人统计调整为进出口贸易统计，并增加了"免税产品进出口统计"。2016 年 3 月，发布的 18 号文件，跨境电子商务零售商品进口商品关税和进口环节增值税、消费税,跨境电子商务零售购买进口的个人为纳税人,实际交易价格作为完税价格。可实现交易、支付、物流电子信息"三单"比较的跨境电商零售进口商品适用税收政策,快递、邮政企业统一提供交易、支付、物流电子信息,并承诺承担相应法律责任。2018 年,486 号文件规定,消费者为纳税人、跨境电商平台、物流企业或报关企业为代扣代缴税款。此外,该政策还要求消费者购买前要仔细阅读电子商务网站上的风险提示内容,并根据自身的风险承担能力做出判断,不允许消费者跨境销售。电子商务零售已购买的进口商品。

（5）规范跨境电商进口主体纳税行为政策的主要内容

2016 年 4 月,海关总署发布了第 47 号文件,并宣布零售进口商品清单。所列商品免于向海关提交许可证书。一些商品税项目属于国家关税配额管理的商品,这些商品的数量需要限制。根据实施情况适时调整。2018 年 11 月,发布第 157 号文件,直购商品按照个人物品监管要求执行,网购保税商品"一线"进区时需按货物监管要求执行,"二线"出区时参照个人物品监管要求执行。化妆品、婴幼儿配方奶粉、药品、医疗器械、特种食品等需要依法申请首次进口许可、注册或者备案的产品,按照国家有关法律法规的规定执行。

（6）规范跨境电商进口行为综合性政策的主要内容

2014 年 11 月,海关总署发布了第 56 号文件。电子商务企业应提交"中华人民共和国海关跨境贸易电子商务进出境货物申报单",采用"清单核查,简易申报"的办法办理报关手续;个人需提交"中华人民共和国跨境贸易电子商务进出境货物的申报清单"。海关采取"清单核实"方式处理海关进出境物品的海关申报程序。"货物清单""物品清单"与"进出口货物报关单"等具有同等法律效力。海关总署于 2018 年 12 月发布第 486 号文件,关于对跨境电子商务企业的监管,企业应当承担主要责任,对于商品的质量和安全,依照有关规定,履行相关义务和承担的责任保护消费者的权利和利益,包括但不限于商品信息披露,提供商品退货服务,建立不合格或有缺陷的商品召回制度,对侵犯消费者权益的商品质量承担赔偿责任等,以及提醒消费者的义务。对于跨境电商平台,经营单位应当在中国境内办理工商登记,按照规定到海关登记,接受有关部门的监督。消费者是跨境电商零售进口商品的纳税人,根据自身的风险承受能力进行判断。不得转售跨境电子商务零售购买的进口商品。2018 年 12 月海关总署发布的 194 号文件对跨境电子商务直购进口商品及适用"1210"进口政策的商品,根据对自用进境物品的监管,不执行有关商品的批准文件、登记或者首次进口许可证备案要求,适用"1239"进口政策的商品,按《跨境电子商务零售进口商品清单（2018版）》尾注中的监管要求执行。

5.3 中国跨境电商进口政策的促进效应

5.3.1 跨境电商进口税率下调政策促进了进口规模的扩大

由于国家多次调整跨境零售商的进口税政策,跨境零售商的进口税税率大幅下降。个人交易不得超过 5 000 元,每年不得超过 26 000 元。对于限量进口的跨境电子商务产品,税率暂定为零。进口增值税和消费税按合法应纳税额的 70% 计征,即跨境电商零售进口综合税 = [（消费税+增值税）/（1-消费税税率）]×70%。截至 2019 年 3 月,跨境电商零售进口综合税税率降幅见表 5.9。

表 5.9　跨境电商与一般贸易进口税率调整前后综合税税率比较

产业	贸易方式	纳税类别	调整前	调整后	降低	降幅
制造业、农业	一般贸易	无消费税的商品对应的综合税（假设关税为 0）	16.00%	13.00%	3.00%	18.75%
		有消费税的商品对应的综合税（假设关税为 0）	36.47%	33.47%	3.00%	8.23%
	跨境电商	无消费税的商品对应的综合税（关税为 0）	11.20%	9.10%	2.10%	12.8
		有消费税的商品对应的综合税（关税为 0）	25.53%	23.05%	2.48%	9.71%
交通运输业、建筑业	一般贸易	综合税（关税为 0）	10.00%	9.00%	1.00%	10.00%
	跨境电商	综合税（关税为 0）	7.00%	6.30%	2.70%	10.00%

数据来源:跨境电商综合税率下调［EB/OL］.搜狐网,2019-03-05.

由表 5.9 可知,即使不考虑部分行业商品进口消费税的调整,单就增值税率的调整,便使零售进口综合税的平均降幅超过 12.8%,并且比一般贸易方式下的进口综合税低了 30%。由于零售进口税率下调幅度较大,有力推动了跨境电商的快速增长。图 5.1 描绘了过去五年中国跨境电商进口交易规模持续扩大的情况,进口规模由 2002 年的 2 400 亿元发展至 2018 年为 19 000 亿元,年均增速达到 42.56%。同期,我国跨境电商企业和用户持续增加。截至 2018 年 12 月底,我国跨境网上购物达到 8 850 万人次,比去年同期增长 34%。

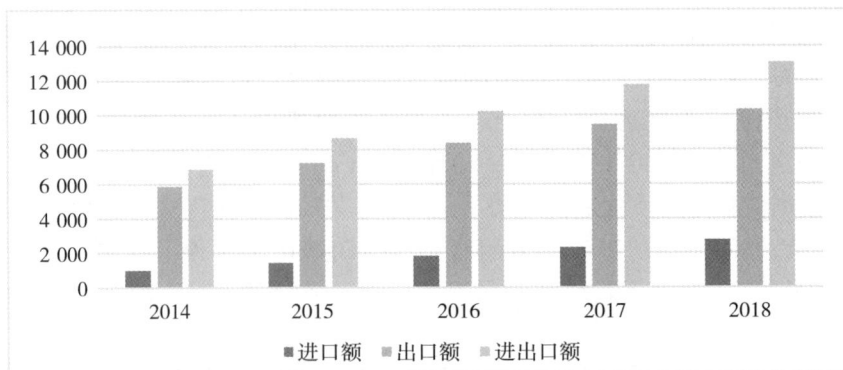

图 5.1　2014—2018 年中国跨境电商进口交易规模（单位:亿美元）

数据来源:中国海关(由深圳市三胜产业信息公司有偿提供)。

5.3.2　跨境电商进口政策促进了进口结构的优化

进口结构的优化与跨境电商关税政策的完善密不可分。从 2016 年以来我国先后 5 次降低了部分行业商品的进口关税和消费税的税率，2016 年 4 月，财政部、国家发改委、商务部、海关总署、国家税务总局和其他 11 个部门推出了跨境电力零售进口的"正面清单"，清单共包括 1 142 个 8 位税号商品，税收新政的施行不仅带来进口规模的扩大，还使得跨境电商零售进口商品的结构得到明显的优化。因为降幅较大的主要有服装类、鞋帽类、食品类、家用电器类、美妆类、母婴用品类等商品，而这些类别商品不仅是人们生活的必需品，而且是我国生产制造具有比较优势的行业。日用消费品在跨境电商进口中的结构不断得到优化，人们的生活需求得到了更多的满足。2015 年，排名前五的商品有服饰包包、母婴产品、化妆品、保健品和电子产品。根据 PayPal 的数据，美国作为最大的进出口国，中国消费者最关注的三类商品，即服装、电子产品和化妆品。

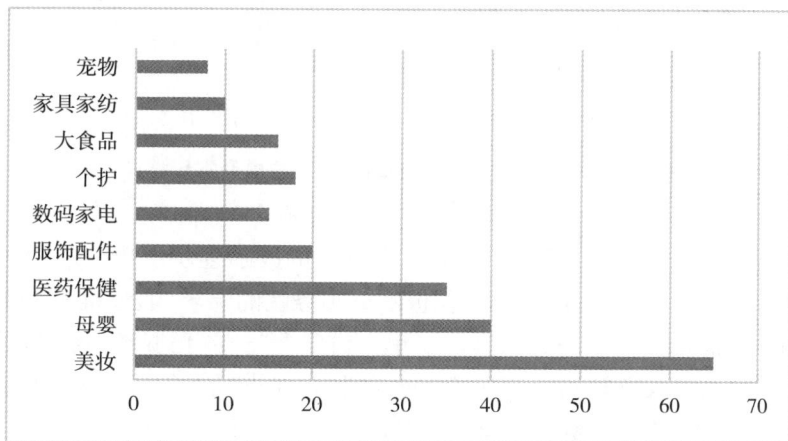

图 5.2　2018 年天猫国际九大品类进口销售额占比排名
数据来源：中国电子商务研究中心。

随着 2016 年新政的实施和 2017 年相关政策的延伸，2018 年跨境电商进口类别发生了重大变化。如图 5.2 所示，在跨境进口中，美容产品高居榜首，其次是母婴产品和医疗保健产品。近年来，美妆在天猫国际平台上的销售和消费比例逐渐上升。除日本的进口美容化妆品品牌外，泰国、波兰、德国等国家的产品市场规模日益扩大。此外，进口保健品也越来越受欢迎。特别是葡萄籽、抗衰老抗氧化保护产品、抗糖、白藜芦醇、胶原蛋白、美白药丸、透明质酸等补水美白保护产品的消费量近两年快速增长。

以上分析表明，上述商品进口规模的迅速扩大，我国跨境电商零售进口商品结构的优化与我国跨境电商零售进口税率结构的调整是密切相关的。

5.3.3　跨境电商进口政策促进了进口通关便利化

简化跨境零售进口的通关流程，不断提高我国跨境零售进口服务的便利化和规范化水平，是我国跨境电子商务进口政策的主要目标和特点。

从图 5.3 可以看出,从 2017 年四季度到 2019 年四季度,中国跨境电商进口规模呈上升趋势。2019 年年末,中国跨境电商进口零售市场规模为 1 214.9 亿元,同比增长 21.1%。促进跨境电商进口规模的因素有很多,其中通关手续的简化是重要因素之一。

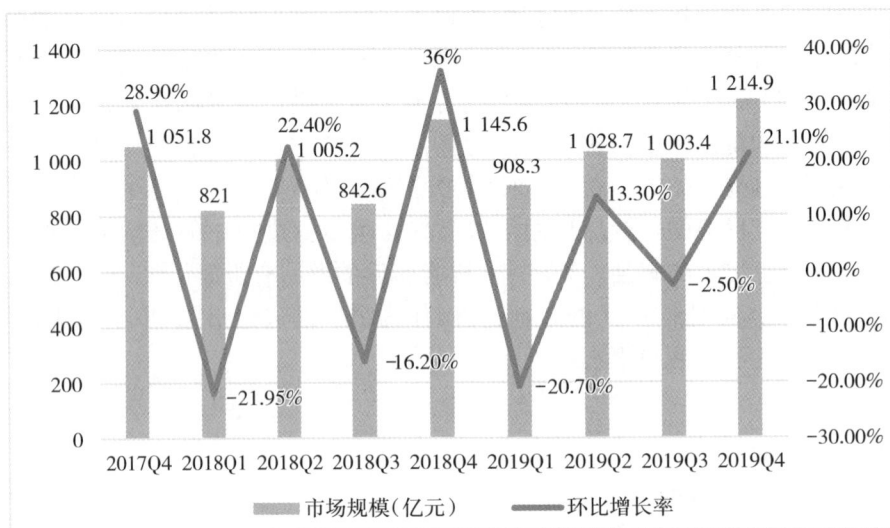

图 5.3　2017Q4—2019Q4 跨境进口零售电商市场规模
数据来源：Analysys 易观。

在跨境电商发展的过程中,国家对跨境电商行业的鼓励逐步由单一的税惠演变为税惠加程序简化的方式。近几年来,全国海关积极响应国务院的要求,通过推进海关通关一体化改革,建设和推广"清单核放""保税进口""单一窗口""一体化服务"等简化通关流程;通过提高通关效率的进口政策的制定与实施,便利贸易,促进经济发展,如海关总署最新发布的 2018 年第 194 号文件中,跨境电子商务可利用平台的电子数据交换技术(EDI),实现进口报关数据的电子申报和收货受理,实现各环节信息传递。其次,跨境电子商务平台上的地理信息系统(GIS)使得交易在时间和空间上都是无限的。通过这些技术能够从根本上达到劳动力成本的节省、交易流程的简化以及人为失误的降低,既可以提高效率,又可以降低成本。据数据显示,我国 2019 年进口通关时间较 2017 年降低 62.3%,跨境贸易便利化世界排名 56位,比前一年上升 9 位。中国跨境贸易进口合规总成本由 2017 年的 915.9 美元降到 2019年的 318 美元,同比下降 65.3%。跨境电商平台的使用减少了多个中间环节,直接解决了外贸过程的复杂问题,可以直接减少外贸参与者的数量。

5.4　中国跨境电商进口政策存在的不足及完善思路

5.4.1　中国跨境电商进口政策存在的不足

(1)部分进口政策缺乏长期规划,造成区域间跨境电商发展不平衡

根据已有发展经验,我国跨境电商企业受政策影响较大,相关部门出台的进口政策往往得到市场和企业的积极响应,但国家在整个行业发展软环境上的推动作用则不太明显,相关政策没有提供强有力的持续输出,缺少了可持续发展的基础支撑。与此同时,不同地区进口优惠政策的差异性较大,导致跨境电商企业在利益驱动下向优惠政策较大的地区集聚,从而导致不同区域跨境电商进口发展的不平衡。

(2)跨境电商进口政策的部分定义不够明确

现有部分跨境电商进口政策体系仍然不能满足新发展格局下的实际需求,数据统计制度不完善、监管权责划分不明确、缺乏对整个跨境电商进口边界的有效界定等,这些问题的存在极易导致跨境电商经营主体不断寻找运营成本更低的运作途径,增加了整个行业发展的无序性,进而导致行业经营混乱,劣币驱逐良币现象频发。

(3)部分跨境电商进口政策过于集聚,缺少均衡

根据已有政策统计数据,现有跨境电商进口政策多数集中在 B2C 零售业务的问题解决上,而对占据跨境电商业务比例较高的 B2B 进口业务,相关部门出台的政策关注较少。这表明现有政策过于集聚某些领域而缺乏均衡,在支持跨境电商 B2B 进口业务上没有找到政策发力点,同时现有政策也没对跨境电商进口的软环境营造提供足够有力支持,导致跨境电商贸易顺差极大,对跨境电商的可持续发展产生不利影响。

(4)部分跨境电商进口优惠政策短期有吸引力,但长期效应值得进一步验证

从企业运营实际来看,各级地方政府出台的跨境电商进口优惠政策对企业最具吸引力的是进口税收优惠及减免,相关政策没有直接促进企业的创新发展,资金也没实现行业资源的最优配置,一旦政府停止进口税收优惠及减免,企业能否在激烈的市场竞争中存活下来还值得进一步观察。同时,政府在进口通关便利化和提高进口通关效率方面的优惠政策发力不够,从而影响了跨境电商进口企业的积极性。

5.4.2　中国跨境电商进口政策的完善思路

(1)进一步推进跨境电商进口便利化

1)大力推广跨境电商进口试点的成功经验与模式

深化推进体系,支持杭州、郑州、洛阳、大连、东莞等重点跨境电商有效探索跨境电商零售进口模式鼓励大型商业零售企业与国内知名跨境电商平台对接,开展跨境进口业务,健全城乡进口流通体系。

在过去的进口政策发布中我国设立的试点已经取得了良好的反映,这表明,在我国原有进口试点的基础上,可以进一步扩大试点范围,甚至将进口试点范围扩大到全国跨境电商。并且在进行扩大试点范围的同时我们也需要更加积极地去推广原有成功经验以及它的良好运营模式,这关乎后续新增加的试点能否产生积极作用甚至比以前的试点更进一步。

2）进一步提高跨境电商进口通关便利化服务水平

继续优化产业结构，以跨境电商为切入点，优化外贸结构，培育外贸新增长点。同时，鼓励企业优化跨境贸易供应链平台，汇聚优势资源，充分利用政策优势为消费者提供福利。

在关于外部跨境电商进入我国的范围的流程当中，其中不乏有非常复杂的过程以及文件的填写等。如果在保证没有危险商品的同时进口的通关流程能够进一步的优化加快，那么在流程上就可以省去很多的时间用来发货推广等，另外关口对于进口方面的服务是否可以更加的便利化，如外部电商想要进入我国关口，填写流程中总是需要到一些特定的地点填写完成申报，是否可以增加这些地点以达到更加的利民呢？答案肯定是毋庸置疑。

3）进一步提高跨境电商进口通关效率

在现今社会当中网络技术越来越发达，而技术的进步也代表着我们可以越来越便捷，如以往的4G技术需要很久才能下载完一部电影，但是5G的出现使得这个时间大大地减少。所以，笔者认为政府机构应当重视互联网的技术进步，积极地去改变那些技术落后有待更新的不足之处，如烦琐的通关流程以及通关手续等。这样有利于提高过关的效率以及完善机构原有的电子网络化系统。当然，所有这些先决条件都不会影响安全和资格标准。

（2）进一步规范跨境电商企业进口行为

1）进一步规范跨境电商企业责任

敦促电子商务运营商，特别是平台运营商，履行其法律责任和义务，监督跨境电子商务运营商尊重其知识产权和履行隐私义务，并依法对产品和服务承担责任。

2）进一步完善进口信用考核评价机制，强化跨境电商企业信用评级

对进口企业的信用评价机制中有许许多多的评价条例，但是对于一些企业而言总是可以有空可钻。在以往我们的进口信用考核机制中，海关需要对企业信用状况多方面条件进行采集。那么对于企业信息的采集条件是不是可以进一步扩大。如企业以往的交易中是否存在欺骗性或隐瞒性行为等。

只有对企业进行各方面的信息采集核查，这样才会对企业有全面的了解。并且本书认为在信用考核基础上可以附带信用分，可以从他们的分数中来衡量这个企业的守信与否。

（3）进一步完善跨境电商进口监管体系

1）搭建监管信息共享平台

在进口的跨境电商进口监管中可以建立一个多部门参与在内的信息共享平台，引领相关部门协作监管工作，要努力优化信息的采集条件，优化整合监管资源，并明确各部门监管细则，防治重复监管和监管漏洞。加强对信息材料审查，完善信用监控体系，要加强进口企业信息和资料的审查力度，完善的进口产品评价与监控体系，还要加强与其他部门的资源信息共享。

2）积极推动大数据技术在监管部门的应用

对跨境电商的监管工作可以与各大技术深度结合，推动大数据技术在监管部门的挖掘分析，细致客观找出深层次问题，并适时建立模型评估跨境电商企业的进口风险，加强监管的精准性。政府要建立和完善政府担保制度的进程，一方面政府也要改善政策的反复性和政策目标的短期性，为了进一步维持中国电商发展的可持续发展，我国海关必须完善信息管理制度来释放压力。电子商务的可持续发展离不开高新技术人才的作用，我国应该加强对电商专业人才的管理和培育。

（4）进一步强化政策的顶层设计，推动跨境电商进口的区域间协同发展

尽管我国已初步建立了较为完善的跨境电商进口政策体系，但有针对性的跨境电商进口政策的顶层设计仍需进一步强化，应从源头上规避跨境电商发展过程中遇到的风险和不确定性。从长期效应看，应坚持全国一盘棋，统筹规划，协同推进；应根据各个区域的发展特点，制定既有针对性又有差异性的政策，避免区域间恶性同质化竞争，实现资源最优配置，注重区域间协同发展。

【思政课堂】

通过本章的教学，了解中国跨境电商进口政策的形成、演化及特点，熟悉中国跨境电商进口政策的主要内容，掌握 B2C 与 B2B 进口通关程序及行为规范，理解中国跨境电商进口政策的促进效应，认识中国跨境电商进口政策存在的不足，探索中国跨境电商进口政策的完善思路，培养学生对跨境电商进口政策的分析力、理解力和执行力，强化学生的政策意识和政策观念，引导学生树立科学的政策观与价值观，拥护党和国家的方针政策，规范自己的言论和行为。

复习思考题

1. 简析中国跨境电商进口政策的演化特点。

2. 简述 2018—2020 年中国跨境电商进口政策的主要内容及重要意义。

3. 简释现行跨境电商进口政策对中国跨境电商进口贸易的发展有何促进效应？

4. 针对目前中国跨境电商进口存在的主要问题，谈谈自己对中国跨境电商进口政策的完善思路。

5. 根据下表的政策内容，分析跨境电商进口征税政策变化的特点及重要意义。

中国跨境电商进口征税政策对比

	行邮税	综合税 2016 年 4 月	综合税 2018 年 5 月	综合税 2019 年 1 月	综合税 2019 年 4 月
单次交易限值	1 000 元	2 000 元	2 000 元	5 000 元	5 000 元
年度交易限值	无	20 000 元	20 000 元	26 000 元	26 000 元

续表

	行邮税	综合税 2016年4月	综合税 2018年5月	综合税 2019年1月	综合税 2019年4月
单次不可分割且超出交易限值的商品	按行邮税征税	按一般贸易方式全额征税	按一般贸易方式全额征税	按一般贸易方式全额征税	按一般贸易方式全额征税
应征税率	视商品种类分为10%、20%、30%、50%	关税暂设为0%，增值税11.9%（17%×70%），消费税按商品品类税率×70%	关税暂设为0%，增值税11.2%（16%×70%），消费税按商品品类税率×70%	关税暂设为0%，增值税11.2%（16%×70%），消费税按商品品类税率×70%	关税暂设为0%，增值税9.1%（13%×70%），消费税按商品品类税率×70%
应征税额50元以下	免征	不免征	不免征	不免征	不免征

第6章
中国跨境电子商务出口政策分析

6.1　中国跨境电商出口政策的形成、演化及特点

6.1.1　中国跨境电商出口政策的形成过程

我国跨境电商出口政策的形成过程同样可以分为五个阶段,即出口政策分析阶段、出口政策制定阶段、出口政策影响阶段、出口市场反馈阶段、出口政策调整阶段。各个阶段环环相扣,形成一个动态调整的循环,更好地服务我国跨境电商出口高质量发展的客观需求,具体见表6.1。

表6.1　我国跨境电商出口政策的形成过程

阶　段	内　容
政策分析阶段	根据行业发展需求和调研反馈,分析跨境电商出口政策出台的背景和条件是否成熟
政策制定阶段	由各行业向政府提出跨境电商出口政策需求,得到政府认可,并出台具体政策
政策影响阶段	跨境电商出口政策出台后,分析对行业产生的作用和影响,并对影响因素做量化分析
市场反馈阶段	跨境电商市场对出口政策运行提出反馈意见,尤其是不足之处,汇总和分析不同意见,达成一致意见
政策调整阶段	政府对跨境电商出口政策进行修订和完善,并向行业做出解释和说明,进入下一个动态循环过程

6.1.2　中国跨境电商出口政策的演化历程

（1）初始发展期（2012—2015 年）

2012 年,国家发现传统进出口贸易业务不容乐观,而民间利用邮政通道进出口货物的模

式却发展得如火如荼。民间的这种模式,出口方面表现为外贸电商,即利用亚马逊、eBay等平台向海外销售产品。国家发展和改革委员会和海关总署开始率先试点,国家发改委和相关总署率先开始示范,预示着在中国跨境电子商务试点进入议程,早期挑选了五个城市:郑州、杭州、宁波、上海等地,重点开展跨境电商出口业务。试点地区公布后,我国颁布了一些优惠政策,促进跨境电子商务的生长。有相关政策专门解决跨境出口的问题,货物在海关,检验检疫,最典型的主要问题是首次从国家层面到跨境电子商务对我国出口做出明确定义,解决了以往界定不清、监管困难的局面。

(2)稳健发展期(2015—2017年)

世界范围内互联网技术的普及以及贸易全球化的逐渐加深,推动了我国跨境电商迅速成为一种热门的贸易形式。我国跨境电商出口在2015年进入了稳健发展的时期,使得企业足不出户就可以"卖全球"。这一时期,政府出台的政策主要侧重于促进跨境电商的稳定、快速发展,引导外贸企业大力发展跨境贸易,同时完善与跨境电商的相关的基础设施和服务。2015年5月,我国对跨境电子商务有了进一步的扶持,颁布了《关于大力发展电子商务加快培育新经济新动力的意见》,具体包括设立与电子商务企业直接相关的企业、税收、基础配套设施、电子商务企业的市场需求和就业。在这一高标准和高实用性政策的支持下,跨境电商经过几年的摸索成长,已经进入第二个成长阶段。同年6月,国务院办公厅印发《关于促进跨境电子商务健康快速发展的指导意见》,支持国内企业更好地利用电子商务开展对外贸易,鼓励企业之间的贸易尽快在线交易,可交易商品的范围在不断扩大,支持跨境电商零售出口企业加强与国外企业的合作,规范海外仓、体验店等网络销售模型,不断地去贴近国外的零售模式。

(3)规范发展期(2017年至今)

在这一阶段,我国不仅是对促进跨境电商的进一步发展做出要求,而且是要不断提高跨境电商出口的发展质量,逐渐加强对跨境电商出口的规范,确保跨境电商出口的质量和安全,规范出口流程。2017年1月,国务院批准天津等12个城市建立跨境电商综试区。这项政策的颁布明确了我国电子商务综合的范围,明确了相关部门、省、市人民政府推进综合试验区建设应遵循的原则。同年6月,国家质量监督检验检疫总局(国家质检总局)发布关于跨境电商零售进出口检验检疫管理系统数据接入规范的公告,这为推动跨境电商的不断发展,为提供快捷的通关服务打下了不错的基础。随着取得更多数据样本,通过跨境电子商务的大数据,可以全面了解行业发展情况,为跨境电子商务的发展提供更多指导依据。

6.1.3 中国跨境电商出口政策的演化特点

从国务院、商务部与海关总署关于跨境电商出口的相关政策来看,随着跨境电子商务的不断发展,跨境电商的出口政策逐步调整完善。纵观中国跨境电商出口政策的演化历程及内容,可简要概括为以下主要特点。

（1）从跨境电子商务出口激励政策到出口规范化监管政策的转变

在跨境电商兴起时,国家出台的都是关于跨境电商的激励政策,2013 年国务院办公厅、质检总局以及商务部分别发布的国办发〔2013〕89 号文以此来激励电商发展;随着跨境电子商务市场规模的不断扩大,政策重心正逐步从以激励为主的政策转向激励与监管并存的政策。比如 2018 年发布的《海关关于跨境电子商务零售进出口商品有关监管事宜的公告》指出跨境电子商务企业、消费者（订购人）通过跨境电子商务交易平台实现零售进出口商品交易,按照相关要求传输数据至海关,并接受海关的监管,其主要内容包括:①跨境电商企业管理由备案转为注册;②跨境电商参与企业纳入信用管理;③跨境电商参与企业应接受海关稽查。

（2）从跨境电商出口园区建设的扶植政策到产业链配套支持体系政策的转变

2013 年 7 月,跨境电子商务综合实验园在杭州建立,积极响应国家政策。跨境电商出口园区的数量不断上升,截至 2019 年我国跨境电商综试区已达到 59 个,而在 2020 年国家将新设 46 个跨境电商综试区。为了鼓励跨境电商出口园区的发展,国家着力推动"互联网+外贸"出口形式的转变,各大园区为了吸引更多有实力和创新的企业也不断推出各项优惠政策,例如,对入驻企业实行免税、专项财政补贴和结算代理、申请政策、法律咨询、聘用人才、展示教育、通关检查等一整套"公共服务"。国家通过"一带一路"政策继续推进龙江丝绸之路地带的发展,以解决跨国电子商务物流数量少、运费高、时间长的缺点。为推动跨境电子商务发展,国家对跨境电子商务出口货物实行了按规定免征增值税、消费税和企业所得税的政策。加强对小微企业、个体工商户、农户的金融服务,实行财政金融协调政策。因为跨境电子商务试点地区不断地扩大,为了保证供方和求方平衡,国家出台了一些关于产业链配套的体系去支持跨境电子商务。大致内容包括:①推进出口物流模式多样化,海外仓迅速发展。国际电子商务或物流企业在海外建立仓库,提前将货物运往海外,做好库存准备,实际交易发生时直接在海外进行库存准备。②提高跨境通关效率时,政府可实施"清单分类综合申报"的简便的报关模式平台,向海关报关支付单、货物运输申请书、报关单,海关根据货物实际出入情况核对。提交明细表,海关企业每个月都要根据实际出入国情况进行综合申报。③支付手段的不断完善,支持第三方平台收付款,以推进跨境电商支付手段的生长。

（3）从简化跨境出口通关流程政策到高水平跨境贸易便利化政策的转变

在跨境电商发展初期,国家出台了一系列简化跨境出口通关流程的政策。其代表性政策有 2015 年国函 44 号文件等,明确规定把杭州综试区作为可供全国复制的模式,提出把"物流渠道通关"和"单一窗口"的"信息系统+金融服务"作为跨境电商的核心竞争力,并强调要减少出口环节的证件审批,推行无纸化通关。2018 年,又出台国发〔2018〕37 号文件等,明确提出要深化全国一体化改革,打造高水平跨境贸易便利化体系。其主要措施包括:建立贸易大数据平台,实行一次性联合检查放行,施行全程电子化通关,实行物流信息电子化、货运提单电子化、通关检查智能化、通关服务规范化,打造一站式高效通关服务平台等,大大减少了跨境出口通关时间,提高了跨境出口通关效率。

(4)从支持跨境电商发展到坚持四大基本原则

我国在政策层面上支持跨境电商发展的同时,也提出了跨境电商发展的四大基本原则,分别是鼓励创新和公平竞争原则;坚持发展与规范并行原则;坚持先试先行、循序推进原则;把促进产业发展作为重点,并主攻 B2B 方向原则①。四大原则的内容和基本内涵见表 6.2。2018 年国务院常务会议决定中国发展跨境电商在"十三五"乃至未来很长一段时间里将坚持这四大原则。

表 6.2 国务院关于跨境电商发展的四大原则

原 则	内 容	内 涵
鼓励创新和公平竞争	相关制度设计和创新都不能建立在税负不公平的基础之上,更不能人为地向不公平的竞争模式提供监管便利	要在贸易方式和地区之间创造公平环境,特别在税收政策、通关监管流程等领域
发展与规范并行	先把产业发展壮大,再逐步规范。发展和规范都是目标,相辅相成,但规范要为发展服务	鼓励行业先做大,对于税收、监管等不规范的情况可持包容态度,后续不断规范
先试先行、循序推进	鼓励先行先试,让各地、各类企业的发展有目标、有方向。通过制度创新、管理创新和服务创新,逐步积累可复制、可推广的经验	鼓励通过开展跨境电商综试区、税收政策、通关政策等相关试点工作,探索适合行业规范、健康发展的政策体系
把促进产业发展作为重点,并主攻 B2B 方向	坚持进出口并重,出口为主,更好地推动外贸稳增长和转型升级。国家允许 B2C 适度发展,但并非重点鼓励方向	引导地方和企业不要局限在进口业务,特别是 B2C 进口上,而要以大力发展出口业务为主,并且在 B2B 业务方面做大做强

6.2 中国跨境电商出口政策的主要内容

跨境电商作为构建海外贸易服务网络,是促进贸易全球化的重要推进手段,虽起势慢,但发展快。从出口的角度来研究,国家跨境电商市场极为火爆,B2B、B2C 等多种跨境交易模式的联合运作打破了各国之间的贸易障碍,使得国际市场的资源配置进一步优化。跨境电商出口的迅速生长是与开国家政策的支持息息相关的。我国国务院支持"互联网+外贸"新业态,新型模式发展,出台了一些推动跨境电子商务发展的新政策。因此,本章将系统梳理 2012—2019 年中国跨境电商的出口政策,并从出口税收政策、出口通关便利化政策和规

---

① 张骥. 国务院新闻办政策例行吹风会上的发言[EB/OL]. 中国政府网,2016-01-08.

范企业出口行为政策三个方面来解读跨境电商出口政策的主要内容。

6.2.1 跨境电商出口税收政策

（1）跨境电商出口税收政策简介

出口的税收政策是跨进电商卖家十分重视的政策之一。近年来，国家先后出台了不少利好跨境电子商务出口的税收优惠政策。特别是最近两年国家出台了小微企业普惠性税收减免政策以及"无票免税"政策，在一定程度上解决了增值税的遗留问题，减轻了跨境电商卖家商品出口的运营成本压力。同时，在多个一二线城市增设大批跨境电商综合试验区，鼓励更多的传统零售业走向"产品出海"的道路。因此，本节将从出口退税税率和出口退税办理流程两方面来归纳总结出口政策。其内容见表6.3。

表 6.3　2012—2019 年中国促进跨境电商出口的税收政策

发布时间	部　门	文　号	主要内容
2012.6.1	国家税务总局	财税〔2012〕66 号	天津东疆保税区试行融资租赁货物出口退税政策
2012.9.11	财政部、国家税务总局	国税〔2012〕24 号	出口货物和服务增值税政策
2013.6.9	国家税务总局	国税〔2013〕30 号	规定出口企业申报退（免）税期限，列举 9 类违规行为
2013.6.14	国家税务总局、海关总署	海关总署〔2013〕31 号	出台税收新政，明确了增值税的认定缴款书
2013.10.15	国家税务总局	国税〔2013〕61 号	明确出口退（免）税的申报流程
2013.12.30	财政部、国家税务总局	财税〔2013〕96 号	明确新政的适应性举措
2014.4.4	国家税务总局	国税〔2014〕20 号	明确出口企业延期申请的要求
2015.4.30	国家税务总局	国税〔2015〕29 号	办理出口退税的效率提高
2016.1.7	国家税务总局	国税〔2016〕1 号	进一步优化出口退税办理流程
2016.9.19	国家税务总局	国税〔2016〕61 号	对外贸综合服务企业的出口退税的优化
2017.1.24	国家税务总局	税总函〔2017〕42 号	调整和改版出口退税率
2018.4.4	财政部、国家税务总局	财税〔2018〕32 号	增值税税率调整
2018.4.19	国家税务总局	国税〔2018〕16 号	税务系统"放管服"改革要求
2018.4.22	国家税务总局	国税〔2018〕20 号	一般纳税人登记为小规模纳税人涉及的出口退（免）税规定

续表

发布时间	部门	文号	主要内容
2018.9.10	国家税务总局	税总函〔2018〕488 号	调整和改版出口退税率
2018.9.28	财政部、商务部等 4 部门	财税〔2018〕103 号	综试区内税收优惠政策
2018.9.30	财政部、商务部等 4 部门	财税〔2018〕103 号	加快培育贸易新业态模式措施
2018.10.15	国家税务总局	国税〔2018〕48 号	进一步优化出口退税流程
2018.10.22	财政部、国家税务总局	财税〔2018〕123 号	调整部分出口退税率
2019.2.2	国家税务总局	税总函〔2019〕53 号	调整和改版出口退税率
2019.10.26	国家税务总局	国税〔2019〕36 号	新增核定税收的制度
2020.3.17	财政部、税务总局	税总函〔2020〕44 号	部分商品出口退税率的调整

数据来源：国家税务总局、财政部。

国际电子商务是我国中小企业的重要组成部分，国内税收政策，如企业所得税和个人所得税、海关的关税等都与它的发展密切相关。表 6.3 整理了我国跨境电商出口税收政策的演变历程，其中可以分为两类：税收优惠类和税收申报类。

优惠税制主要包括对试点地区电子商务出口企业未取得有效进口凭证的国产产品免征增值税或消费税，同时落实、更新企业所得税的核定征收办法，尽最大可能降低应税所得税率，解决了行业担忧因进项发票缺失而导致税负过重的问题。

税收申报的政策主要是国家通过不断优化的税收申报的流程，从最初的纸质申报、到 2015 年实施的无纸化申报，再到近期推行的非接触式申报，税收申报效率不断提高，省时省力，也为跨境电商企业节约了成本。

（2）跨境电商出口退税政策的主要内容

2013 年 8 月 21 日，国务院办公厅提出了关于支持跨境电子商务零售出口的政策，该文件首次鼓励相关的部门要落实关于跨境电商出口退税的政策。同时为落实相关政策，财政部、国家税务局在 2013 年 12 月 30 日发表了财税〔2013〕96 号文件，规定从 2014 年 1 月 1 日起对符合条件的电子商务出口企执行退免税政策。属于一般纳税人的电子商务企业，经主管的税务机关认定，具有出口退税资格或者税务登记时，必须向海关申报出口货物；购买进出口货物时，应享受附加价值税专用发票或合法有效的物品凭证，出口货物需在免税申报期限结束前收取附加价值税，减税政策。

2015 年 3 月 7 日，国务院又发布国函〔2015〕44 号文件批准浙江省杭州市建立跨境电子商务综合试验区。各综试区都积极寻找怎样才能推动跨境电子商务出口退款便捷的方法。由于跨境电子商务企业征购预期或自营厂商的商品，为解决合法有效购货凭证难以得到的问题，2015 年 6 月 23 日，杭州跨境电子商务综合试验区在一定条件下出台了无票免税政策。该政策规定，如果电子商务交易企业进入综合试验区"单一窗口"平台监督视点，该平台上所记录的销售日志、计量单位、数量、货物名称、纳税人识别号码等入库信息,到 2016 年底为止可以临时执行附加价值免除政策。在一定条件下,无票政策比较有效,解决了跨境电子商务企业退税凭证难的问题。在实施"免税"政策的同时,杭州商务综合实验区国税部门也积极简化"票退"模式,在一段时间内,供应商总发行的附加价值税专用发票一张,申请退税,加速退税。2016 年 8 月,一批多国籍电子商务综合实验区(含杭州、上海、宁波)相继出台出口担保退税。通过外贸综合服务平台替代出口退税额,原来几个月才能退税的税款现在在三天内可退还回来。对于急需出口资金的跨国电子商务企业来说,没有比这更大的福音了。

此外,近两年我国对跨境电商的税收征收种类方面做出了创新性举措。如 2018 年 9 月 30 日发布的 103 号的政策中提到,在流转税这一块内容,实施"无票免税"的新规定,即跨境电商综试区内的出口电商,未取得有效进货凭证的出口货物,免征增值税、消费税。而且后续的出口退税也免除。前提条件是电商企业在试验区注册并办理出口海关申报手续,海关向税务部门传输申报清单信息。这一规定解决了电商企业出口难的问题。2019 年 10 月 26 日发布 36 号的文件中规定了提到了在所得税方面,施行"核对征收"的优惠政策,对于跨境电商综试区内"无票免税"的出口电商企业,核定征收企业所得税:在核准后企业收入总额基础上,采用 4% 的应税所得率核定企业应税所得,再按实际征收。一般企业所得税率为 25%,在此情况下实际税负仅为 1%。其他免税收入、特殊企业的优惠仍有效,综合税收优惠十分明显。表 6.4 所示为近几年跨境电商出口退税税率的调整。

表 6.4　近两年跨境电商出口退税率的调整

年份	调整前	调整后
2018	17%	16%
2018	11%	10%
2018	15%	16%
2018	13%(部分)	16%
2018	9%	10%(部分为 13%)
2018	5%	6%(部分为 10%)
2020	10%	13%
2020	6%	9%

数据来源:国家税务总局。

2018 年 10 月 8 日,国务院常务会议提到了完善出口退税政策,加快退税进度的相关措施和办法,退税率从 7 档减至 5 档,即由原来的 16%、15%、13%、10%、9%、6%、5% 调整至 16%、13%、10%、6%、9%,这对跨境电商企业的发展是极好的。从 2018 年 11 月 1 日起,现行货物出口退税率分别为 15% 和部分 13% 提高到 16%;9% 的提高至 10%,其中部分提高至 13%;5% 的提高至 6%,部分提高至 10%。但对消耗能量较高、对生态环境污染较大、资源短缺性产品和面临减少产能任务等产品出口退税率不发生变化。此外,2020 年 3 月 17 日发布的《关于提高部分产品出口退税率的公告》明确自 2020 年 3 月 20 日起,将瓷制卫生器具等 1 084 项产品出口退税率提高至 13%；将植物生长调节剂等 380 项产品出口退税率提高至 9%。

（3）跨境电商出口退税申报流程政策的主要内容

2013 年我国《关于出口退税（免）办法的公告》中提到了出口退税的流向，要求企业在正式申报退（免）税服务前，必须先申报出口货物、劳务和增值税，只有在提前向主管税务机关报告，向主管税务机关确认的内容声明确认证书和相应的行政部门的电子信息是正确的，可以直接向主管税务的机关单位提供正确的申报退（免）凭证文件材料和电子资料数据。随着跨境电商的不断深入发展，以及信息科学技术的创新，我国不断优化出口退税的申报流程，提高企业和政府部门的办事效率，其中关键的是 2018 年出台的《关于出口退（免）税申报有关问题的公告》，继续实现"委托，规范，服务"的税制改革要求，简化出口退税，免税程序，优化出口退税。在同年 10 月又出台了《关于加快出口退税进度有关事项的公告》，通过优化出口退（免）税企业分类管理、全面推行无纸化退税申报、大力支持外贸新业态发展和积极做好出口退（免）税服务等项工作，促进外贸稳定增长。

6.2.2　跨境电商出口通关便利化政策

（1）跨境电商出口通关便利化的政策简介

跨境电商的贸易特点决定了交易流程的独特性。首先，由出口商品生产厂家或制造商组织生产，然后通过跨境电商平台进行营销，境外消费者确定购买的商品，并在线上平台进行交易，接下来商品由境内物流运送至海关，在海关办理通关手续及相关事务，再去通过境外的物流运输将商品送到境外消费者的手中。为了促使跨境电商出口的蓬勃发展，近几年国家出台一系列鼓励跨境电商出口发展的政策（详见表 6.5）。其主要内容体现在简化跨境电商出口通关流程和实行通关手续无纸化两个方面。

表 6.5　2012—2019 年中国跨境电商出口通关便利化的相关政策

发布时间	部　门	文　号	主要内容
2014 年 2 月 10 日	海关总署	总署公告〔2014〕12 号	9610 监管方式
2014 年 8 月 1 日	海关总署	总署公告〔2014〕75 号	1210 监管方式
2015 年 5 月 15 日	海关总署	总署公告〔2014〕57 号	7×24 小时作业
2015 年 10 月 22 日	国务院	国函〔2015〕44 号	简化通关流程，实施无纸化通关
2016 年 4 月 26 日	海关总署	总署公告〔2016〕163 号	7 条跨境电商复制推广措施
2016 年 12 月 1 日	海关总署	总署公告〔2016〕75 号	1239 监管方式
2018 年 4 月 16 日	海关总署	公告〔2018〕194 号	7 条跨境电商复制推广措施
2018 年 6 月 1 日	海关总署	公告〔2018〕27 号	支付企业管理
2018 年 7 月 13 日	海关总署	署改发〔2018〕40 号	跨进电商查检合一

发布时间	部　门	文　号	主要内容
2018 年 7 月 4 日	海关总署	公告〔2018〕194 号	同意银联作为支付企业
2018 年 9 月 30 日	海关总署	公告〔2018〕113 号	进出口系统企业接入规范
2018 年 10 月 13 日	国务院	国发〔2018〕37 号	更高水平跨境贸易便利化措施
2019 年 1 月 1 日	海关总署	公告〔2016〕26 号	电商监管公告
2019 年 1 月 1 日	海关总署	公告〔2018〕165 号	支付相关原始数据核对要求
2019 年 1 月 1 日	海关总署	公告〔2018〕219 号	企业注册登记
2019 年 10 月 23 日	国家外汇管理局	汇发〔2019〕28 号	进一步促进贸易投资便利化措施

数据来源：外汇管理局、海关总署、国务院。

（2）简化跨境电商出口通关流程政策的主要内容

在跨境电商发展的前期，通关流程的优化主要体现在简化跨境电商出口通关程序方面。2014 年海关总署发布的政策中提到了增设"9610"的监管方式，其政策明确提到跨境电商企业、物流企业必须向海关备案，并通过电子商务通关服务平台实时向管理平台传送一系列的数据，由海关统一进行数据信息比对，核放出区。2014 年 8 月，海关总署增列了"1210"的监管方式，全称"保税跨境电子商务 B"。其政策提到了境内个人和电子商务企业在经海关认可的电子商务平台实现跨境交易，需要通过海关特殊监管区域或保税监管场所进出的电子商务零售进出境商品[海关特殊监管区域、保税监管场所与境内区外（场所外）之间通过电子商务平台交易的零售进出口商品不适用该监管方式]。正如"1210"监管政策所说，仅海关特殊监管区域和保税物流可用于跨境贸易电子商务进口试点。此外，按照"1210"海关监管方式推进跨国贸易电子商务零售进出口业务的电子商务企业，支付企业和物流企业，跨国贸易电子商务经营企业，支付企业和海关特殊监管区域或保税物流企业要按规定到海关备案，通过电子商务平台将交易、支付、仓储、物流等场所实时传送到实时。2016 年 12 月，为推动跨境贸易电子商务进出口业务发展，方便企业通关，规范海关管理，海关总署又新增了"1239"的监管方式，全称"保税跨境电子商务 A"。按照这一政策，国内电子商务企业通过海关特殊监管区域的保税物流中心渠道进口电子商务，是很好的。在通过海关特殊管理区和保税物流中心线路向国内电子商务企业申请跨境电子商务零售收入的同时，天津、上海、杭州、宁波、福州、平潭、郑州、广州、深圳、重庆等 10 个电子商务城市零售进口业务暂不适用"1239"规定。这一政策规范了跨境电商通关程序，优化了通关流程，让海关的透明度更高且缩短了通关时间，降低了通关成本，提高了海关管理的效率。

2014 年颁布的 57 号文件中提到了海关对跨境电商的监管全年不会停止，一天也不会停歇，在 24 小时内结办海关的通关手续，其主要内容分为两点：第一，要充分认识到对跨境贸易电子监管的新海关作业时间和报关期限要求的重要性；第二，确保跨境贸易电子商务监管和海关的运行时限要求得到有效落实。这一政策的实施，进一步的支持跨境贸易电子商务的发展,有效节约了通关的时间成本。2016 年政府出台的署监函 163 号文中提到实行"简化申报、清单核放、汇总统计"的新模式,对之前实施的"清单核放、汇总申报"模式进行了创新性的改变,简化了跨境电子商务出口报关流程。〔2016〕163 号文件提到了要求跨境电商企业对接"单一窗口"平台,强化通关协作,即依托电子口岸,在国际贸易交易复杂的条件下,设立跨境电商"单一窗口"化,实现跨境电商在一个窗口完成杰瑞递交和反馈,推行跨境电子商务关检合作,实行"一次申报、一次查验、一次放行"。这一系列措施极大地节省了跨境电子商务通关的时间和成本,同时极大地促进了贸易便捷化。

(3)实行跨境电商出口通关无纸化政策的主要内容

随着跨境电商后期的发展壮大,国内跨境电商出口的商品逐渐增多,我国政府着眼于推行跨境电商产品出口的全程无纸化。2015 年,杭州海关经海关总署出台了 15 条相关政策,其中至关重要的是全流程无纸化通关。电子商务企业通过进出口报关前跨境电子商务报关服务平台向海关提交订购、支付、物流等电子信息及相关电子商务方面的资料。申报可以在没有纸质文件的情况下完成。2016 年政府出台的总署公告 163 文件中提出了,推行全程通关无纸化,搭建跨境电子商务通关管理和通关服务平台,涵盖企业各个环节的全程无纸化作业。为了提高通关效率,海关总署在 2018 年 1 月 16 日发布了《关于推广海关审价作业单证无纸化的公告》,提出在全国推广审价作业单证进行无纸化。这一公告中提出进口货物纳税义务人可通过海关事务联系,系统接收和反馈海关价格质疑通知书、价格磋商通知书、价格磋商记录表等审价文书及随附单证资料电子数据,并可接收可查看估价告知书;对于符合海关管理规定要求的进口货物纳税义务人,可通过海关事务联系系统向海关提交公式定价备案和价格预审核备案申请及随附单证资料电子数据,接受海关备案决定,无需再以纸质形式提交。同年 4 月 9 日,海关总署为深化通关作业无纸化改革再发公告,表示对 2018 年 4 月 10 日(含)以后实施启运港退税政策的出口货物,海关不再签发纸质出口货物报关单证明联。

表 6.6　2012—2019 年中国规范跨境电商企业出口行为的相关政策

发布时间	部　门	文　号	主要内容
2014 年 7 月 23 日	海关总署	总署公告〔2014〕56 号	加强监管
2015 年 6 月 21 日	质检总局	国质检验〔2015〕250 号	加强监管
2015 年 7 月 13 日	国务院	国发〔2015〕24 号	负面清单
2015 年 12 月 2 日	海关总署	总署公告〔2015〕55 号	效率提高
2016 年 4 月 7 日	海关总署	总署公告〔2016〕26 号	加强监管
2016 年 4 月 26 日	海关总署	总署公告〔2016〕163 号	综试区 10 条复制推广措施
2017 年 8 月 14 日	海关总署	总署公告〔2016〕75 号	效率提高
2017 年 6 月 6 日	商务部	署令 171 号	提高效率
2018 年 9 月 30 日	海关总署	国质检〔2017〕42 号	进出口系统企业接入规范

续表

发布时间	部　门	文　号	主要内容
2019 年 1 月 1 日	海关总署	公告〔2018〕113 号	支付相关原始数据核对要求
2019 年 1 月 1 日	海关总署	总署公告〔2018〕219 号	企业注册登记

数据来源:海关总署、商务部。

6.2.3　规范跨境电商出口行为政策

(1)规范跨境电商企业出口行为的政策简介

企业是跨境电商出口贸易发展的载体。随着跨境电商出口规模的增大,交易数额的提升,市场份额的扩大,对跨境电商企业的出口行为规范越来越严格。为了引导跨境电商出口的稳定健康发展,国家不断出台政策从跨境电商的出口流程、出口企业、出口服务平台及其产品等方面严格管理跨境电商出口的行为。

(2)规范跨境电商企业出口行为政策的主要内容

从企业通关的角度来看,海关出台的政策不仅促进了通关管理的规范化,还进一步加强了出口企业的标准。出口企业是以"三单"传输主体,统一传输标准,即交易信息由电商企业或电商平台企业提供;物流信息由物流企业提供;支付信息和出口商品由电商企业提供实际收款信息,且对"三单"数据格式标准做出了统一的样式。

除了保证企业出口的时效性,还要求对出口的企业和出口企业的产品去进行严格盘查。在 2019 年海关总署公告 219 号文件中提出,跨境电子商务出口企业须在海关进行注册登记,包括与其合作的物流企业、支付平台、电子商务机构等均要具备相应的资质。跨境电商出口企业不仅代表了企业本身,更代表了整个中国的跨境电商行业形象。所以对于产品质量方面而言进行更加严厉的把控。2015 年国家质检总局又出台了《关于进一步发挥检验检疫作用促进跨境电子商务发展的意见》,其中提出并强调了对出口产品的质量检查和检疫,建立符合跨境电商发展的检查检疫机制,严查出口产品的质检标准,比对商品合格验收证书,促进了我国的质检标准。为了让商品质检更具时效,我国政府 2017 年国质检 42 号文件中提到严查企业生产标准从而把控产品质量。

(3)规范跨境电商服务平台行为政策的主要内容

为了规范跨境电商服务平台的行为,2011—2019 年国务院及各部门颁布了一系列相关政策。

2013 年 3 月,上海、北京、浙江、深圳等五个地区为先行试点,为客户处理国际结算和外汇结算业务的国际电子商务。银行机构和支付机构都要鼓励和推荐电子商务结算凭证。支付机构分别向国家外汇管理局和中国人民银行申请电子商务外汇资金或人民币资金海外支付,并执行支付机构的有关管理政策。完善外汇局(经)外业务非结算和结汇服务,加强对金融机构和支付机构(局)外非业务的监管。在此基础上,汇发〔2019〕7号文件中提出了,进一步推进业务试点,将地区试点范围扩大乃至全国,简化付汇手续,将单笔网购交易额由1万美元提高到5万美元。同时,坚持客户实名制和逐案采集交易数据的原则,有效防范异常交易风险。跨境电子商务支付企业需要向海关办理注册登记的,应当按照规定提交相关材料和相关资质证明。2019年4月份外汇局印发的规定中提出,支付机构可以通过电子信息交易,在市场主体通过银行进行跨境交易的经常项目下,提供小额、快捷、方便的电子支付服务,进一步便利跨境电子商务支付结算。

除此之外还有对电商平台和物流企业的管理。2011年商务部18号文件中确定了第三方电子商务交易平台的运行规则、建立条件和服务规则,认真审视跨三方的交易平台、运营商和消费者之间的关系,对第三方电子商务交易平台提出了新的要求,明确网络交易中的违禁行为。2016年,国质检250号文件中提出规范物流企业,要求其完成监管生产中的商品检验,积极配合海关检验,发现涉嫌违法、走私的,主动及时向海关报告。

表6.7　2012—2019年中国规范跨境电商服务平台行为的相关政策

发布时间	部　门	文　号	主要内容
2011.4.12	商务部	商务部〔2011〕18号	保护企业和消费者合法权益,营造良好交易环境
2013.3	外汇局	汇综发〔2013〕5号	上海、北京等城市开展跨境支付试点
2013.8	国务院	国发〔2013〕32号	加快信息基础设施建设演进,加快信息消费环境建设
2013.8.21	商务部、发改委、财政部等	国发办〔2013〕89号	鼓励银行机构和支付机构提供支付服务
2015.5	外汇局	汇发〔2015〕7号	全国范围内开展部分支付结构跨境支付的业务试点
2015.6.21	商务部	国质检〔2015〕250号	加强监管
2016.4.7	海关总署	财关税〔2016〕18号	加强监管
2018.4.13	海关总署	海关总署令第221号	规范支付企业
2019.1.1	海关总署	公告〔2018〕27号	支付相关原始数据核对要求
2019.1.1	海关总署	公告〔2018〕179号	企业注册登记
2019.4.29	外汇局	汇发〔2019〕13号	完善外汇政策,促进电子商务结算便利化

数据来源:外汇管理局、国务院、海关总署、商务部。

6.3　中国跨境电商出口政策的促进效应

6.3.1　促进了跨境电商出口规模的扩大

从一方面来说,跨境电子商务的蓬勃发展离不开国家的税收优惠政策。最初跨境电商的萌芽源于国家税收的刺激，《关于跨境电子商务综合试验区零售出口企业所得税核定征收有关问题的公告》开始于 2020 年 1 月 1 日实施，是截至目前最近一次的税收政策，为进一步降低这些跨境电商企业的税负，其中规定对于综试区跨境电商而言，应税所得率将统一确定，其值为 4%。国家这些的税收政策，扩大了跨境电商出口企业得到的利润，并且加快试点建设的完善，推动跨境电商出口便利化发展，不断引导出口跨境电商的规模扩大。

而另一方面，我国跨境电商的迅速崛起离不开综试区的鼎力支持。鉴于该政策影响，中国的用于跨境电商活动开展的综合试验区大于 59 个，由全国区域进而来覆盖地方局部。作为先行先试的试验区，对于跨境电商综合试验区和跨境厂商而言，由此带来的政策优势是十分明显的，将加速传统外贸企业向线上业务转化，有助于带动产业转型，促进高质量发展。

此外，由于对电商零售平台（B2C）的不断完善进行建设，促进了出口规模的不断扩大，2018 年海关总署出台的《关于中国银联开展跨境电子商务支付业务有关事宜的通知》，该政策同意了银联作为支付企业，推动了银行机构与线上综合服务平台联网，实现网上结算的便利化。

如图 6.1 所示，2014—2018 年中国跨境电商的出口额一直是处于上升的状态，2018 年高达 10 304.93 亿美元，主流的出口平台已覆盖全球 200 多个国家和地区，由此可见跨境电商的出口政策激励了出口规模的不断增长。

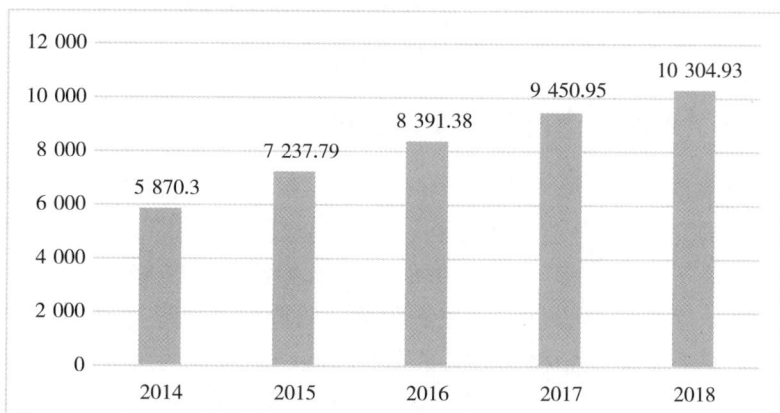

图 6.1　2014—2018 年跨境电子商务出口规模（亿美元）
数据来源：中国海关。

6.3.2　优化了跨境电商出口结构

政策对出口结构的优化主要体现在出口商品的种类，通过部分商品种类税率的调整，以及完善商品出口的基础服务设施，马不停蹄地推动商品出口的交易结构的不断优化以及升级。如图 6.2 所示，最近几年中国卖家企业的优势商品是电子品类的商品，这与 2009 年国家提高电子企业出口退税率有关。但通过对中国跨境电商各品类存量和增量的分析，可以发现电子产品增长率仅为 3%。相对于电子产品的低增长，作为跨境电商品类的另一领头羊——服饰品类。仅仅在 2018 年，服饰品类达到了高达 52% 的超速增加。这种情况的发生与之密不可分的是国务院关税税则委员会于 2018 年所发布的政策。调整我国出口关税，就出口来说,94 项商品向国外出口时,国家将不会对跨境电商征收任何出口关税。

在该政策关于在纺织服装的进出口政策方面,由《进口商品暂定税率表》上可以查知,男士大衣(毛制、棉制)、男式西服套装(毛制)、女式西服套装(毛制)、围巾(丝制、羊毛制披巾、山羊绒制披巾)、毛制女式上衣等商品原最惠国税率为 6%,该政策对此暂定下调 1%;原最惠国税率为 10% 的纺织用圆网与纺织用平网的印花机,该政策决定对此下调 4%,材料处理剂下调为 8%;棉布下调为 6%;部分麻类从原来的最惠国税率 6% 下调至 1% 等。此次降税力度及幅度之大,极大降低了服装类产业的出口成本,促进了服饰类产品出口量的上升。

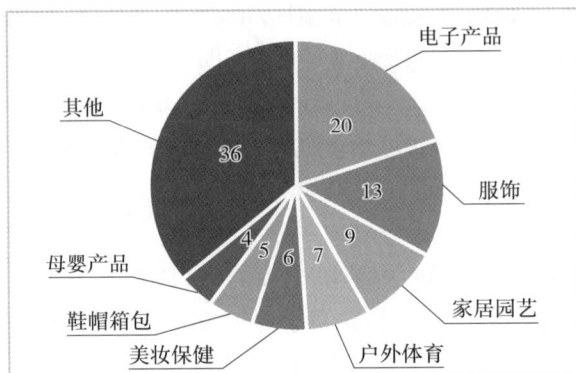

图 6.2 2019 年中国跨境出口销售金额品类占比(%)

数据来源:中国海关。

6.3.3 促进了跨境电商出口通关便利化

商品的通关效率是影响跨境电商出口的一项重要因素。从跨境电商政策层面上分析,电子数据申报系统的完善、信息监管的加强、产品检验规范的制定、电商企业与政府平台对接等这几个方面提高了通关效率。如在 2018 年出台的政策《关于修订跨境电子商务统一版信息化系统企业接入报文规范的公告》,提到建立海外仓储服务平台和监管、电气物流第三方付款、平台、如对接系统完全归档、归档、数据交换等功能整合的服务体系。根据海关总局的数据,到 2019 年底,中国的总出口清除率比 2017 年减少了 78.6%,国际贸易的单一窗口服务职能扩大到 598 个。大公司的需求指数在报告中是 100%。根据世界银行的商业报告,2019 年中国在促进跨境贸易方面排名世界第 56 位,比 2018 年上升 9 个名额,港口商业环境也得到了进一步改善。

6.3.4 促进了跨境电商出口企业行为的规范化

"没有规矩,不成方圆",我国跨境电商发展速度之快的主要原因之一就是我国对其规范化的要求。规范化的要求使得我国跨境电商企业能够统一前进,快速建立一个完整的体系,从而通过企业的不断发展带动体系的完善。

从政策层面,企业行为的规范化主要体现在报关、通关、查验、物流运输等方面都得到了标准化的统一,现在所有出口企业都实现了无纸化报关流程,通过平台将报关单交给海关电子清单,同时电力企业、物流企业、支付平台将交易、物流转关,支付电子信息、上市信息和

"三单信息"的对碰。应通过网络或电子方式支付税款。海关审核、查验、放行后将验放指令电子回执反馈报关企业。由于这样规范化的管理大大提高了企业与海关的效率,跨境电商行业得以稳定持续发展。

跨境电商出口行为的规范化不仅为通关提供了便利,还促进了自身企业的规范发展。出口行为的规范化带动了整个企业的良性运营,这是环环相扣的,从行为的规范化到企业出口商品的品质提高,再到定价合理、良性竞争等一系列的良性循环。

6.4 中国跨境电商出口政策存在的不足及完善思路

6.4.1 中国跨境电商出口政策存在的不足

(1)部分跨境电商出口优惠政策短期有吸引力,但长期效应值得进一步验证

从企业运营实际来看,各级地方政府出台的跨境电商出口优惠政策对企业最具吸引力的是现金补贴和税收优惠及减免,这些优惠政策容易形成跨境电商产业集聚,形成规模效应,促使交易单量和交易规模快速扩大,但这些政策没有直接促进企业的创新发展,资金也没实现行业资源的最优配置,一旦政府停止补贴,企业能否在激烈的市场竞争中存活下来还值得进一步观察。

(2)跨境电商出口政策的部分定义不够明确

现有部分跨境电商出口退税政策体系仍然不能满足新发展格局下的实际需求,数据统计制度不完善、监管权责划分不明确、缺乏对整个跨境电商出口边界的有效界定等,这些问题的存在容易影响部分跨境电商经营主体出口运营的积极性,增加了整个行业发展的无序性及恶性竞争,降低了出口效益。

(3)部分跨境电商出口政策过于集聚,缺少均衡

根据已有政策统计数据,现有跨境电商出口政策多数集中在 B2C 零售业务的问题解决上,而对占据跨境电商业务比例80%的 B2B 出口业务,相关部门出台的政策较少。这表明现有政策过于集聚某些领域而缺乏均衡,在支持跨境电商 B2B 出口业务上没有找到政策发力点,同时现有政策也没对跨境电商出口的软环境营造提供足够有力支持,对跨境电商的可持续发展可能产生不利影响。同时,政府在出口通关便利化和提高出口通关效率方面的政策发力不够,从而影响了跨境电商企业出口的积极性与效益。

6.4.2 中国跨境电商出口政策的完善思路

(1)进一步完善出口退免税政策,促进跨境电商出口更快更好发展

继续大力扶持跨境电商出口将是我国跨境电商出口政策的主要趋势。中国是全球最大

的外贸国家,跨境电商潜力巨大,目前跨境电商出口每年正以百分之二三十的速度快速增长。新冠肺炎疫情之下,互联网协助跨境电商更是成为推动我国外贸复苏的重要路径。2020 年 4 月 7 日的国务院常务会议通过了在已设立的 59 个跨境电商综合试验区的基础上,再新增 46 个试验区,增加了并行实行对综合试验区内跨境电商零售出口货物按规定免征增值税和消费税、企业所得税核定征收等支持的政策,为跨境电商出口的发展继续提供政策红利,大大促进跨境电商行业恢复回血功能,同时有助于冲减传统外贸受疫情的影响,维持我国贸易的稳定性。

为了实现出口退税政策的严谨性和权威性,降低对出口退税的人为干涉和调控,我国需要加强对出口退税的法律化建设,尽快出口退税立法,设立全面的出口退税监管,将出口退税政策升华为法律典范,进一步强化出口退税政策的法律化,提高出口退税在法律上的层级,设立全面的出口退税政策法律体系也是形势所需。要真正使出口退税工作有法可依、有法可查,并且让退税的相关法规是一个权威性的、规范性的、有效性的、有大众参与的法律法规。

(2)进一步完善出口通关流程政策,提高跨境电商出口通关效率和便利化水平

近年来,跨境电商规模迅速扩展,构成了外贸增长最重要的一个组成元素。海关总署对跨境电商的出口有着大力的支持。继续坚持新发展精神,深入推进"放管服"改革,借鉴先进经验,通过对监管方式的创新,提高效率的同时降低成本,以打造出一个透明公开且可预期的口岸经商环境。结合信息化、智能化手段,提升整体作业效率。至此进一步说明,我国对跨境电商出口的便利化程度一直高度关注。

为进一步促进通关便利化,国家要依据促进更高水平对外开放的需求,持续简化一体化通关过程,推进进口概要申报、完整申报"两步申报"通关方式创新,大力缩减通关时间;简化出口环节监管,力争将证件监管可以从网上申请、网上直接办理和落实;各市地区要加速公示口岸经营服务企业操作时间限制标准,提高整体作业效率。强化对口岸收费清单管控,将降费措施落实,管控监察垄断收费行为。

(3)进一步完善出口规范政策,加快实现跨境电商出口行为规范化和产品标准化

跨境电子商交易在怎样解决消费者之间的纠纷和跨境电商的恶性竞争没有专门政策去规范。因而,我国的跨境电商出口政策未来将进一步规范出口行为,制定一致的行业质量检测标准。海关总署在 2019 年 7 月 12 日的新闻发布会中明确表示将继续执行包容监管政策,完善跨境电商统计体系,做好跨境电商统计数据发布工作,加强监管做好服务,切实维护消费者、知识产权和商家的利益,提供一个良好的发展环境。由此跨境电商的规范化和标准化发展仍是未来的主要方向。

未来的发展要将视线放在规范电子商务主体资格,营造好准入环境上。坚决贯彻《电子商务法》,监督电子商务经营者合法进行市场主体登记,标准化电子商务主体资格,加强对跨境电商经营者的规范引导;此外,要履行跨境电子商务经营者的应尽的责任,创造诚信守法经营氛围,监督电子商务经营者落实个人信息保护、消费者效益、知识产权的义务,同时指导和鞭策电子商务平台经营者加大对平台内经营者的资格审查力度,将主体信息进行公开,落实知识产权保护义务。

【思政课堂】

通过本章的教学,了解中国跨境电商出口政策的形成、演化及特点,熟悉中国跨境电商出口政策的主要内容,掌握 B2C 与 B2B 出口通关程序及行为规范,理解中国跨境电商出口政策的促进效应,认识中国跨境电商出口政策存在的不足,探索中国跨境电商出口政策的完善思路,培养学生对跨境电商出口政策的分析力、理解力和执行力,强化学生的政策意识和政策观念,引导学生树立科学的政策观与价值观,拥护党和国家的方针政策,规范自己的言论和行为。

复习思考题

1. 简析中国跨境电商出口政策的演化特点。

2. 简述 2018—2020 年中国跨境电商出口政策的主要内容及重要意义。

3. 简释现行跨境电商出口政策对中国跨境电商进口贸易的发展有何促进效应?

4. 针对目前中国跨境电商出口存在的主要问题,谈谈自己对中国跨境电商出口政策的完善思路。

5. 解读我国跨境电商行业以下政策的主要内容、主要特点及重要意义。

①海关总署关于跨境电子商务零售进出口商品有关监管事宜的公告(海关公告〔2018〕194 号)。

②海关总署关于开展跨境电子商务企业对企业出口监管试点的公告(海关公告〔2020〕75 号)。

6. 综述 2021 年中国跨境电商海关监管新政策的主要内容、主要特点及重要意义。

第7章
中国跨境电子商务发展的影响因素分析

7.1 中国跨境电商发展的影响因素及其作用机理分析

7.1.1 技术创新对跨境电商发展的影响机理分析

技术创新是以创造新技术为目的的创新。技术创新是一个从产生新产品或新工艺的设想到市场应用的完整过程。它包括新设想的产生、研究、开发、商业化生产到扩散这样一系列活动,本质上是一个科技、经济一体化过程,是技术进步与应用创新共同作用催生的产物。它包括技术开发和技术应用这两大环节,是跨境电商企业竞争优势的重要来源和可持续发展的重要保障。

在开放经济中,技术创新主要通过技术开发、技术应用、技术扩散、技术转移与技术引进等路径影响跨境电商的发展。

通过应用技术的自主研究与开发,将基础研究所建立的有关生产知识或创意,应用于实际生产活动和产品创新之中,将应用研究的成果转化为新的生产方法或新产品的发明,形成技术进步和应用创新的两轮驱动、并驾齐驱,通过"双螺旋结构"的互动全面推动跨境电商企业的技术创新,提升企业的跨境电商出口竞争优势。

通过技术扩散、技术转移与技术引进等路径应用新技术,提升跨境电商企业的技术竞争力。就是以用户为中心,发现用户的现实与潜在需求,置身用户应用环境的变化,通过研发与应用新的技术,开发和生产最贴近市场和用户需求的新产品,推动应用创新。同时,通过以技术应用为核心,进行技术集成创新,培养新产品设计能力、研发能力,逐步向产业上游发展,推动产业的更新换代,提升整个行业科技水平和出口产品的技术含量,形成行业的跨境电商竞争优势。

把生产要素的"新组合"引入跨境电商出口产品的生产体系,将生产要素优势转化为技术优势,进而转化为产品优势和商业优势。这种"新组合"涉及新产品开发、新生产方法应用、新的组织与管理形式实施、新的供货渠道与新市场的开拓五种方式[①]:①引进新产品;②引用新技术,采用一种新的生产方法;③开辟新的市场(以前不曾进入);④控制原材料新的来源,不管这种来源是否已经存在,还是第一次创造出来;⑤实现任何一种新的产业组织,例如生成一种垄断地位或打破一种垄断地位。企业家对生产要素实行新的组合,或应用新的生产技术对原有技术作重大改变。

通过高新技术园区与跨境电商园区的互补、互动与融合,实现跨境电商产业的集聚、技术的集聚、人才的集聚。资本对品牌、项目的投入和运作,永远受制于边际效益递减的规律,钱会越来越难赚;但唯有技术创新可为跨境电商企业带来不断增加的边际效益,因为技术进步是层层递进的、效益递增的、无边际的。事实上,高水平的开放经济发展就是靠技术进步来推动的,跨境电商的发展也不例外。

技术创新既可以由企业单独完成,也可以由高校、科研院所和企业协同完成,但是,技术创新过程的完成,是以产品的市场成功为标志。对于某个跨境电商企业来说,究竟采取何种方式进行技术创新,要视技术创新的外部环境和企业自身的实力等有关因素而定。从跨境电商大企业来看,则要建立自己的技术开发中心,提高技术开发的能力和层次,营造技术开发成果有效利用的机制;从跨境电商中小企业来看,主要是深化企业内部改革,建立承接技术开发成果并有效利用的机制。

地方或行业技术创新能力越强,驱动地区或行业跨境电商创新发展的水平则越高,从而形成地区或行业跨境电商技术竞争优势进程便越快;反之亦反。

7.1.2 固定资产投资对跨境电商发展的影响机理分析

固定资产投资即全社会固定资产投资,指一定时期内,用货币方式呈现的全社会建造跟购置的固定资产工作量和其涉及费用的总称。该因素对地区或行业跨境电商发展的影响主要有以下几个方面:

其一,通过对交通、信息等基本设施建设的投资,能够为跨境电商的发展提供良好的物流条件和信息化条件,促进跨境电商企业物流与信息流的便利化,提高跨境电商企业物流与信息流的效率,降低跨境电商企业物流与信息流的成本,提高跨境电商企业的效益,从而促进跨境电商更快更好地发展。

其二,通过对厂房、先进技术设备的投资,能够为跨境电商的发展提供更多的生产空间,更高的技术装备水平,有利于跨境电商企业扩大生产规模,提高跨境电商企业的生产效率、生产能力、产品的质量和技术含量,降低跨境电商企业的生产成本,从而提高跨境电商企业的出口竞争力,促进相关地区或行业跨境电商的发展。

[①] 熊彼特(J. A. Schumpeter)在 1912 年《经济发展理论》中曾经指出,创新是指把一种从来没有过的关于生产要素的"新组合"引入生产体系。

其三，通过对技术更新改造的投资，进一步提高资源和设备的利用效率，提高跨境电商企业的生产效率、生产能力、产品的质量和技术含量，降低产品成本，提高相关地区或行业跨境电商出口竞争力。

其四，通过固定资产投资，有利于提高产业发展水平，淘汰落后产能，减少环境污染，促进地区产业结构优化升级，拉动经济增长，为地区发展跨境电商出口提供良好的产业基础及产业环境；反之，一个地区或行业的固定资产投资不足，可提供的生产空间有限，基础设施不完善，技术装备落后，生产效率低下，将会阻碍该地区或行业跨境电商的发展。因此，各地区各行业的固定资产投资跨境电商的发展呈正向关系。

7.1.3 人力资本对跨境电商发展的影响机理分析

人力资本(Human capital)是体现在人身上的资本，即对生产者进行教育、职业培训等支出及其在接受教育时的机会成本等的总和，表现为蕴含于人身上的各种生产知识、劳动与管理技能以及健康素质的存量总和。

人力资本的作用是通过人力资本的投贸与管理来实现的。人力资本管理是建立在人力资源管理的基础之上，综合了"人"的管理与经济学的"资本投资回报"两大分析维度，将企业中的人作为资本来进行投资与管理，并根据不断变化的人力资本市场情况和投资收益率等信息，及时调整管理措施，从而获得长期的价值回报。人力资本管理是通过整合人力资源管理的各种手段，而获得更高水平的价值实现。人力资本管理目标是指企业人力资本管理需要完成的职责和需要达到的绩效。人力资本管理既要考虑组织目标的实现，又要考虑人力资本的投资与发展，强调在实现组织目标的同时实现个人的全面发展。

人力资本对中国跨境电商发展的主要影响包括以下三个方面：

①人力资本的质量对跨境电商的发展具有积极的影响。因为人力资本通过教育与培训等方式，提高了专业知识水平和专业技术水平，相对普通的人力资源，人力资本拥有更高技术、更多知识、更高创新能力和管理能力，跨境电商企业通过人力资本积累，能显著提高企业的经济效益和社会效益。

②人力资本的数量对跨境电商的发展具有积极的影响。在其他条件一定时，一个国家或地区或行业拥有的人力资本数量越多，则越能提供跨境电商发展所需的各类人才，跨境电商的创新竞争力、技术竞争力和效率竞争力必定越强，则越有利于形成跨境电商的核心竞争力；反之，则难以形成跨境电商的核心竞争力。

③人力资本的优化配置及其使用效率对跨境电商的发展具有重要影响。人力资本的优化配置及其使用效率取决于人力资本的管理。有效维护与激励跨境电商企业的人力资本，使其创新潜能和工作效率得到最大限度的发挥，使人力资本得到应有的提升与扩充，是一个跨境电商企业可持续发展的根本保障。

在日趋激烈的国际竞争中，人力资本是第一宝贵的源源，人力资本的作用大于物质资本的作用。人力资本是跨境电商企业形成核心竞争力的关键因素，当今的国际竞争主要表现为知识、技术创新的竞争,归根结底是人才的竞争。一个国家或地区或企业如何根据自身发展战略的要求,有计划地对人力资本进行优化配置,充分激发人力资本的积极性和创造性,最大限度地提高人力资本的工作效率和创新效率,是加快跨境电商发展、提高国际竞争力的关键所在。

7.1.4 外商直接投资对跨境电商发展的影响机理分析

外商直接投资是指外国企业和经济组织或个人(包括华侨、港澳台同胞以及中国在境外注册的企业)按中国有关政策、法规,用现汇、实物、技术等在中国直接投资的行为。包括:在中国境内开办外商独资企业,与中国境内的企业或经济组织共同举办中外合资经营企业、合作经营企业或合作开发资源的投资(包括外商投资收益的再投资),以及经政府有关部门批准的项目投资总额内企业从境外借入的资金。外商直接投资对中国跨境电商发展的主要影响如下:

其一,外商投资企业通过对地区或行业跨境电商企业的直接投资,能够为地区或行业跨境电商出口企业带来资本,从而扩大生产规模,降低融资成本和单位产品成本,提高跨境电商出口竞争力。

其二,促进跨境电商企业引进先进的技术与设备,优化硬件设施,提高技术水平,提高跨境电商企业的生产效率、生产能力、产品的质量和技术含量,降低产品成本,提高相关地区或行业跨境电商出口竞争力,加快该地区或行业跨境电商的发展。

其三,能够为地区跨境电商出口企业带来先进的管理经验、管理理念、管理模式和管理方法,提高跨境电商企业的管理水平和管理效率。

其四,外商直接投资能够带来一定的品牌效应、客户资源及市场需求,从而提高相关地区或行业内跨境电商企业的产品出口竞争力;反之亦反。因此,一个地区或行业外商投资企业的投资规模及质量与跨境电商出口竞争力呈正相关关系。

7.1.5 产业发展水平对跨境电商发展的影响机理分析

目前,跨境电商交易依然以货物贸易为主,所以产业发展规模越大,就越有利于跨境电商形成企业规模优势,形成跨境电商发展的内部经济效应,降低成本,提高跨境电商的成本竞争力。

其次,产业的发展水平越高,越有利于促进产业升级,优化产业结构,推进产业现代化,提高产业资源的配置效率,提升跨境电商产品出口竞争力。

再次,相关支持产业的发展水平越高,越有利于跨境电商配套产业的发展、优化、升级,推动跨境电商产业抢占制高点。

同时,产业的集聚发展,还会给跨境电商出口生产提供相关的熟练劳动力、技术、原材料和辅助材料等多方面支持,优化资源配置,形成跨境电商发展的外部经济效应,从而提高地区跨境电商出口竞争力。因此假设:各地区第一二产业发展水平与跨境电商出口竞争力是正相关关系。

7.1.6 信息化基础设施建设对跨境电商发展的影响机理分析

信息基础设施是指微波、移动通信和光缆以及卫星等相关网络的设备设施,既是国家和军队信息化建设的基础支撑,是保障社会生产和人民生活的基本设施重要组成部分。由于信息基础设施建设所需的资金投入较小,但带动作用强。通过不断增加信息要素投入,可促进产业信息化,产业结构升级,生产效率提高,从而使地方跨境电商出口竞争力得到提高。因此假设:地区信息基础设施建设与各地区跨境电商出口竞争力是正相关关系。

7.1.7 企业数量、规模与实力对跨境电商发展的影响机理分析

企业规模越大,实力就越强,较易形成以下两个效应:一是创新效应,大企业能够承担高额的科研费用,并利用广阔的市场分散创新风险,从而拥有更强的技术创新和产品创新能力,较易形成跨境电商的技术创新和产品创新竞争力;二是规模效应,大企业拥有内部规模经济效应,有利于降低单位成本,较易形成跨境电商发展的规模优势,提高跨境电商的成本竞争力。

与此相反,在行业规模一定时,企业数量越大,实力就越弱。如果某个行业的企业规模较小,那么企业数量便会较多。于是,也可能产生两个效应:一是集群效应,当企业数量达到一定程度时,便可带来企业集群效应,使得跨境电商企业管理更加方便有效。同时,企业联系加强,行业资源会得到更加充分有效利用,可以降低成本。二是竞争效应,跨境企业越多,企业间竞争强度加大,有利于促进企业创新及加强管理,达到提高生产效率的效果。这两个效果也能促进跨境电商企业提高竞争力。

7.2 跨境电商分行业出口竞争力的主要因素影响效应分析

7.2.1 数据来源及描述

由于 HS 编码分类标准与国家制造业行业分类标准不一致,本文重新将两种分类相结合,进行规整,得出新的制造业细分行业分类表(详见表7.1)。以下实证分析所需的行业出口原始数据来自中国海关,并根据该表进行整理而获得。

表 7.1 国家标准制造业分类与 HS 编码分类对应表

本文重新分类编序	HS 编码分类	国家统计年鉴上制造业分类
	名称	名称
第 1 类	食品;饮料、酒及醋;烟草及烟草代用品	农副食品加工业 食品制造业 酒、饮料和精制茶制造业

本文重新分类编序	HS 编码分类	国家统计年鉴上制造业分类
	名称	名称
第 2 类	纺织类原料及制品	纺织业 纺织服装、服饰业
第 3 类	生皮、皮革、毛皮及其制品；鞍具及挽具；旅行用品、手提包及类似品；动物肠线（蚕丝除外）用品 鞋、帽、伞、杖、鞭及其零件；羽毛及其制品；人造花；人发制品	皮革、毛皮、羽毛及其制品和制鞋业
第 4 类	木及木制品；木炭；软木及软木制品；稻草、秸秆、针茅或其他编结材料制品；篮筐及柳条编织品	木材加工和木、竹、藤、棕、草制品业 家具制造业
第 5 类	木浆及其他纤维浆；纸、纸板及其制品	造纸和纸制品业 印刷和记录媒介复制业
第 6 类	化学工业及其相关工业产品	石油加工、炼焦及核燃料加工业 化学燃料及化学制品制造业 医疗制造业 化学纤维制造业
第 7 类	塑料及其制品；橡胶及其制品	橡胶和塑料制作业
第 8 类	建筑材料类制品；陶瓷产品；玻璃及其制品 珍珠、宝石、半宝石、贵金属、包贵金属及其制品；仿制首饰；硬币产品	非金属矿物制品业 有色金属冶炼和压延加工业
第 9 类	贱金属及其制品	黑色金属冶炼和压延加工业 金属制品业
第 10 类	机器、机械器具、电气设备及其零件；录音机及放声机、电视图像、声音的录制和重放设备及其零件、附件产品	通用设备制造业 专用设备制造业 电子机械和器材制造业 计算机、通信和其他电子
第 11 类	车辆、航空器、船舶及有关运输设备	汽车制造业 铁路、船舶、航空航天和其他运输设备制造业
第 12 类	光学、照相、电影、计量、检验、医疗或外科用仪器及设备、精密仪器及设备；钟表；乐器；上述物品的零件、附件产品	仪器仪表制造业
第 13 类	武器、弹药及其零件 杂项制品	其他制造业 废弃资源综合利用业 金属制品、机械和设备修理业 文教、美工、体育和娱乐用品制造业

由于中国制造业跨境电商分行业出口竞争力指数(即 TC 指数)作为因变量时,模型的拟合优度并不理想,最后由中国制造业跨境电商分行业出口额替代 TC 指数作为因变量。从国际贸易理论角度看,这一替代是可行的,因为出口规模是出口竞争力的关键指标,其原始数据来自中国海关。

固定资产投资(FAI),数据来自历年《中国统计年鉴》。

企业单位数(EN),数据来自历年《中国统计年鉴》。

流动资产(LA),数据来自历年《中国统计年鉴》。

外商投资(FDI),数据来自历年《中国统计年鉴》。

有效发明专利数(VPI),数据来自历年《中国统计年鉴》。

7.2.2 跨境电商分行业影响因素实证模型的构建与调整

(1)模型构建

本书拟设立如下面板数据模型,对中国制造业各行业跨境电商出口竞争力的影响因素进行实证分析。

$$Y_{it} = \alpha_{it} + \beta_1 X_{1it} + \beta_2 X_{2it} + \beta_3 X_{3it} + \beta_4 X_{4it} + \beta_5 X_{5it} + \mu_{it} \quad i = 1,2,3,n \quad \cdots (7.1)$$

其中,i 为制造业各行业,t 为时间;α 为常数项;β 为回归系数值;μ 为随机项。

本书以制造业各行业跨境电商出口额为因变量、固定资产投资(FAI)、企业单位数(EN)、流动资产(LA)、外商投资(FDI)、有效发明专利(VPI)为自变量,构建面板数据模型。为消除异方差的影响,对该模型取对数,拟建模型如下:

$$LNEX_{it} = \alpha_{it} + \beta_i LNFAI_{it} + \beta_2 LNEN_{it} + \beta_3 LNLA_{it} + \beta_4 LNFDI_{it} + \beta_5 LNVPI_{it} + \mu_{it} \quad \cdots (7.2)$$

(2)平稳性检验

利用 Eviews10.0 对面板数据进行平稳性检验,结果如下:

表 7.2 平稳性检验结果

检验方法	水　平		一阶差分		二阶差分	
	LLC	*ADF*	*LLC*	*ADF*	*LLC*	*ADF*
LNEX	−29.173 2	132.932 0	−18.596 6	125.578 0	−8.517 8	71.142 7
	(0.000 0)	(0.000 0)	(0.000 0)	(0.000 0)	(0.000 0)	(0.000 0)
LNFAI	−27.669 0	48.004 9	−11.905 9	67.167 8	−11.393 6	80.029 9
	(0.000 0)	(−0.005 4)	(0.000 0)	(0.000 0)	(0.000 0)	(0.000 0)
LNEN	−12.948 6	33.856 7	−7.797 4	61.512 2	−6.982 6	68.160 0
	(0.000 0)	(−0.019 8)	(0.000 0)	(0.000 0)	(0.000 0)	(0.000 0)

检验方法	水　平		一阶差分		二阶差分	
	LLC	*ADF*	*LLC*	*ADF*	*LLC*	*ADF*
LNLA	−3.649 4	18.940 0	−10.877 5	38.295 6	−12.515 0	63.659 3
	(−0.000 1)	(−0.839 0)	(0.000 0)	(−0.056 8)	(0.000 0)	(0.000 0)
LNFDI	−12.641 7	25.685 4	−5.740 2	58.304 0	−19.152 1	92.819 9
	(0.000 0)	(−0.480 5)	(0.000 0)	(−0.000 3)	(0.000 0)	(0.000 0)
LNVPI	−14.092 5	31.909 5	−17.416 8	49.757 2	−24.894 0	99.047 5
	(0.000 0)	(−0.196 1)	(0.000 0)	(−0.003 4)	(0.000 0)	(0.000 0)

由表 7.2 面板数据平稳性检验结果所示,水平数据中 *LNLA*、*LNFDI* 及 *LNVPI* 的 *ADF* 的 *P* 值均大于 0.05,不能通过平稳性检验,因此,对各变量进行一阶差分,结果显示,*LNLA* 的 *ADF* 值大于 0.05,不能通过平稳性检验,但进行二阶差分后变量单整,因此,该模型为二阶单整。

(3)协整检验

利用 Eviews 10.0 进行面板数据协整检验,检验结果见表 7.3。

表 7.3　面板数据协整检验结果

	T-Statistic	Prob	检验结果
ADF	−5.095 608	0.000 0	协整关系

通过协整 KAO 检验可以得出,该模型 ADF 的 *t* 值为 −5.095 608,*P* 值为 0,因此该模型之间存在协整关系。

(4)模型的调整

面板数据模型的效应形式可分为固定效应模型、随机效应模型。首先建立随机效应回归以决定本书将设立的模型效应:

$$Y_i = \alpha + v_i + \beta X_i + \mu_i$$

模型中,被解释变量为 Y_i,不同样本为 i,随机变量为 α,X_i 表示 $k+1$ 阶解释变量的列向量(包括 k 个解释变量),β 是回归系数的列向量,μ_i 表示随机误差项。

并提出以下假设:

原假设 H_1:*P* 值大于 0.05,则设立为随机效应模型。

备择假设 H_2:*P* 值小于 0.05,则拒绝假设 H_1,设立为固定效应模型。对以 *LNEX* 为因变量的面板数据模型,利用 Eviews 10.0 进行随机效应模型检验及 Hausman 检验,结果如下:

表 7.4　随机效应模型检验结果

Variable	Coefficient	Std. Error	T-Statistic	Prob.
C	2.705 712	2.868 678	0.943 191	0.349 4
$LNFAI$	0.760 002	0.267 023	2.846 206	0.006 1
$LNEN$	−1.209 325	0.479 997	−2.519 442	0.014 5
$LNLA$	0.724 017	0.390 274	1.855 154	0.068 6
$LNFDI$	−0.142 553	0.375 186	−0.379 954	0.705 3
$LNVPI$	0.238 939	0.079 580	3.002 480	0.003 9

对模型(7.2)进行随机效应检验的结果如表 7.4 所示,P 值小于 0.1 的有 $LNFAI$、$LNEN$、$LNLA$ 和 $LNVPI$ 四个变量,而 P 值大于 0.1 的 $LNFDI$ 变量则从模型(3.2)中剔除。保留余下的 4 个变量,调整模型,再次检验。则最终的随机效应模型检验结果,见表 7.5。

表 7.5　调整后随机效应模型检验结果

Variable	Coefficient	Std. Error	T-Statistic	Prob.
C	2.881 934	2.706 435	1.064 845	0.291 2
$LNFAI$	0.779 375	0.247 806	3.145 102	0.002 6
$LNEN$	−1.249 112	0.430 590	−2.900 928	0.005 2
$LNLA$	0.587 898	0.249 900	2.352 531	0.021 9
$LNVPI$	0.248 880	0.078 014	3.190 218	0.002 3

由检验结果可知,各变量的 P 值均小于 0.05,对调整后的模型进行 Hausman 检验,检验结果详见表 7.6。

表 7.6　Hausman 检验结果

Test Summary	Chi-Sq. Statistic	Chi-Sq. d. f.	Prob.
Cross-section random	15.141 222	4	0.004 4

由表 7.6 得出,Hausman Test 的统计量的为 15.141 222,P 值为 0.004 4,小于临界值 0.05,所以拒绝原假设,模型应设置为固定效应模型。由于 F 检验公式中 $N(T\text{-}K\text{-}1)$ 决定实证模型最终只能保留三个最佳解释变量,通过对以上四个变量进行固定效应检验,结果表明,$LNFAI$、$LNEN$ 和 $LNVPI$,三者作为自变量影响效应更显著,故模型(7.2)最终调整如下:

$$LNEX_{it} = \alpha_{it} + \beta_1 LNFAI_{it} + \beta_2 LNEN_{it} + \beta_5 LNVPI_{it} + \mu_{it} \quad\cdots\cdots\cdots\cdots\quad (7.3)$$

对模型(7.3)进行 Hausman 检验的结果如表 7.7 所示。

表 7.7　Hausman 检验结果

Test Summary	Chi-Sq. Statistic	Chi-Sq. d. f.	Prob.
Cross-section random	10. 938 859	3	0. 012 1

由表 7.7 检验结果得出, Hausman 统计量的值为 10. 938 859, P 值为 0. 012 1, 小于 0. 05, 所以, 应将模型设为固定效应模型。

其次, 需确定模型形式。

模型有三种形式:

形式一: 变系数模型　　$Y_i = \alpha_i + \beta_i X_i + \mu_i$

形式二: 变截距模型　　$Y_i = m + \beta X_i + \alpha_i^* + \mu_i$

形式三: 不变参数模型　$Y_i = \alpha + \beta X_i + \mu_i$

然后, 通过 F 检验来判断模型形式, 假设如下:

$$H_1 = \beta_1 = \beta_2 = L = \beta_N$$
$$H_2 = \alpha_1 = \alpha_2 = L = \alpha_N$$

若接受假设 H_2, 则设为不变参数模型;

若否定 H_2, 则对 H_1 进行检验, 若接受 H_1, 则设为变截距模型; 如果拒绝假设 H_1, 则该模型应为变系数模型。

经设立三种模型形式, 得到 S_1、S_2 和 S_3, 并建立统计量 F_1、F_2:

其中, S_1、S_2 和 S_3 为模型三种不同形式的残差平方和, n 为横截面的样本个数, k 为解释变量个数, t 为样本时间范围。

利用 Eviews 10. 0 对模型 (7. 3) 进行三种不同形式检验, 可以得出其残差平方和分别为: $S_1 = 0. 069 885$, $S_2 = 0. 664 507$, $S_3 = 30. 202 95$, 且 $n = 13$, $t = 5$, $k = 3$, 根据统计量 F_1、F_2 的计算公式, 经计算, $F_1 = 3. 072 917 \sim F (36, 13)$, $F_2 = 116. 773 065 \sim F_2 (48, 13)$。在显著性水平为 0. 05 条件下, 通过查临界表可知 $F_1 (36, 13) = 2. 12$, $F_2 (48, 13) = 2. 06$, 因 $F_2 > 2. 06$, 拒绝 H_2, 又 $F_1 > 2. 12$, 拒绝 H_1。因此, 该模型应采用变系数形式。

综上, 该模型应设定为变系数固定效应模型。

7.2.3　跨境电商分行业主要因素影响效应检验结果分析

运用 Eviews 10. 0 对模型 (7. 3) 进行拟合, 可得到如下检验结果。

表 7.8　变系数固定模型检验结果

指标名称	指标值	指标名称	指标值
R-squared	0. 998 982	Mean dependent var	5. 901 846
Adjusted R-squared	0. 994 989	S. D. dependent var	1. 035 747
S. E. of regression	0. 073 320	Akaike info criterion	−2. 397 408
Sum squared resid	0. 069 885	Schwarz criterion	−0. 657 898

续表

指标名称	指标值	指标名称	指标值
Log likelihood	129.915 8	Hannan-Quinn criter	−1.711 060
F-statistic	250.168 7	Durbin-Watson stat	2.956 144
Prob.（F-statistic）	0.000 000		

由表 7.8 可以看出样本可决系数为 0.998 982,修正后样本可决系数为 0.994 989,具有较高的拟合优度,且 F 统计量的 P 值为 0.000 0,表明各个解释变量在 1% 水平下对制造业分行业出口竞争力的影响效应显著。DW 值为 2.956 144,大于 2,接近于 3,说明模型中各变量可能存在负的自相关。主要原因在于某些解释变量可能存在滞后性。

并且,由于不同因素对各行业跨境电商出口额会有不同程度的影响,且制造业各细分行业之间存在较大异质性,所以以防此差异性带来估算偏差,下面将对模型(7.3)进行不变参数固定效应检验,结果如表 7.9 所示。

表 7.9　不变参数固定模型检验结果

Variable	Coefficient	Std. Error	T-Statistic	Prob
C	−1.108 332	5.931 925	−0.186 842	0.852 6
$LNFAI$	0.949 768	0.278 201	3.413 965	0.001 3
$LNEN$	−0.476 497	0.638 199	−0.746 627	0.458 9
$LNVPI$	0.304 769	0.075 660	4.028 125	0.000 2

由表 7.9 的实验结果可以看出,$LNEN$ 变量的 P 值为 0.458 9,大于 0.05,未通过不变参数检验,对制造业细分行业跨境电商出口竞争力的影响效应在 1% 水平下不显著,表明此变量对出口竞争力无明显影响。而 $LNFAI$ 和 $LNVPI$ 变量均通过了不变参数固定效应检验,结果显示,$LNFAI$ 和 $LNVPI$ 变量对制造业细分行业跨境电商出口竞争力的影响效应在 1% 水平下显著。各自变量的标准误差估计值介于 0.075 660 与 0.278 201 之间,其均值为 0.176 930 5,表明各解释变量作用的实际均值与其参数估计值的离差很小,结论可信度较高。$LNFAI$ 的参数估计值为 0.949 768,表明企业固定资产投资与制造业细分行业跨境电商的出口呈正相关,固定资产资产每增加 1%,制造业细分行业跨境电商出口约增加 0.95%;$LNVPI$ 的参数估计值为 0.304 769,表明有效发明专利数与制造业细分行业跨境电商出口呈正相关,且有效发明专利数每增加 1%,制造业细分行业跨境电商出口约增加 0.30%;$LNEN$ 的参数估计值为 −0.476 497,表明企业单位数与制造业细分行业跨境电商出口呈负相关,与理论假设相矛盾。其原因可能有以下两个:一是同行业的企业单位数越多,越有可能导致该行业出口产品价格的过度竞争,从而不利于该行业出口的有效扩大;二是本书面板数据选取的时间跨度较短,使得该因素对出口的正向效应未能有效体现。

7.3 跨境电商分区域出口竞争力的主要因素影响效应分析

7.3.1 变量选择及数据来源说明

(1)被解释变量选择及数据来源

根据本书研究目标设计及数据的可获得性,本书实证检验拟选择各地区跨境电商出口规模(REEXP)、(RETC)指数作为被解释变量即因变量。其数据来源分别说明如下:

①2014 年至 2018 年中国各地区跨境电商出口规模(REEXP)数据来自中国海关(由深圳市三胜产业信息公司有偿提供)。

②中国各地区跨境电商出口竞争优势指数(RETC)是通过计算得出,原始数据包括 2014 年至 2018 年中国各地区跨境电商出口额和进口额,均来自中国海关(由深圳市三胜产业信息公司有偿提供)。

(2)解释变量选择及数据来源

根据各因素的影响机理分析及数据的可获得性,本书实证检验拟选取以下 7 个因素作为自变量。其数据来源分别说明如下:

①地区第一二产业增加总值(AVS),即地方第一产业增加值与地方第一产业增加值的总和,其数据来自《中国统计年鉴》。

②地区电子商务企业规模(ENT),即数据来自《中国统计年鉴》。

③地区外商投资企业投资总额(FDI),数据来自《中国统计年鉴》。

④地区技术创新水平(TIL),为地方每万人专利申请数,数据来自《中国统计年鉴》。

⑤由于无法直接获取地区人力资本(HC)的相关数据,而地区中等及以上学校学生数是地区人力资本的重要组成部分,因此,本文选取地区中等及以上学校在校学生数衡量其跨境电商出口的人力资本,数据来自《中国统计年鉴》。

⑥地区固定资产投资(FI),为地方全社会固定资产投资,数据来自《中国统计年鉴》。

⑦由于无法直接获取地区信息基础设施建设(IIC)的相关数据,而地区邮电通信是地区信息基础设施的重要组成部分,因此,本文用地区邮电业务量对地区跨境电商的信息基础设施进行衡量。邮电业务的总量即用货币方式呈现的邮电企业给社会供应各种邮电通信的服务的全部数量。分别按邮政业务总量和电信业务总量统计。地区邮电业务总量,数据来自《中国统计年鉴》。

7.3.2 跨境电商分区域影响因素实证模型的构建与调整

(1)模型构建

本文拟设立面板数据模型分析中国 31 个地区跨境电商出口竞争力的影响因素,可以设定如下模型：

$$Y_{it} = \alpha_{it} + \beta_1 X_{1it} + \beta_2 X_{2it} + \beta_3 X_{3it} + \beta_4 X_{4it} + \beta_5 X_{5it} + \beta_6 X_{6it} + \beta_7 X_{7it} + \mu_{it}$$
$$i = 1, 2, 3, N \cdots \cdots \cdots \cdots \cdots \cdots \cdots \cdots \cdots \cdots (7.4)$$

其中，i 为中国各地区，t 为时间，α 为常数项，β 为回归系数值，μ 为随机项。

所以分别以出口额（REEXP）、地区贸易竞争优势指数（RETC）为因变量，地方第一、二产业增加总值（AVS）、地区跨境电子商务企业规模（ENT）、地方外商投资企业投资总额（FDI）、地方技术创新水平（TIL）、地方人力资本（HC）、地方固定资产投资（FI）、地方信息基础设施建设（IIC）为自变量构建面板数据模型，由于以 REEXP 和 RETC 为因变量的模型变量单位不统一，因此，先对两个模型取对数，拟建模型如下：

$$LNREEXP_{it} = \alpha_{it} + \beta_1 LNAVS_{it} + \beta_2 LNENT_{it} + \beta_3 LNFDI_{it} + \beta_4 LNTIL_{it} + \beta_5 LNNHC_{it} +$$
$$\beta_6 LNFI_{it} + \beta_7 LNIIC_{it} + \mu_i \cdots \cdots \cdots \cdots \cdots \cdots \cdots (7.5)$$

$$LNRETC_{it} = \alpha_{it} + \beta_1 LNAVS_{it} + \beta_2 LNENT_{it} + \beta_3 LNFDI_{it} + \beta_4 LNTIL_{it} + \beta_5 LNNHC_{it} +$$
$$\beta_6 LNFI_{it} + \beta_7 LNIIC_{it} + \mu_i \cdots \cdots \cdots \cdots \cdots \cdots \cdots (7.6)$$

（2）单位根检验

借助 EVIEWS 8.0 计算面板数据单位根，结果如下：

表 7.10　面板数据单位根检验结果

检验方法	水平数据		一阶差分		二阶差分	
	LLC	ADF	LLC	ADF	LLC	ADF
LNREEXP	−50.458 0	315.871	−13.633 2	−4.712 68	−24.686 1	3.884 90
	(0.000 0)	(0.000 0)	(0.000 0)	(0.000 0)	(0.000 0)	(0.000 1)
LNRETC	−137.793	170.859	−15.641 2	86.717 8	−6.859 29	188.266
	(0.000 0)	(0.000 0)	(0.000 0)	(0.020 8)	(0.000 0)	(0.000 0)
LNAVS	−14.007 8	119.942	−14.807 3	154.316	−17.045 2	232.522
	(0.000 0)	(0.000 0)	(0.000 0)	(0.000 0)	(0.000 0)	(0.000 0)
LNENT	−18.957 2	136.245	−23.695 7	72.816 3	−21.461 6	136.666
	(0.000 0)	(0.000 0)	(0.000 0)	(0.163 8)	(0.000 0)	(0.000 0)
LNFDI	−7.478 71	70.663 3	−2 614.08	−84.201 3	−1 502.29	160.068
	(0.000 0)	(0.210 8)	(0.000 0)	(0.031 9)	(0.000 0)	(0.000 0)
LNTIL	−3.870 74	53.911 3	−24.796 5	98.319 0	−27.316 5	199.033
	(0.000 1)	(0.758 0)	(0.000 0)	(0.002 3)	(0.000 0)	(0.000 0)
LNHC	3.276 68	77.196 1	−8.865 65	115.628	−21.697 9	149.016
	(0.999 5)	(0.092 5)	(0.000 0)	(0.000 0)	(0.000 0)	(0.000 0)

	水平数据		一阶差分		二阶差分	
LNFI	−21.933 3	133.213	−16.531 8	86.677 2	−27.809 7	145.387
	(0.000 0)	(0.000 0)	(0.000 0)	(0.024 9)	(0.000 0)	(0.000 0)
LNIIC	8.894 55	4.751 40	−3.211 47	54.292 7	−10.751 3	124.057
	(1.000 0)	(1.000 0)	(0.000 7)	(0.746 2)	(0.000 0)	(0.000 0)

通过表 7.10 面板数据单位根结果所示,水平数据中,*LNFDI*、*LNHC* 和 *LNIIC* 的 *ADF* 的 *P* 值大于 0.05,并且 *LNHC* 和 *LNIIC* 的 *ADF* 值大于 0.05,所以都未通过单位根检验,接着对变量进行一阶差分,差分后,*LNENT* 与 *LNIIC* 的 *ADF* 值大于 0.05,不能通过单位根检验,但进行二阶差分后变量单整,因此,模型为二阶单整。

(3)协整检验

利用 EVIEWS 8.0 进行面板数据协整检验,结果如表 7.11 所示:

表 7.11　面板数据协整检验结果

模型	*ADF*	*P*	结果
模型(3.2)	−7.485 444	0.000 0	存在协整关系
模型(3.3)	−5.911 006	0.000 0	存在协整关系

通过以上协整 KAO 检验可以得出,两个模型的 *ADF* 值分别为−7.485 264、−5.911 006,且 *P* 值均小于 0.01,因此模型均存在协整关系。

(4)模型的调整

面板数据模型的效应形式可分为固定效应模型和随机效应模型。首先建立随机效应回归以决定本文将设立的模型效应:

$$Y_i = \alpha + \beta X_i + \mu_i$$

模型里被解释变量为 Y_i,不同样本是 i,随机变量是 α,X_i 表示 $k+1$ 阶解释变量的列向量(包括 k 个解释变量),β 为回归系数的列向量,μ_i 表示随机误差项。

并提出以下假设:

原假设 H_1:P 值大于 0.05,设立随机效应模型。

备择假设 H_2:P 值小于 0.05,不接受 H_1,即设定固定效应模型。对以 *LNREEXP* 和 *RETC* 为因变量的面板数据模型利用 Eviews 8.0 进行随机效应模型及 Hausman 检验结果如下:

表 7.12　随机效应模型检验结果

	Variable	Coefficient	Std. Error	t-Statistic	Prob.
模型(3.2)	C	4.355 519	0.817 247	5.329 502	0.000 0
	$LNAVS$	0.043 332	0.100 176	0.432 556	0.666 0
	$LNENT$	0.281 940	0.035 805	7.874 376	0.000 0
	$LNFDI$	0.153 481	0.035 549	4.317 397	0.000 0
	$LNTIL$	0.193 059	0.040 137	4.810 004	0.000 0
	$LNHC$	−0.100 498	0.152 788	−0.657 758	0.511 7
	$LNFI$	−0.068 160	0.047 684	−1.429 410	0.155 0
	$LNIIC$	0.136 273	0.020 246	6.730 914	0.000 0
模型(3.3)	C	−0.037 060	0.204 088	−0.181 588	0.856 2
	$LNAVS$	0.122 517	0.048 213	2.541 137	0.012 1
	$LNENT$	−0.076 716	0.019 009	−4.035 671	0.000 1
	$LNFDI$	−0.027 894	0.018 166	−1.535 470	0.126 8
	$LNTIL$	−0.028 085	0.020 951	−1.340 491	0.182 2
	$LNHC$	0.099 432	0.045 791	2.171 414	0.031 5
	$LNFI$	−0.039 241	0.024 900	−1.596 064	0.112 6
	$LNIIC$	−0.097 170	0.010 542	−9.217 857	0.000 0

表 7.13　Hausman 检验结果

模型	Chi-Sq. Statistic	Chi-Sq. d.f.	Prob.
模型(3.2)	14.280 595	7	0.046 4
模型(3.3)	32.842 690	7	0.000 0

　　对模型(7.5)进行随机效应检验的结果见表 7.12，P 值小于 0.05 的只有 $LNENT$、$LNFDI$、$LNTIL$ 和 $LNIIC$ 四个变量，而 P 值大于 0.1 的 $LNAVS$、$LNHC$ 和 $LNFI$ 三个变量则从模型(7.5)中剔除。对模型(7.5)进行 Hausman 检验，结果如表 7.13 所示，Hausman 统计量的值为 14.280 595，P 值为 0.046 4，小于 0.05，所以拒绝原假设，模型应设置为固定效应模型，由于 F 检验公式中 $N(T\text{-}K\text{-}1)$ 决定模型(7.5)只能保留最佳三个自变量，进而以 $LNREEXP$ 为因变量，对四个解释变量进行固定效应检验，结果表明，$LNENT$、$LNTIL$、$LNIIC$ 三自变量的影响效应更显著，而 LNFDI 的影响效应不够显著，故模型(7.5)最终调整如下：

$$LNREEXP_{it} = \alpha_{it} + \beta_2 LNENT_{it} + \beta_4 LNTIL_{it} + \beta_7 LNIIC_{it} + \mu_i \quad \cdots\cdots\cdots \quad (7.7)$$

对模型（7.4）进行 Hausman 检验的结果如表 7.5 所示，Hausman 统计量的值为 8.454 265，P 值为 0.037 5，小于 0.05，故设为固定效应模型。

表 7.14　Hausman 检验结果

模型	Chi-Sq. Statistic	Chi-Sq. d.f.	Prob.
模型(3.4)	8.454 389	3	0.037 5
模型(3.5)	25.120 084	3	0.000 0

对模型(7.6)进行随机效应检验的结果由表 7.12 可知，P 值小于 0.05 的变量只有 $LNAVS$、$LNENT$、$LNHC$、$LNIIC$ 四个变量，而 P 值大于 0.1 的也有三个变量 $LNTIL$、$LNFDI$ 和 $LNFI$，故从模型(7.6)中剔除。对模型(7.6)进行 Hausman 检验，结果如表 7.14 所示，Hausman 统计量的值为 32.842 690，P 值为 0.000 0，小于临界值 0.05，所以拒绝原假设，模型应设置为固定效应模型。由于 F 检验公式中 $N(T\text{-}K\text{-}1)$ 决定模型(7.6)只能保留三个以下自变量。进而以 $LNRETC$ 为因变量，对四个解释变量进行固定效应检验，结果表明，$LNAVS$、$LNENT$ 和 $LNIIC$ 的影响效应更显著，而 $LNHC$ 的影响效应不够显著，故模型(7.6)最终调整如下：

$$LNRETC_{it} = \alpha_{it} + \beta_1 LNAVS + \beta_2 LNENT_{it} + \beta_7 LNIIC_{it} + \mu_i \quad\cdots\cdots\cdots\cdots \text{（7.8）}$$

对模型(7.8)进行 Hausman 检验的结果见表 7.5，Hausman 统计量的值为 25.120 084，P 值为 0.000 0，小于 0.05，故选择固定效应模型。

其次，确定模型形式。

模型有三种形式：

形式一：变系数模型　　$Y_i = \alpha_i + \beta_i X_i + \mu_i$

形式二：变截距模型　　$Y_i = m + \beta X_i + \alpha^* + \mu_i$

形式三：不变参数模型　$Y_i = \alpha + \beta X_i + \mu_i$

然后通过 F 检验来判断模型形式，假设如下：

$$H_1 = \beta_1 = \beta_2 = L = \beta_N$$
$$H_2 = \alpha_1 = \alpha_2 = L = \alpha_N$$

若接受假设 H_2，则设为不变参数模型；

若否定 H_2，则对 H_1 进行检验，若接受 H_1，则选择变截距模型；如果拒绝假设 H_1，则该模型为变系数模型。

经过设立不同的模型形式得到 S_1、S_2 和 S_3，并建立统计量 F_1、F_2：

其中 S_1、S_2 和 S_3 为模型不同形式的残差平方和，n 为横截面的样本个数，k 为解释变量个数，t 为样本时间范围。

利用 Eviews 8.0 对模型(7.7)进行三种不同形式检验，可以得出其残差平方和分别为：$S_1 = 0.165 362$，$S_2 = 0.967 420$，$S_3 = 84.205 99$。且 $n = 31$，$t = 5$，$k = 3$，根据统计量 F_1、F_2 的计算公式，经计算，可得出 $F_1 = 1.670 791 \sim F(90, 31)$，$F_2 = 131.297 025 \sim F(120, 31)$。在显著性水平为 0.05 条件下，通过查临界表可知 $F_1(90, 31) = 1.70$，$F_2(120, 31) = 1.68$，因此 $F_2 >$

1.68,拒绝 H_2 ,又 F_1 >1.70,拒绝 H_1 。因此,该模型应采用变系数形式。

综上,本模型应设定为变系数固定效应模型。

利用 Eviews 8.0 对模型(7.8)进行三种不同形式检验,可以得出其残差平方和分别为: $S_1 = 0.012\,402$, $S_2 = 0.255\,756$, $S_3 = 3.602\,959$ 。且 $n = 31$, $t = 5$, $k = 3$,根据统计量 F_1 、 F_2 的计算公式,经计算,可得出 $F_1 = 6.759\,833 \sim F(90,31)$, $F_2 = 74.803\,271 \sim F(120,31)$ 。在显著性水平为 0.05 条件下,通过查临界表可知 $F_1(90,31) = 1.70$, $F_2(120,31) = 1.68$,因此 $F_2 >$ 1.68,拒绝 H_2 ,又 F_1 >1.70,拒绝 H_1 。因此,该模型应采用变系数形式。

综上,本模型应设定为变系数固定效应模型。

7.3.3 跨境电商分区域主要因素影响效应检验结果分析

运用 EVIEWS 8.0 对模型(7.7)进行拟合,可得到实证检验结果见表 7.15。

表 7.15 变系数固定模型检验结果

指标名称	指标值	指标名称	指标值
R-squared	0.999 076	Mean dependent var	9.587 266
Adjusted R-squared	0.995 411	S. D. dependent var	1.078 206
S. E. of regression	0.073 036	Akaike info criterion	−2.405 165
Sum squared resid	0.165 362	Schwarz criterion	0.029 575
Log likelihood	310.400 3	Hannan-Quinn criter.	−1.416 229
F-statistic	272.611 1	Durbin-Watson stat	3.481 541
Prob(F-statistic)	0.000 000		

通过表 7.15 所示,样本可决系数是 0.999 076,其修正后是 0.995 411,表明模型的拟合优度较好。 P 值为 0.000 0,表明各解释变量对跨境电商出口额的影响效应在 10% 水平下显著。 DW 值为 3.481 541,接近 3,说明模型的各自变量有负的自相关。主要原因在于某些解释变量可能存在滞后性。

由于不同的因素对各地区跨境电商出口额会有不同程度的影响,所以,为防此差异性带来的估算偏差,下面将对模型(7.7)进行不变参数固定效应检验,结果见表 7.16。

表 7.16 不变参数固定模型检验结果

Variable	Coefficient	Std. Error	t-Statistic	Prob.
C	4.672 977	0.448 177	10.426 64	0.000 0
LNENT	0.324 566	0.156 743	2.070 688	0.040 1
LNTIL	−0.120 873	0.138 049	−0.875 580	0.382 6
LNIIC	0.576 929	0.117 351	4.916 282	0.000 0

由表 7.16 可知,解释变量 LNENT、LNIIC 通过了不变参数固定模型检验,且对地区跨境

电商出口额的影响效应在 1% 水平下显著。*LNTIL* 的 *t* 统计量 *P* 值分别为 0. 382 6,因此对地区跨境电商出口额的影响效应在 10% 水平下不显著。各自变量的标准误差估计值在 0. 117 351 到 0. 156 743 之间,其均值是 0. 137 381,所以各解释变量作用的其实际均值同参数估计值有非常小的离差,结论有较高可靠性。*LNENT* 参数估计值为 0. 324 566,表明地区电子商务交易的企业数与地区跨境电商出口额呈正相关关系,地区信息基础设施建设每增加一单位会使地区跨境电商出口额增加为 0. 324 566 个单位。*LNIIC* 参数估计值为 0. 576 929,表明信息基础设施建设与地区跨境电商出口额呈正相关关系,信息基础设施建设每增加一单位会使地区跨境电商出口额增加为 0. 576 929 个单位。但是,*LNTIC* 的系数为 -0. 120 873,表明地区技术创新每增加一个单位,会使地区跨境电商出口额减少 0. 120 873,与假设矛盾,且 *t* 值不显著,说明目前地区技术创新水平还有待提升。

运用 EVIEWS 8. 0 对模型(7. 5)进行拟合,可得到实证检验结果如下:

表 7. 17　变系数固定模型检验结果

指标名称	指标值	指标名称	指标值
R-squared	0. 997 240	Mean dependent *var*	−0. 439 072
Adjusted R-squared	0. 986 290	S. D. dependent *var*	0. 170 818
S. E. of regression	0. 020 001	Akaike info criterion	−4. 995 479
Sum squared resid	0. 012 402	Schwarz criterion	−2. 560 739
Log likelihood	511. 149 6	Hannan-Quinn criter.	−4. 006 542
F-statistic	91. 068 35	Durbin-Watson stat	3. 557 542
Prob(F-statistic)	0. 000 000		

通过表 7. 17 可知,样本可决系数是 0. 997 240,其修正后 0. 986 290,表示该模型的拟合优度较好。*P* 值为 0. 000 0,表明各解释变量对地区跨境电商出口贸易竞争力的影响效应在 10% 水平下显著。*DW* 值为 3. 557 542,接近 3,说明模型的各自变量有负的自相关,主要原因有以下两个方面:一是一些自变量存在某种程度的滞后性;二是该面板数据模型中,信息基础设施建设的变量缺乏口径一致的可获数据,不得不采用替代数据,这可能是导致自变量存在自相关的一个原因。

由于不同的因素对各地区跨境电商出口额会有不同程度的影响,所以,为防此差异性带来的估算偏差,下面将对模型(7. 8)进行不变参数固定效应检验,结果如表 7. 18 所示。

表 7. 18　不变参数固定模型检验结果

Variable	Coefficient	Std. Error	t-Statistic	Prob.
C	−0. 305 425	0. 128 168	−2. 383 008	0. 018 4
LNAVS	0. 082 687	0. 027 430	3. 014 503	0. 003 0
LNENT	−0. 050 038	0. 021 836	−2. 291 534	0. 023 3
LNIIC	−0. 078 400	0. 024 309	−3. 225 143	0. 001 5

通过表 7.18 得知,各解释变量都通过了不变参数检验,且对各地区跨境电商贸易竞争指数影响效应在 10% 水平下显著。各自变量的标准误差估计值在 0.021 836 到 0.027 430 之间,其均值是 0.024 625,所以各解释变量作用的其实际均值同参数估计值有非常小的离差,结论有很高可靠性。各个解释的参数估计值分别为 0.082 687、−0.050 038、−0.078 400,表明第一二产业增加总值(AVS)与地区跨境电商出口竞争力呈正相关关系,第一二产业增加总值每增加一单位会使地区跨境电商出口竞争力增加 0.082 687 个单位。电子商务交易的企业(ENT)、信息基础设施建设(IIC)两个因素与地区跨境电商出口竞争力呈负相关关系,显然与理论假设矛盾,其原因有以下两个方面:一是有电子商务交易的企业和信息基础设施建设具有滞后特征;二是各地区有电子商务交易的企业发展不充分,对地区跨境电商出口竞争力的正向作用尚未有效发挥使然。

7.4 中国提高跨境电商出口竞争力的对策建议

7.4.1 提高制造业跨境电商出口竞争力的对策

(1)加大固定资产投资力度

固定资产投资根据工作内容、实现方式,可分为建筑安装工程、设备与工器具购置、其他费用三部分,是建造和购置固定资产的经济活动,包含固定资产的资产更新、改建、扩建和新建等活动,可用于企业的基础投建,先进技术设备的引进,新型部门的设立,进一步改善经济结构,提高生产力。固定资产投资增加,表明对经济发展的投入增加,生产规模扩大,生产效率提高,产业水平提高,对经济持续、协调及稳定发展起重要推动作用。

因此,加大对制造业跨境电商企业的固定资产投资,一方面,跨境电商企业可以完善基础设施建设,增加对跨境电商出口生产设备的改造和升级,引进先进制造设备,提升制造业跨境电商出口产品的生产效率和技术含量,降低资源损耗和节约生产成本。另一方面,着力优化制造业跨境电商企业的固定资产投资结构。跨境电商企业可以购置先进的产品质量检测设备和质量管理软件、效率管理软件等设施,提高制造业跨境电商企业的信息化技术水平和信息化管理水平,并完善制造业出口产品的质量管理体系,进而提高制造业出口竞争力。

(2)提高技术创新能力

在知识经济时代,专利发明是企业核心竞争力的一个重要影响因素。专利是技术创新的成果,是创新能力的重要体现。与其他的制造业行业相比,高技术产业的知识密集性更高。其拥有的自主知识产权越多,国际竞争力就越强。企业之间的竞争,归根结底就是技术创新能力的竞争、创新人才的竞争。制造业的出口创新人才越多、水平越高,技术创新能力越强,有效发明专利越多,就会掌握主动权,在国际竞争中处于主导地位。

所以,随着商业竞争日益激烈,跨境电商企业应加强培养创新人才,不断提高创新能力,形成制造业核心竞争力。一方面,跨境电商企业应在出口产品的质量、技术含量等方面寻求创新点。知识创新方面,企业应加强产权意识,积极申请专利,勇于创新,掌握核心科技,形成自身核心竞争力。产品创新方面,跨境电商企业应积极研发,开发新产品,形成自主创新品牌,寻求"差异化",提升竞争优势。另一方面,跨境电商企业应积极引进创新型人才,加大研发经费的投入,积极引进和借鉴国内外先进技术,完善创新所需的软硬件设施,来提升创新能力,进而提升核心竞争力。政府也应适当出台一些引导政策,鼓励跨境电商企业设立研发机构和加大科技投入,开发更多适合国际市场需要、具备核心竞争力的新产品;同时,政府也应完善知识产权保护体制,加强产权意识,为制造业跨境电商出口企业的研发创新提供有效的宏观环境。

7.4.2　提高各地区跨境电商出口竞争力的对策

(1)加强基础产业、特色产业和配套产业发展

大力发展第一二产业是地区发展跨境电商的重要基础。因此,首先地区要坚持发展基础性产业的地位不动摇,完善相关基础设施的同时,增加技术性资金投入,走技术化的基础产业发展道路,将基础性产业打造成优势产业,对劣势产业进行整合,对夕阳产业进行筛选,淘汰没有发展前景的产业,支撑地区跨境电商出口更快更好地发展;加强地区基础产业的发展,要走绿色产业发展道路,要积极倡导其绿色持续发展理念,紧密联系邻近地区,打造绿色区域化,以便为地区跨境电商发展提供绿色出口产品,增强可持续出口竞争力。

同时,要积极发展地区特色产业,以地方特色产业推动跨境电商发展,积极开发地区特色产品的跨境电商市场,引进外商投资,促进地方特色产业与国际接轨。地方政府要高度重视特色产业的升级和与跨境电商平台的融合,适应国外消费者需求的变化。

要重视跨境电商配套产业建设,一方面,地区间可以相互结合,沿海地区相比内陆而言,有更完善,更技术化的跨境电商产业链,产业结构化水平更高。内陆地区拥有较低的生产成本、劳动成本。另一方面,地区政府要对跨境电商配套产业发展采取税收优惠和融资便利等鼓励性政策措施,以便加快跨境电商配套产业的发展。

(2)加强信息基础设施建设

各地区应努力完善地方信息基础设施,完善跨境电商平台建设和相关监管法制。地区政府要加大对信息基础建设的投资力度,特别是对国际邮电物流发展方面的支持,信息物流方面的人才是目前各地区面临的共通问题,地区跨境电商企业要积极与世界性优秀的信息物流合作,降低成本的同时,积极借鉴国际优秀信息物流相关经验,助力地区引进技术,完善信息相关基础设施建设。

(3)加大跨境电商企业扶持力度

提高跨境电商出口竞争力,就要扩大地区跨境电商市场,地区政府通过积极的跨境电商出口措施,特别是对小型电商企业的扶持;同时,地区政府还要积极转变人民对跨境电商创业的恐惧意识,让人民响应大众创业号召,如何要民间资本积极投入跨境电商,地区政府除了做好人民意识之外,还要出台跨境电商相关投资的保护性政策措施,引进国外跨境电商出口企业的管理经验和技术,对各国、各地区跨境电商政策的变化要及时做出反应,这不仅要靠政府,跨境电商出口企业也是关键。最重要的是人才,地方要积极吸收优秀的跨境电商人才,出台相应的人才福利制度,跨境电商企业可根据自身情况和优势,通过薪资待遇和股份等方式吸纳人才,政府的跨境电商教育经费支出也应跟上。

【思政课堂】

通过本章的教学,了解中国跨境电商发展的主要影响因素,理解中国跨境电商发展的主要影响因素的作用机理,弄清中国跨境电商发展的主要影响因素的作用路径,掌握中国跨境电商发展主要影响因素的实证分析方法,培养学生独立分析解决中国跨境电商发展实际问题的全局观、辩证统一观和主要矛盾观,提高学生的专业理论素养与探索创新精神。

引导学生认识用数据说话和计量分析的重要性,学会综合运用国际贸易基本理论和经济计量分析基本方法独立量化分析解决中国跨境电商发展实际问题的新思维,着重培养学生运用定性分析和定量分析相结合的方法解决中国跨境电商发展实际问题的基本能力,积极探索互联网时代影响中国跨境电商发展的新因素(包括国内因素和国际因素),推动中国跨境电商更快更好发展,引导学生为中国跨境电商发展做出更大贡献,牢固树立贸易强国理念和自强不息精神。

复习思考题

1. 影响中国跨境电商发展的主要因素有哪些?

2. 简述主要因素对中国跨境电商发展的影响机理。

3. 运用本章的实证分析方法和跨境电商上市公司的相关数据去检验中国跨境电商微观因素的影响效应。

4. 中国跨境电商发展的国际影响因素主要有哪些? 其影响机理及传导机制如何?

5. 从亚马逊"封号"的案例中(参见扩展阅读1),找到国外跨境电商平台影响中国跨境电商发展的主要因素,并提出应对举措。

第8章
中国跨境电子商务发展的国际环境分析

8.1　国际环境中促进跨境电商发展的有利因素分析

8.1.1　驱动跨境电商快速发展的新技术不断出现

技术进步是全球跨境电商发展的重要驱动力。大数据、云计算、人工智能、区块链等技术的创新发展,有效赋能跨境电商生产、交易、运输等各环节,带动全球创新链、产业链和价值链加速优化整合,使跨境电商的便捷性、安全性、高效性、及时性大大提高,也使跨境电商交易成本低的优势更加凸显。

大数据和云计算及其分析将优化全球范围内资源配置、市场需求,打造快速响应的物流体系;仓储机器人、智能货架极大提高货物分拣、配送效率。大数据分析能提升服务质量,针对交易数据提炼有效信息;在数字平台建立和轻量服务入口方面,云计算驱动产业提升服务效率;在支付环节,利用沉淀支付等金融大数据可开展风控、借贷、理财等金融科技分析与服务。

人工智能技术能有效降低信息沟通成本、减少商品流通环节、提高商品流通效率,推动跨境贸易开始从劳动型驱动转向智慧型驱动,从而提供更加高效、安全、便于操作的平台。如在生产环节,智能生产促进生产装备的数字化,逐步实现产业大数据、工业物联网、数字化工厂等新的智能制造技术。生产执行管理智能化,实现制造执行与运营管理、研发设计的集成;在服务环节,人工智能的基础应用有语言识别、图像识别、自然语言处理和专家系统,应用语言识别和语言处理系统,进行多语言的自动转化,方便沟通;通过图像识别和专家系统,为客户提供试穿和购物建议,让客户买到自己心仪的产品。人工智能还能够实现人机对话,为消费者提供产品实时信息,确保产品质量。在物流环节,通过智慧化仓储、智慧化通关、智慧化运输等大幅降低人力和物流成本,解决了物流的客户隐私、安全配送等问题,提升运营效率,提高企业利润。

基于区块链的防伪溯源技术,确保商家交易的完整性,实现全程溯源;区块链技术运用到跨境支付,在提高支付效率的同时降低安全风险;区块链技术用于跨境结算可降本增效,确保网络支付的安全性;在质量追溯方面,区块链技术记录产品从生产到触达用户的全流程数据,助力产品溯源,让生产和流通环节实现信息共享,降低信任成本;借助区块链技术还可以尝试建立去中心化的交易平台,通过去中介达到去除第三方管理运营成本的目的,真正实现点对点购物模式,可避免因一国电商公司充当双方贸易的管理者而在文化差异、法律法规、地域保护等方面产生主观偏差,可通过区块链共识机制衍生出所有消费者共同管理、共同监督的模式,从根本上体现交易成本的最小化,为客户带来福利的增加。

5G 技术助力直播电商、短视频电商发展,丰富支付渠道和方式,提高支付安全性。我国跨境电商平台洋码头的数据显示,将近 32% 的用户通过直播视频购买产品,受益于直播电商的强势带动,2019 年洋码头的整体流量和交易额都增长了近 3 倍。2020 年疫情期间,直播保持爆发式增长势头,仅在 3 月的开年大促期间,洋码头业务量逆势增长了 15% ~ 20%。2020 年 3 月底,亚马逊开始向我国卖家开放直播功能,让中国卖家以视频直播的形式向全球亚马逊用户展示自己的产品,并引导消费者购买。

此外,在打击侵犯知识产权方面,借助云计算、大数据、人工智能等技术,构建起涵盖多个部门,并且能够实现信息共享的监管机制,同时可对各个模块进行整合,如金融服务模块、质量监管模块等,由此可实现服务与监管的有机融合,在这一基础上,可建立完善的信用评级制度。

技术应用驱动产业升级,为跨境电子商务带来了效率升级和模式创新,也将为消费者带来用户体验的升级。在大数据、人工智能、物联网、区块链等为代表的新一代技术快速发展的情况下,正快速重塑跨境电子商务产业链上的各个环节,从而将跨境电子商务的发展带入到一个全新的时代。

在贸易全球化的时代背景下,新技术、新业态、新模式不断涌现,跨境电子商务正在掀起新一轮浪潮,将驱动更多中国品牌走向海外,更多海外品牌走进中国。

8.1.2　推动跨境电商发展的海外电商市场快速增长

全球电商市场快速增长是推动跨境电商发展的重要基础。

近十年来全球人口数量持续增长,2018 年全球人口数量为 75.92 亿人,同比增长 1.10%;2019 年全球人口数量为 76.74 亿人,同比增长 1.07%。庞大的人口基数为全球电子商务的发展提供了强劲的基础。随着互联网信息技术的广泛应用,全球网民的数量将进一步增长。全球互联网正在快速普及,这为电子商务的快速发展提供了良好的基础。全球电子商务快速发展,成为全球居民消费的重要渠道。2019 年全球网民总数达到 41 亿人,同比增长 5.3%。全球网民渗透率从 2005 年的 16.8% 上升到 2019 年的 53.6%。从地区来看,互联网使用率最高的地区是欧洲,最低的地区是非洲。2019 年欧洲互联网渗透率为 82.5%;美洲互联网渗透率为 77.2%;阿拉伯国家互联网渗透率为 51.6%;亚太地区互联网渗透率为 48.4%;非洲互联网渗透率为 28.2%。从世界 28 个主要国家互联网渗透率来看,

2018 年互联网平均渗透率已达到 79.9%（图 8.1）[①]，并且未来 4 年这一比重将以年均 3.8% 的速度持续增长。

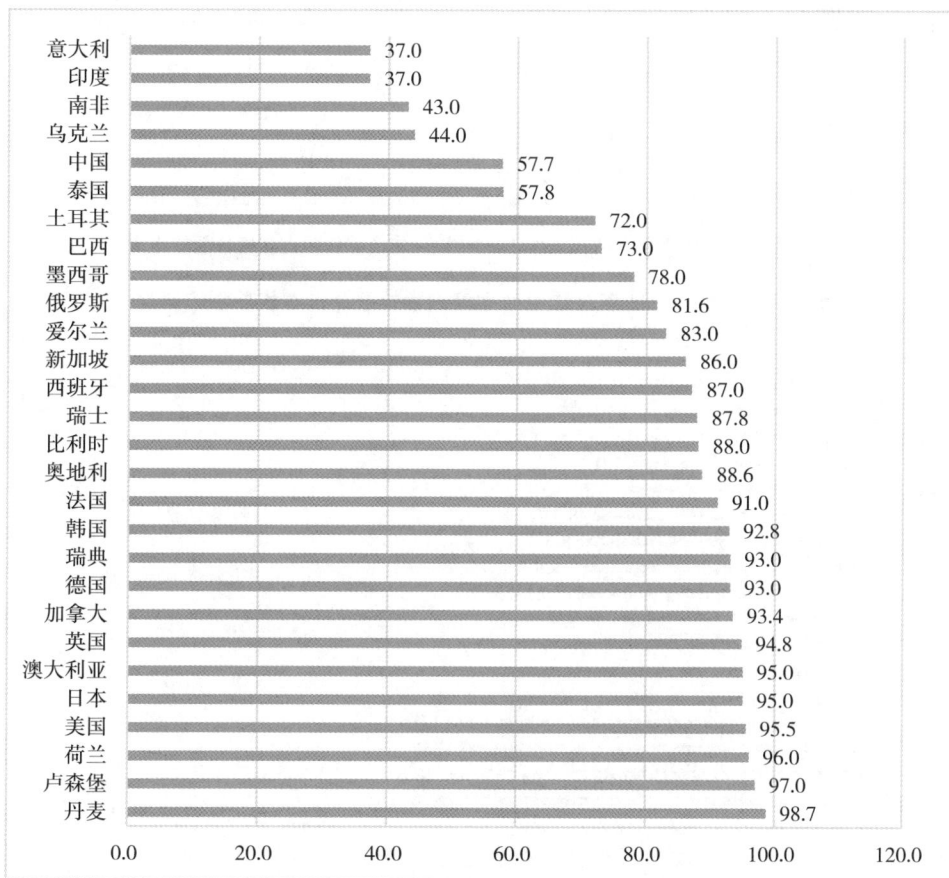

意大利 37.0
印度 37.0
南非 43.0
乌克兰 44.0
中国 57.7
泰国 57.8
土耳其 72.0
巴西 73.0
墨西哥 78.0
俄罗斯 81.6
爱尔兰 83.0
新加坡 86.0
西班牙 87.0
瑞士 87.8
比利时 88.0
奥地利 88.6
法国 91.0
韩国 92.8
瑞典 93.0
德国 93.0
加拿大 93.4
英国 94.8
澳大利亚 95.0
日本 95.0
美国 95.5
荷兰 96.0
卢森堡 97.0
丹麦 98.7

图 8.1 2018 年 28 个主要国家互联网渗透率

近年来，随着互联网渗透率的提升，全球电子商务快速发展，电商零售处于快速增长期。eMarketer2021 年 1 月的估算显示，2020 年全球电子商务销售额达 7.93 万亿美元[②]，其中全球网络零售额为 4.28 万亿美元，同比增长 27.6%，远高于此前预测的 16.5%。新冠肺炎疫情促使全球网络零售交易额增长率进一步提升，全球网络零售交易额增长率从 2019 年的 13.6% 上升到 2020 年的 18%，预计到 2024 年这一比重将达到 25.8%（图 8.2）[③]。疫情促使全球电商渗透率进一步提升，根据 eMarketer 的预测，2018—2022 年世界主要国家电商平均复合渗透率将达到 10.5%（见图 8.3）[④]。2019 年全球网络零售总额排名前 10 的国家分别是：

[①] 数据来源：根据网经社电子商务中心发布的《2019 年全球电子商务数据报告》的数据整理，2019 年 11 月 5 日。

[②] 数据来源 Statista。根据 2020 年中国电子商务销售额 2.3 万亿美元，占全球电子商务销售额的 29% 推算。

[③④] 网经社，2021 年 1 月。eMarketer：2020 年全球电子商务零售额突破 4 万亿美元。

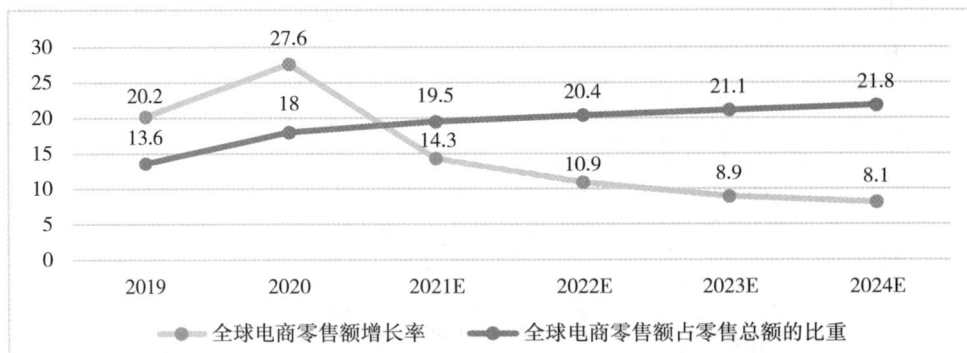

图 8.2　2019—2024 年全球电商零售额增长率及占零售总额的比重

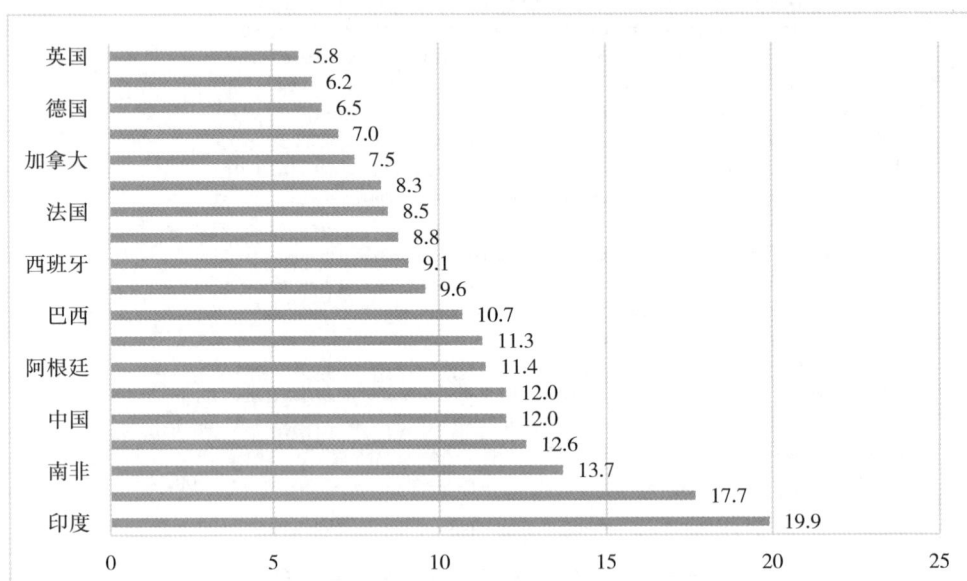

图 8.3　2018—2022 年世界主要国家电子商务平均复合增长率预测

中国,网络零售总额为 19 347.8 亿美元,增长 27.30%;

美国,网络零售总额为 5 869.2 亿美元,增长 14.00%;

英国,网络零售总额为 1 419.3 亿美元,增长 10.90%;

日本,网络零售总额为 1 154 亿美元,增长 4.00%;

韩国,网络零售总额为 1 034.8 亿美元,增长 18.10%;

德国,网络零售总额为 818.5 亿美元,增长 7.80%;

法国,网络零售总额为 694.3 亿美元,增长 11.50%;

加拿大,网络零售总额为 498 亿美元,增长 21.10%;

印度,网络零售总额为 460.5 亿美元,增长 31.90%;

俄罗斯,网络零售总额为 269.2 亿美元,增长 18.70%(表 8.1)。

随电商渗透率的提升,2020 年各国跨境电商平台交易额均实现大幅增长。阿里巴巴国际站 2020 年平台订单数同比增长翻番,按美元计价实收交易额同比增长 101%。亚马逊平台 2020 年总成交额 4 750 亿美元,增长 42%。在海外电商市场整体增长中,发展中国家展现出极高的增长潜力。2018—2022 年,印度、南非、墨西哥等发展中国家电子商务平均复合增长率约 15%,美国、加拿大、日本等发达国家约为 7%[①]。印度尼西亚、马来西亚、菲律宾等多个东南亚国家位列 2020 年网络零售增速前十国家,该区域电商零售市场处于高速扩张期,增长潜力大,增速显著。在跨境电商的推动下,我国与第一大贸易伙伴东盟之间的经贸关系更加紧密。

网经社电子商务中心发布的《2019 年全球电子商务数据报告》显示,2018 年全球 28 个主要国家及地区电子商务交易规模达 247 167.26 亿美元,网络零售交易额总计 29 744.6 亿美元。报告涉及的 28 国包含:亚洲 7 国、欧洲 15 国、美洲 4 国、非洲 1 国、大洋洲 1 国。其中,电子商务交易规模排在全球前 10 位是美国、中国、日本、德国、韩国、英国、法国、加拿大、西班牙、澳大利亚,该 10 国的电子商务交易总额已突破 24.1 万亿美元,占全球电子商务交易总额的 94%;电子商务规模增速排在全球前 10 位是乌克兰、俄罗斯、印度、巴西、墨西哥、南非、泰国、加拿大、丹麦、法国,平均增速达 22.3%;网络零售交易规模排在全球前 10 位是中国、美国、英国、日本、德国、法国、加拿大、韩国、西班牙、印度,该 10 国的网络零售交易总额已突破 2.76 万亿美元,占全球电子商务交易总额的 91.3%;网络零售交易规模增速排在全球前 10 位的是印度、澳大利亚、新加坡、墨西哥、中国、乌克兰、南非、西班牙、日本、卢森堡,平均增速达 26.75%;互联网普及率排在全球前 10 位的是丹麦、卢森堡、荷兰、美国、日本、澳大利亚、英国、加拿大、德国、瑞典,互联网平均普及率高达 95.4%。互联网快速普及和全球电商市场的快速增长已成为全球跨境电商发展的新动能。以上分析的详细数据见表 8.1。

表 8.1　2018 年世界主要国家的电商总额、零售电商总额互联网普及率及增长率

排名	国　家	电商总额（亿美元）	增长率（%）	电商零售额	增长率（%）	互联网普及率（%）	增长率（%）
1	美国	97 760	10.1	5 200	15.8	95.5	4.5
2	中国	46 040	8.5	13 100	23.9	57.7	4.1
3	日本	32 400	8.9	1 790	19.1	95	1.1
4	德国	16 210	9	1 305	11.3	93	2.2
5	韩国	14 740	9.2	750	13.6	92.8	1.4
6	英国	10 800	10.7	2 910	11.1	94.8	2.3
7	法国	9 570	13.4	1 039	14.1	91	3.4
8	加拿大	7 300	14.1	820	17.1	93.4	2.2
9	西班牙	3 240	9.8	388	19.8	87	6.1

---

① 《2020 年全球及中国跨境电子商务行业发展现状及行业发展趋势分析预测》,2020 年 2 月 5 日,中国产业信息网。

续表

排名	国　家	电商总额 （亿美元）	增长率 （%）	电商零售额	增长率 （%）	互联网普及率 （%）	增长率 （%）
10	澳大利亚	2 980	9.6	116	10.5	95	1.1
11	印度	980	16.7	334.2	49.5	37	5.7
12	泰国	950	14.4	285	16.8	57.8	4.1
13	意大利	460	12.2	260	9.2	37	2.9
14	丹麦	420	13.5	200	13.6	98.7	0.2
15	瑞士	306	10.1	66	11.9	87.8	6.4
16	荷兰	266	5.1	163	11.0	96	1.1
17	俄罗斯	255	37.8	207	13.7	81.6	7.2
18	巴西	228	16.3	163	6.5	73	5.0
19	墨西哥	210	16.3	97.3	28	78	8.3
20	瑞典	166	11.4	135	7.1	93	1.1
21	比利时	165	12.2	133	12.7	88	2.3
22	爱尔兰	118	12.4	98	12.6	83	0.4
23	土耳其	112	13.1	67	13.6	72	9.1
24	奥地利	82	9.3	47	34.3	88.6	3.6
25	乌克兰	51	64.5	23	23.8	44	3.2
26	南非	41	15.1	33	20.4	43	2.7
27	新加坡	37	8.8	13	30	86	4.9
28	卢森堡	9.2	7.0	7.6	18.7	97	1.0

数据来源：根据网经社电子商务中心发布的《2019年全球电子商务数据报告》的数据整理，2019年11月5日。

8.1.3　RCEP、CPTPP、DEPA 给跨境电商发展带来了广阔发展空间

2020年11月15日，《区域全面经济伙伴关系协定》（RCEP）正式签署。RCEP催生全球最大的自贸区，将产生统一大市场效应，建立通用的原产地规则框架，积极促使各国在监管、税收、数据流动等方面进行政策协调与监管合作，降低交易不确定性和风险成本，为东南亚电商再次爆发奠定坚实基础。区域内大规模降税和非关税壁垒的取消，强化了我国有关产业对区域外相关产业的竞争优势，有利于直邮电商规模壮大和海外仓发展。中日首次达成自贸协议，有助于更好地发挥两国之间产业和外贸的互补性，日本电商市场的快速发展将对我国跨境电商产生积极影响。随着RCEP协定的落实执行，我国跨境电商的发展必将迎来更大的发展空间。

据国家商务部介绍，我国已就《全面与进步跨太平洋伙伴关系协定》（CPTPP）和《数字

经济伙伴关系协定》(DEPA)进行充分、全面、深入的研究评估,努力达到 CPTPP 规则标准,实现高水平对外开放,正在积极与各成员进行磋商、推进,截至目前,我国已与日本等 26 个国家签署了自由贸易协定。这两项协定的签署与自由贸易协定在成员国之间的实施,必定给我国跨境电商发展带来巨大的发展空间。

同时,相对于我国实行的限区域、限产品、限额度的"三限"管理制度而言,欧美国家的跨境电商经营环境相对开放,也有利于我国跨境电商的发展。跨境电商在发展过程中同时受到国外政策的影响。就跨境电商的政策环境而言,国外政策主要包括国际规则和各个经济体规则两个层面。其中国际规则方面,跨境电商规则以世界海关组织(WCO)、经济合作与发展组织(OECD)为主。此外,世界贸易组织(WTO)、世界银行(WB)、万国邮联(UPU)等也对跨境电商规则进行了深入的研究。在各个经济体规则方面,欧美等发达国家在监管体系层面相对更为完善,这些国家大多通过货值大小区分监管。对于美国的监管体系,美国海关更加关注贸易安全和知识产权领域的风险。美国未对跨境电商交易设置专门的配套法规,并且在纳税方面给予优惠政策。美国在支付、知识产权和税收方面监管规则见表 8.2。

表 8.2 美国关于跨境电商的监管规则与税收政策

监管类型	内 容
支付	一是将第三方支付机构界定为货币服务机构,必须进行登记注册;二是对第三方支付平台实行功能性监管,监管重点在交易过程,而不是从事第三方支付的机构;三是采用立体监管体制,对支付服务的监管与约束来自联邦与州两个层面;四是通过美国联邦存款保险公司进行监管;五是通过现有法规作为监管依据,并没有专门制定配套的法律法规;六是第三方支付机构需接受联邦和州两级反洗钱监管,保存所有交易记录等
知识产权	美国知识产权保护属于监管内容,并且尤为严格
税收	美国在全球最先实现线上免税,并提出各国对网上交易免关税的主张。1997 年美国与欧盟共同发表宣言,承诺建立《无关税电子空间》。1998 年,美国国会通过《因特网免税法案》,该法案明确"信息不应该被课税",2014 年,美国国会通过"永久性互联网免税法",提出网上交易最新的税收监管优惠

8.1.4 "一带一路"带动中欧班列为跨境电商发展提供了"加速器"

服务于跨境电商的国际物流借力"一带一路"的六条陆路通道、两大水路通道及空中丝绸之路、网上丝绸之路共同创新构建国际物流水陆空一体化网络体系,进一步释放跨境电商发展潜力。

"一带一路"倡议助推全球物流业的快速发展,为世界和中国创造了双赢机会。"一带一路"带动中欧班列的快速成长,以中欧班列为核心的多式联运体系为共建"一带一路"国家提供了跨境电商的国际物流创新模式和专业服务能力。

众所周知,铁路运输"比海运省时间,比空运省费用",中欧班列的运费和时效介于空运与海运之间。自 2011 年开通第一趟渝新欧班车以来,到 2020 年,面对新冠肺炎疫情的严重冲击,中欧班列发挥国际铁路联运独特优势,全年开行 12 406 列,同比增长 51%,首次突破

"万列"大关。中欧班列从最开始承运大宗货物,发展到现在的电子产品、日用百货、机械化工、纺织品等200多个品类,跨境电商货物占比快速提升。"一带一路"倡议和远景规划的逐步落实,共建"一带一路"国家基础设施的不断完善,辐射范围内网络体系的持续充实和健全,特别是跨境电商市场的快速发展,将推动中欧班列继续保持良好的发展趋势。

表 8.3　2011—2020 年中欧班列开行数量及增长速度

单位:列次

年份	开行数量	同比增长	备　注
2011	17	—	
2012	42	147%	
2013	80	90%	
2014	308	285%	
2015	815	165%	
2016	1 702	109%	
2017	3 676	116%	
2018	6 363	73%	
2019	8 225	29%	
2020	12 406	51%	

数据来源:根据中国国家铁路集团公开数据整理而成。

8.1.5　全球网络分工的新变化为跨境电商发展提供了新契机

随着互联网在国际贸易中的应用,全球贸易分工形式出现重大变化,原来基于物权交易的分工基础,逐步向以职能分工为基础转变,尤其是在跨境电商等非物理限制的领域,渠道的运营职能从原有流通领域中被再次剥离出来,并在全球贸易环境中重新分工,从原来的生产中心、消费流通中心的"双核心"逐渐形成"三核心"合作运营形态,即以生产制造为核心的产品中心,以流通物流为核心的物流中心和以运营、分配、调拨资源为核心的运营中心。

当前,我国电子商务市场规模全球领先,电子商务从业者超过 5 000 万人,跨境电商规模也稳居世界第一,这为我国培育出数量众多的高质量电商运营人才。在运营中心逐渐从流通领域中分离出来但尚未在全球形成定式的分工格局背景下,如何将这些电商运营人才加以组织并在跨境贸易中有效利用,打造跨境电商全球运营中心,将成为抓住此次分工红利的重要契机。

在互联网时代之前,仅有大型跨国公司依靠其雄厚的财力及技术进行全球资源调配,但今天在互联网技术及数据业务的加持下,更多的中小微跨境电商卖家可以深度参与其中而不受物理位置的限制。

跨境电商全球运营中心突破了地理空间的限制,更聚焦其所承担的职能。全球运营中心具体职能由浅入深主要包括以下几个方面:①线上店铺运营;②市场营销、品牌定位、渠道管理;③物流规划及管理;④产品设计、品类质量标准制定、供应链优化及管理;⑤财务、税务、法律、知识产权、IT 系统支持等公共支持服务;⑥全产业链金融服务、全球资源管理及调配、产业化数据规则制定;⑦数字化交易平台。

打造跨境电商全球运营中心,这给外贸产业基础薄弱、物流不具优势的内陆地区,提供了发展跨境电商的绝佳思路。可以快速集聚并培养适合本地发展的跨境贸易运营人员,通过电商的集聚和辐射能力,进而影响全球该产业或领域,逐步打造该产业的跨境电商全球运营中心,未来有可能发展成如伦敦金属交易市场、纽约外汇交易市场、芝加哥农产品交易市场一样的数字化交易市场。

8.2　国际环境中影响跨境电商发展的不利因素分析

8.2.1　外部环境不确定性风险加剧

(1)国际政治环境紧张

当今世界正处在大发展、大变革、大调整时期,全球政治环境紧张,经济全球化遭遇逆流,逆全球化势力叫嚣不断,全球经济复苏乏力。当前我国经济已经深度融入全球经济,在新冠肺炎疫情肆虐全球的影响下,虽然我国对外贸易进出口总额整体呈增长趋势,但增速有所下降,2010—2020 年进出口贸易总额的年均增长率仅为 4.8%。

(2)贸易保护主义盛行

近年来,受全球经济发展放缓的影响,世界各国为了自身利益设置了层层贸易壁垒,贸易保护主义和单边贸易主义抬头,对我国不断发起制裁限制。部分发达国家对中国等发展中国家实施反倾销、反补贴等调查,世界货物自由流动的环境受到了挑战。中美贸易摩擦的持续升级、万国邮联上调国际小包终端费、欧盟实施增值税改革等,大国间的博弈使跨境电商面临物流、税收和监管等一系列风险。2020 年很多中国企业经营活动受限,中国产品在美国、印度市场受到了不公正对待。这些都表明,我国跨境电商所面临的外贸形势具有重大不确定性。

2020 年世界经济衰退明显,产业链供应链循环受阻,国际贸易投资锐减,国际市场需求大幅下降,多个国家对我国发起持续的贸易限制和技术封锁。中美、中印、中澳等国际关系矛盾频发,各种贸易管制手段层出不穷,贸易保护范围从商品市场拓展到服务业、金融业和知识产权保护等方面,我国产品在美国、印度等市场遭受不公平对待,出口形势异常严峻。2020 年我国遭印度封杀的 App 达 267 个,包括阿里巴巴、字节跳动等公司旗下的各类社交、游戏、生活类 App,全印度贸易商联合会还专门发起抵制中国产品运动,这一系列"封杀"给以印度为核心市场的跨境电商平台及企业带来很大影响。同时海外疫情还未得到有效控制,病毒存在范围广泛,国外复工复产缓慢,也给跨境进口市场带来极大风险,中国外贸形势面临前所未有的挑战。

（3）海外需求疲软

当前,由于西方主要经济体增长动能不足,新兴经济体增长势头回落,地缘政治因素不确定性持续加大,叠加美国单边贸易保护主义对全球产业链布局造成的严重干扰,全球经济增长进入周期性低点。2020 年新冠肺炎疫情更使全球经济雪上加霜,全球经济深度衰退,国际贸易大幅萎缩。据联合国贸易和发展会议 2020 年 9 月发布的《2020 贸易和发展报告》,预计 2020 年全球商品贸易较上年下降 20%,全球外国直接投资较上年缩减 40%。在国际贸易"蛋糕"不足的情况下,一些发达国家为保护自身贸易利益,陆续推行各种限制国际贸易的措施,对来自国外的商品人为设置更多贸易或非贸易壁垒。

8.2.2 跨境物流面临严峻挑战

目前,制约我国跨境电商产业发展的最大因素是国际物流服务。2020 年,我国跨境电商进出口规模达 1.69 万亿元,跨境电商物流市场高达 8 000 亿元,但其中大部分市场份额被国际物流公司占据,国内物流公司的市场规模约为 2 000 亿元,仅占 25%。尤其是在终端配送段,全球业务几乎被 UPS、Fedex、DHL 和 EMS 四家巨头公司垄断,我国快递行业的龙头企业"三通一达"和顺丰,仅在我国拥有较大市场和较高知名度,在跨境物流和境外配送方面的市场份额相对较低,对跨境电商的支撑作用还很小。终端配送的高度集中化,也带来了跨境电商产业发展的潜在风险。跨境物流承担着商品交付转移的功能,是跨境电商发展的重要支撑,在跨境电商贸易活动中起着非常重要的作用。尽管我国当前已建立起相对比较完备的海陆空物流运输体系,但跨境物流与国内物流相比,配送流程更为复杂,对于物流基础设施、软件服务的要求也更高。总体来看,我国的跨境物流还存在基础设施落后、业务规模有限、全程无法实时跟踪、退换货难度大等问题。服务于跨境电商的国际物流具有需求碎片化、运输高频率、物流线路长等特点,再加上我国物流企业的国际网络不完善不健全等问题,我国物流企业存在两个发展痛点。一是物流成本高。跨境电商的物流费用占成本的 20% ~ 30%。二是市场份额小。由于国内物流企业(特别是快递企业)的全球网络体系不健全,服务功能及信息系统尚不能满足跨境电商发展等原因,大部分国际物流市场份额被国外物流企业占据。

跨境电商的客户需求和时效要求不同,对国际物流产生多样化的需求,因此派生出多种跨境电商物流模式。服务于跨境电商的国际物流模式主要包括邮政小包、国际专线、国际快递、海外仓等,其主要运营模式及特点各有不同。

（1）跨境物流成本费用攀升

受全球疫情的影响,2020 年多国在出入境、海关监管、物流等方面监管趋严,造成跨境物流运价上涨、时效下降,全球主干航线综合准班率指数不断刷新最低纪录,跨境物流费用创新高。海运方面,因集装箱设备短缺、船期大量延误、舱位难以保证、运价持续上涨等因素,全球海运供应链陷入困境。上海航运交易所数据显示,2021 年 1 月 8 日中国出口集装箱运价综合指数达 1 753.85 点,再度刷新历史新高,2020 年 5 月该指数平均值仅为 837.74点。上海到美国西岸长滩 40 英尺箱的海运费,由 2020 年 5 月 18 日的 1 550 美元上涨到2021 年 1 月 7 日的 4 500 美元。①航空方面,国际航空公司采取了停飞中外主要航线的措施,直接导致航空运力大幅缩减,国际物流运输只能通过货运包机的方式,物流发货成本大幅增加。国际航协估计 2021 年全球航空交通量将比疫情之前下降 32% ~ 41% ,疫情对航空业的影响将持续至少 5 年。②铁路运输方面,疫情期间中欧班列常态化稳定开行,开行班次和运输货值均逆势上扬,但在国内集装箱紧缺、物流循环速度下

同时,受新冠肺炎疫情影响,跨境电商物流成本迅速上涨,远远高于同时期的两倍甚至三倍,再加上疫情严重的欧美国家的物流效率和签收率降低,严重影响了企业货款的回笼,企业运营资金压力也相应增大。前后夹击之下,跨境电商企业的现金流和资金周转能力承受较大压力。此外,跨境电商在国外的运营成本也有显著上浮。

(2)跨境物流基础设施建设落后

物流基础设施是物流企业执行跨境物流工作的保障,基础设施不完善将影响物流水平的提高和物流运输能力的增强。我国物流公司与国际上主要的跨境物流公司相比,基础设施建设相对欠缺。例如,在运输方式层面,我国与共建"一带一路"国家和地区的很多运输方式并不完善,有的运输专线尚处在规划设计中,没有形成成熟的物流运输体系,这对于跨境电商的铁路运输产生诸多障碍,抑制了铁路运输对跨境电商发展的促进作用;对于航空运输而言,我国与中亚之间通航设备完善的大型机场较少,能够直达的航线更少,制约了跨境电商物流的发展;在企业层面,中小型物流企业是当下我国跨境电商物流配送的主要成员,这些中小型企业资金薄弱,管理能力低下,无法科学高效地做好物流运输活动,使用的大部分是最低端的存储仓库,只能满足最基本的货物存放功能。目前,虽然国内顺丰、邮政物流体系等已开通了国际快递业务,但物流配送能力与 DHL 国际快递公司、亚马逊物流公司等相比仍有较大差距。公开数据显示,DHL 业务遍布全球 220 多个国家和地区;亚马逊 2019 年的 B2C 物流占据全球的 12% ,拥有 7 000 多辆卡车、40 多架飞机,体量是顺丰的 40 多倍。我国物流企业经常在一些如全球"双十一"、黑色星期五等跨境营销活动中面临快递爆仓、配送滞后等问题,严重影响了客户的购物体验。

(3)跨境物流企业业务规模有限

我国的跨境物流主要有邮政小包、国际快递、专线物流和国内快递企业的跨境物流业务。和国际快递相比,我国的邮政小包速度慢、丢包率较高;专线物流和国内快递企业的跨境物流业务覆盖地区有限。2020 年我国国际快递业务量、业务收入占总体份额分别为2.2% 和 12.2% ,自建网络仅覆盖全球 60 多个国家和地区。①我国跨境物流企业在国外仓储、配送和运输枢纽方面还存在明显不足,特别是在全球终端配送业务方面,UPS、FedEx 和DHL 这三家企业占据全球绝大部分份额。而我国跨境电商出口物流需求在全球占据着主导

地位,17 Track 公布的统计数据显示,2019 年 8 月至 2020 年 7 月全球总的跨境电商包裹中,仅我国发出的包裹占比就达到 60% ,遥遥领先于其他所有国家。②我国跨境物流企业的服务供给远远无法满足出口企业的需求,这一点在海外疫情严重时表现得特别明显。

(4)跨境物流无法实时跟踪

跨境电商物流运输环节较为复杂,商品要经过我国物流运输、我国海关、国际运输、国外海关、国外物流等环节才能最终配送到消费者手中,环节多、时间长,对包裹的全程跟踪会直接影响到消费者对物流配送的满意度。我国的物流信息化程度较高,境内段物流包裹能够实现全程跟踪,但是包裹出境进入其他国家之后,由于国内外物流体系不同、某些国家信息化水平较低等原因,跨境物流包裹常常难以实现实时、全程追踪和监控,且各运输环节的信息若不对称则容易导致货物滞留海关。消费者在付款后无法及时获取商品的运输配送信息、到达时间、终端配送等待时间等问题大大降低和影响消费者对跨境电商物流的满意度和购物体验,最终导致商家资金压力变大和跨境商品出口受阻。

(5)退换货流程烦琐

与线下实体店购买商品相比,电商的虚拟性使消费者在网络购物过程中对商品的材质、大小、长短、颜色等特征没有直观准确的判断,因此线上交易退换货问题较普遍。而当前我国跨境电商物流体系不够完善,退换货流程十分复杂,其中商品退换过程中经过多次转运,货物丢失或商品损坏的可能性很大,经过海关和商检时也有可能出现没收、退件现象,这些导致我国跨电商交易中退换货成本居高不下,不论商家还是消费者都难以承担。退货时消费者需要自行与卖家协调,这又涉及语言、文化、习惯、宗教等各种问题;而且单件商品物流费用高,当出现较多退换货现象时,会导致跨境电商企业的物流运输成本大幅增加。这些问题导致中小跨境电商卖家的退换货服务"名存实亡",严重影响了我国企业的形象和信誉。

8.2.3 跨境支付与结算平台受制于人

支付服务体系也是我国跨境电商规模增长的重要影响因素。我国跨境电商出口卖家辛苦赚取的销售货款,如何安全合规、快速便捷地回流国内,事关出口卖家的可持续发展,也事关我国外汇安全。目前,我国跨境电商支付通道主要依赖于以 PayPal 为代表的国际支付公司,我国大部分第三方支付机构只涉及跨境收款服务,跨境支付市场的交易额占比很低。西方支付通道成为我国跨境电商领域最大的贸易壁垒和技术壁垒。

随着我国跨境贸易规模的不断攀升,很多银行、第三方支付公司加入到跨境支付队伍中来。在跨境电商零售出口方面,我国第三方支付公司通常与跨境电商交易平台合作,主要参与收款环节,服务于平台上的跨境电商卖家。然而,收单业务主要由以 PayPal 为主的国际第三方支付公司垄断,PayPal 是全球最大的移动支付公司,在欧美市场的渗透率常年稳居前列。这对于我国跨境电商发展实为不利。

在跨境电商结算环节,以卡组织为介质,银行仅作为收单行参与清算和结算过程。目前,全球卡组织主要有三家,按照结算量依次是 Visa、MasterCard、银联。其中,银联的结算体量主要依赖于我国 40 万家跨境电商卖家。总体而言,我国跨境电商结算体量还很小,与我国庞大的跨境电商市场规模严重不对等。

近年来,我国跨境电商发展迅猛,但交易过程中跨境支付和信用问题日益突出,已成为制约我国跨境电商可持续发展的重要瓶颈。

跨境支付体系建设面临监管和技术难题。跨境支付是跨境电商活动的重要环节,2019年我国跨境电商支付行业交易规模达 7 500 亿元,同比增长 51.69%。目前我国跨境电商主要选择支付宝、PayPal 以及其他境外电子支付平台作为跨境支付方式。美国第三方支付系统 PayPal 能够支持 100 多种货币支付,覆盖全球 200 多个国家和地区,成为全球市场规模最大的在线支付工具。在进行跨境付款时,对应信息必须真实准确,然而这需要消耗很大的时间成本,加上不同国家所使用的货币汇率存在差异,支付风险进一步增加。跨境支付选择第三方支付时对交易双方的背景难以做到全面审查,可能在交易时存在支付违规的现象。此外,交易双方在进行线上交易时,一些不法分子会通过不正当途径获取账户信息,进行窃取密码、盗用账户等犯罪活动,严重危害跨境电商买卖双方的利益,缺乏安全保障。这些跨境支付问题对行业企业的技术标准、风险管理等能力提出了很高的要求。随着我国鼓励第三方支付政策的不断出台,支付宝、易宝支付、京东网银等第三方支付机构为跨境购物、汇款以及境外移动支付提供了重要支撑。但整体来看我国跨境支付体系建设还不完善且面临技术困难,有关部门对其监管的力度和效率也较低,制约了跨境支付的开展。

8.2.4 适应跨境电商发展的国际信用评价体系尚未建立

跨境电商交易双方信用度不完善可能会给贸易活动带来资金、产品质量和知识产权等方面的风险。因此,跨境电商的安全和稳定发展,需要构建一套完善的信用评价体系。但已有的跨境电商信用评价体系是由跨境电商平台企业建立的。由于受到资本、技术和专业等多种因素的制约,跨境电商平台所建立的信用评价体系存在评价指标及评价模型不严谨的问题,对买家和卖家的评价结果缺乏权威性。另外,受制于监管体制、宗教信仰、文化等多方面因素,全球缺乏统一的信用管理机制,各跨境平台各自建立的独立信用评价体系差异较大,无法形成一致的评价标准,导致各自的评价体系成为信息孤岛。

信用建设法律法规滞后。在中美贸易摩擦日益加剧、新冠肺炎疫情重创对外贸易的情况下,加快国际信用体系建设,对我国进一步加快跨境电商至关重要。2019—2020 年,我国跨境电商信用体系相关立法速度明显提高,先后出台了《关于全面推广跨境电子商务出口商品退货监管措施有关事宜的公告》《中华人民共和国海关企业信用管理办法》《关于促进平台经济规范健康发展的指导意见》《关于推进商品交易市场发展平台经济的指导意见》等文件和法规。这些文件和法规在某种程度上促进了跨境电商信用体系建设,对广大跨境电商从业者和消费者树立法律意识起到了重要作用。然而相较于跨境电商的迅猛发展,我国甚至国际上尚未建立起一套相对完整的跨境电商信用法律体系,相关法律法规的建设总体而言还是比较滞后的。尤其是消费者隐私保护、权益保护和争议解决机制等缺乏清晰的法律法规保护,使跨境电商企业或平台的失信成本明显偏低,跨境交易中的失信行为比较突出,降低了我国跨境电商出口企业在国际市场上的信誉度。

8.2.5　国家间关务体系尚未达成一致

关务是跨境电商服务体系的核心,目前国家间关务体系并未实现互联互通和国际互认,所以我国跨境出口商品在进入目的国关境时,往往转换成一般贸易或邮政报关渠道。近几年,河南保税集团一直在推动1210模式的反向复制,其实质就是将中国在跨境电商产业的服务创新向全球推广,并将之上升为WTO通行的贸易规则。虽然任重而道远,但可喜的是,经过多年来坚持不懈的努力,国际海关组织(WCO)已经认可并接受,并在各个国家推动试行,1210模式虽已陆续在各国试点运行,国际互认的关务体系建设正在逐步实现。

我国跨境电商企业在经历前期无序、野蛮生长之后,到当前阶段无论是外部环境还是国内政策环境的变化都对跨境电商企业的合规化运营提出更高的新要求。"无票免征、核定征收"政策的出台、公对公/公对私转账的规范以及跨境电商B2B出口试点的施行,要求跨境电商企业实现报关、税务、外汇等全链条合规。《电子商务平台知识产权保护管理》国家标准发布,海关持续开展"龙腾行动"知识产权保护专项行动,以及跨境电商交易平台不断出台严厉打击各类侵权行为的规则,促使跨境电商企业掌握自有品牌和产品。

我国的税收政策被欧盟模仿,导致出口欧盟的产品成本增加。

跨境电商的意义在于服务市场端、市场主体以及消费者,很多国家采用关税和增值税为零的政策,但我国实行关税为零、增值税和消费税按70%征收的关税政策,目前综合税率约为9.6%,这与国际通行制度不相符。此外,欧盟参照我国的跨境电商税收征管模式,对跨境电商进口商品全面征收增值税,变相提高了我国出口商品的总价,降低了我国出口商品的国际竞争力。

互联网数字税的征收及欧盟跨境电商增值税新政,推动跨境电商出口企业税务合规。只有彻底解决合规问题,跨境电商企业才能走出"灰色地带",实现行稳致远。

【思政课堂】

通过本章的教学,了解中国跨境电商发展的国际环境,理解国际环境中促进跨境电商发展的有利因素,弄清国际环境中影响跨境电商发展的不利因素,积极创造有利中国跨境电商发展的国际环境,针对中国跨境电商发展面临的国际环境问题,培养学生积极应对复杂多变的国际环境问题的应变能力与专业素养,拓宽学生的全球化视野,培养学生从事跨境电商工作必备的全球观、全局观、辩证观和互利共赢的新发展理念。

引导学生积极利用国际环境中的有利因素,妥善化解国际环境中的不利因素,增强独立分析解决国际环境问题的综合能力,培养学生积极探索全球化时代影响中国跨境电商发展的国际环境新变化、新趋势和新特点,着力培养学生对国际环境新变化、新趋势的洞察能力、适应能力、应变能力与化解能力,牢固树立自强不息的奋斗精神和贸易强国的新理念,推动中国跨境电商更快更好发展。

复习思考题

1. 国际环境中促进跨境电商发展的有利因素有哪些？并对中国如何利用其有利因素建言献策。（非标准答案）

2. 简述国际环境中影响跨境电商发展的不利因素有哪些？并对中国如何应对其不利因素提出对策。（非标准答案）

3. 为什么 RCEP、CPTPP、DEPA 有可能给中国跨境电商发展带来了广阔空间？其实现路径何在？（非标准答案）

4. 你认为跨境电商国际信用评价体系当如何构建？其保障机制是什么？（非标准答案）

5. 你认为全球跨境电商关务体系当如何构建？其保障条件是什么？（非标准答案）

第9章
中国跨境电子商务发展战略思考

9.1 跨境电商成本领先战略

9.1.1 跨境电商成本领先战略的基本内涵

跨境电商成本领先战略也称为跨境电商低成本战略,是指企业通过有效途径降低成本,使企业的全部成本低于竞争对手的成本,甚至是在同行业中最低的成本,并以低单位成本为用户提供低价格的产品,从而获取竞争优势的一种战略。这是一种先发制人的竞争战略,它要求跨境电商企业具有持续降低成本的能力。

成本领先战略的成本优势来源因产业结构不同而异。它们可以包括追求规模经济、专利技术、供应链优惠待遇和其他因素。

成本领先并不等同于价格最低。如果企业陷入价格最低,而成本并不最低的误区,换来的只能是把自己推入无休止的价格战。因为,一旦降价,竞争对手也会随着降价,而且由于比自己成本更低,因此具有更多的降价空间,能够支撑更长时间的价格战。

例如,在成本竞争中的电视机,取得成本上的领先地位需要有足够规模的显像管生产设施、低成本的设计、自动化组装和有利于分摊研制费用的全球性销售规模。追求低成本的生产厂商地位不仅需要向下移动学习曲线,而且必须寻找和探索成本优势的一切来源。

典型的跨境电商低成本生产厂商要从一切来源中获得规模经济的成本优势或绝对成本优势。如果一个企业能够取得并保持全面的成本领先地位,那么它只要能使价格相等或接近于该产业的平均价格水平就会成为所在产业中高于平均水平的超群之辈。当成本领先的企业的价格相当于或低于其竞争厂商时,它的低成本地位就会转化为高收益。然而,一个在成本上占领先地位的企业不能忽视使产品别具一格的基础,一旦成本领先的企业的产品在客户眼里不被看作与其他竞争厂商的产品不相上下或可被接受时它就要被迫削减价格,使之大大低于竞争厂商的水平以增加销售额。这就可能抵消了它有利的成本地位所带来的好处。

尽管一个成本领先的跨境电商企业是依赖其成本上的领先地位来取得竞争优势的,而它要成为经济效益高于平均水平的超群者,则必须与其竞争厂商相比,在产品别具一格的基础上取得的价值相等或价值近似的有利地位。产品别具一格基础上的价值相等使成本领先的企业得以将其成本优势直接转化为高于竞争厂商的利润;产品别具一格基础上的价值近似意味着为取得令人满意的市场占有率所必需的降低幅度还不至于冲销成本领先企业的成本优势,因此,成本领先企业能赚取高于平均水平的收益。

成本领先地位的战略一般必然地要求一个企业就是成本领先者,而不只是争夺这个位置的若干厂商中的一员。许多厂商未能认识到这一点,从而在战略上铸成大错。当渴望成为成本领先者的厂商不止一家时,他们之间的竞争通常是很激烈的,因为每一个百分点的市场占有率都被认为是至关重要的。除非一个企业能够在成本上领先,并"说服"其他厂商放弃同样的战略,否则,对盈利能力以及长期产业结构所产生的后果就可能像一些化工行业中出现的情况那是灾难性的。所以,除非重大的技术变革使一个企业得以彻底改变其成本地位,否则小成本领先就是特别依赖于先发制人策略的一种战略。

跨境电商成本领先战略的成功取决于企业日复一日地实际实施该战略的技能。成本不会自动下降,也不会偶然下降。它是艰苦工作和持之以恒地重视成本工作的结果。企业降低成本的能力有所不同,甚至当它们具有相似的规模、相似的累计产量或有相似的政策指导时也是如此。要改善相对成本地位,与其说需要在战略上做出重大转变,还不如说需要管理人员更多的重视。

跨境电商成本领先战略是指企业通过有效的途径降低经营过程中的成本,使企业以较低的总成本赢得竞争优势的战略。

成本依赖者的竞争优势基础是总成本比竞争对手要低。成本领先战略要使企业的某项业务成本最低,这是因为任何一种战略之中都应当包含成本控制的内容,它是管理的任务,但并不是每种战略都要追求成为同行业的成本最低者。

跨境电商成本领先战略应该体现为相对于竞争对手而言的低价格,但这并不意味着仅仅获得短期成本优势或仅仅是削减成本,而是一个"可控制成本领先"的概念。

成本领先战略成功的关键在于在满足顾客认为最重要的产品特征与服务的前提下,实现相对于竞争对手的可持续性成本优势,换言之,实施低成本战略的跨境电商企业必须找出成本优势的持续性来源,能够形成防止竞争对手模仿优势的障碍,这种低成本优势才能长久。

9.1.2 跨境电商企业降低总成本的有效途径

实施成本领先战略的跨境电商企业必须从战略的角度充分理解它们的成本行为,并充分利用改善其相对成本地位的机会。

首先,必须尽可能降低生产活动的成本,千万不能忽视采购活动。提起成本,大多数管理人员都会自然而然地想到生产。然而,总成本中即使不是绝大部分,也是相当大一部分产生于采购、市场营销、推销、服务、技术开发和基础设施等活动,而它们在成本分析中却常常很少受到重视。审查一下整个价值链,常常会得出能大幅度降低成本的相对简单的步骤。

许多企业在降低劳动力成本上斤斤计较,而对外购投入却几乎全然不顾。它们往往把采购看成一种次要的辅助职能,在管理方面几乎不予重视;采购部门的分析也往往过于集中在关键原材料的买价上。企业常常让那些对降低成本既无专门知识又无积极性的人去采购许多东西;外购投入和其他价值活动的成本之间的联系又不为人们所认识。对于许多企业来说,改善采购方法便会大大降低供应链产生的采购成本而轻松提高重大效益。

降低成本的规划通常集中在规模大的成本活动和(或)直接的活动上,如元器件制作和装配等,占总成本较小部分的间接的或规模小的活动难以得到企业足够的重视。

企业常常错误地判断它们的成本驱动因素。例如,全球市场占有率最大的又是成本最低的企业,可能会错误地以为是全球市场占有率推动了成本的降低。然而,成本领先地位实际上可能来自企业所经营的某个或几个重要地区的市场占有率。企业不能理解其成本优势来源则可能使它试图以提高全球市场占有率来降低成本。其结果是,它可能因此削弱了地区上的集中一点而破坏自己的成本地位。它也可能将其防御战略集中在全球性的竞争厂商上,而忽视了由强大的地区竞争厂商所造成的更大的威胁。

企业很少能认识到影响成本的所有联系,尤其是和供应厂商的联系以及各种活动之间的联系,如质量保证、检查和服务等。利用联系的能力是许多日本企业成功的基础。部分跨境电商企业认识和利用了这种联系,即使它们的政策与传统的生产和采购方法相矛盾。无法认识联系也会导致犯以下一类的错误,如要求每个部门都以同样的比例降低成本,而不顾有些部门提高成本可能会降低总的成本的客观事实。

一些跨境电商企业常常企图以相互矛盾的种种方式来降低成本。它们试图提高市场占有率,从规模经济中获益,而又通过型号多样化来抵消规模经济。它们将工厂或海外仓设在靠近客户的地方以节省跨境运费,但在新产品开发中又强调减轻重量。成本驱动因素有时是背道而驰的,企业必须认真对待它们之间的权衡取舍问题。

当企业在不能认识到成本表现各有不同时,常常不知不觉地卷入交叉补贴之中。传统的会计制度很少计量上述产品、客户、销售渠道或地理区域之间所有的成本差异。因此企业可能对一大类产品中的某些产品或对某些客户定价过高,而对其他的产品或客户却给予了价格补贴。例如,白葡萄酒变陈的要求低,因此所需要的桶比红葡萄酒的便宜。如果酿酒厂商根据平均成本对红、白葡萄酒制定同等的价格,那么成本低的白葡萄酒的价格就补贴了红葡萄酒的价格了。无意之中的交叉补贴又常常使那些懂得成本、利用成本来削价抢生意以改善自身市场地位的竞争厂商有机可乘。交叉补贴也把企业暴露在那些仅仅在定价过高的部分市场上集中一点的竞争厂商面前。

为降低成本所做的努力常常是在现有的价值链上争取增值改善,而不是寻求重新配置价值链的途径。增值改善可能会达到收益递减点,而重新配置价值链却能通往一个全新的成本阶段。

跨境电商企业在降低成本中绝不能抹杀了它对客户的别具一格的特征,否则就可能损害其与众不同的形象。虽然这样做可能在战略上是合乎需要的,但这应该是一个有意识选择的结果。降低成本的努力而主要侧重在对企业别具一格没有什么坏处的活动方面。此外,成本领先的企业只要在任何不花大钱就能创造别具一格的形象的活动方面狠下功夫,如此,也会提高效益。

根据企业获取成本优势的途径与方法不同,把成本领先战略概括为如下几种主要类型。

①简化产品型成本领先战略:就是使产品简单化,即将产品或服务中添加的花样全部取消。

②改进设计型成本领先战略。

③材料节约型成本领先战略。

④人工费用降低型成本领先战略。

⑤生产创新及自动化型成本领先战略。

9.1.3　跨境电商成本领先战略的基本思想

跨境电商成本领先战略的基本思想产生于达到成本领先的相关因素中。

(1)保持成本竞争优势、获得更大利益是跨境电商成本领先战略的主要动因

从竞争的角度看,不论企业采取何种战略,成本问题始终是企业战略制定、选择和实施过程中需要考虑的重点问题。如何为企业赢得成本优势和竞争优势,是企业战略管理的重要内容,也是成本领先战略的主要动因。

(2)厉行节约是跨境电商成本领先战略的原动力

节约可以以相同的资源创造更大的价值,可以使有限的资源延长使用时间。在市场经济条件下,节约不仅是卖方所追求的,也是买方乐意接受的,作为买方所期望的是同等质量下价格最低。正是人类的这种追求,形成了成本领先战略的原动力。

(3)全员参与成本控制活动是跨境电商成本领先战略的基础

在影响成本的诸因素中人的因素占主导地位,人的素质、技能、成本意识以及降低成本的主动性都对成本产生重要影响。并且,在企业的经济活动中,每一个人都与成本有关。因此,降低成本必须全员参与,树立起全员的成本意识,调动全员在工作中时刻注意节约成本的主动性,这是成本领先战略的基础。

(4)全过程控制成本是跨境电商成本领先战略的保障

成本产生于企业经营活动的各个环节,从产品设计、材料采购、产品制造到产品销售及售后服务的全过程中,时刻都有成本发生。因此,控制成本不是控制哪一个环节的成本,尤其不能误解为只控制制造成本,必须全过程控制,从而达到综合成本最低。只有综合成本最低,才能保障成本领先战略的实施。

9.1.4 跨境电商成本领先战略的目标要求

跨境电商成本领先战略在不同的企业和同一企业的不同发展阶段,所追求和所能达到的目标是不同的,其目标是多层次的。企业应当根据自身的具体情况,整体筹划,循序渐进,最终实现最高目标。

(1)跨境电商成本领先战略的最低要求是降低成本

以最低的成本实现特定的经济目标是每个企业都应当追求的,当影响利润变化的其他因素不变时,降低成本始终是第一位的。但成本又是经济活动的制约因素,降低成本意味着对企业中每一个人都有成本约束,而摆脱或减轻约束是人的本性所在。因此,实施成本控制、加强成本管理,在企业中是一个永恒的话题。在既定的经济规模、技术条件和质量标准条件下,不断地挖掘内部潜力,通过降低消耗、提高劳动生产率、合理地组织管理等措施降低成本,是成本领先战略的基本前提和最低要求。

(2)跨境电商成本领先战略的高级形式是改变成本发生的基础条件

成本发生的基础条件是企业可利用的经济资源的性质及其相互之间的联系方式,包括劳动资料的技术性能、劳动对象的质量标准、劳动者的素质和技能、企业的管理制度和企业文化、企业外部协作关系等各个方面。在特定的条件下,生产单位产品的劳动消耗和物料消耗有一个最低标准,当实际消耗等于或接近这个标准时,再要降低成本只有改变成本发生的基础条件,可通过采用新设备、新工艺、新设计、新材料等,使影响成本的结构性因素得到改善,为成本的进一步降低提供新的平台,使原来难以降低的成本在新的平台上进一步降低,这是降低成本的高级形式。这一点在一些对安全和质量要求高的产品上,显得尤为重要和困难。如航空产品的制造和维修,降低成本的困难在于承担技术革新的风险;又如建筑行业,由于终身追究质量责任,过剩设计的现象已是不争的事实,而设计的浪费恰恰是最大的浪费。

(3)跨境电商成本领先战略的最低目标是增加企业利润

在其他条件不变时,降低成本可以增加利润,这是降低成本的直接目的。在经济资源相对短缺时,降低单位产品消耗,以相同的资源可以生产更多的产品、可以实现更多的经济目标,从而使企业获得更多的利润。但成本的变动往往与各方面的因素相关联,若成本降低导致质量下降、价格降低、销量减少,则反而会减少企业的利润。因而成本管理不能仅仅着眼于成本本身,要利用成本、质量、价格、销量等因素之间的相互关系,以合适的成本来维系质量、维持或提高价格、扩大市场份额等,使企业能够最大限度地获得利润。同时成本还具有代偿性特征,在不同的成本要素之间,一种成本的降低可能导致另一种成本的增加;在成本与收入之间,降低成本可能导致收入下降,通过高成本维持高质量可提高收入,也有可能获得高利润。

（4）跨境电商成本领先战略的最终目标是使企业保持成本竞争优势

跨境电商企业要在市场竞争中保持竞争优势,在采取诸多的战略措施和战略组合中,成本领先战略是其中的重要组成部分,同时其余各项战略措施通常都需要成本管理予以配合。战略的选择与实施是企业的根本利益之所在,降低成本必须以不损害企业基本战略的选择和实施为前提,并要有利于企业管理措施的实施。成本管理要围绕企业为取得和保持竞争优势所选择的战略而进行,要适应企业实施各种战略对成本及成本管理的需要,在企业战略许可的范围内,在实施企业战略的过程中引导企业走向成本最低化,这是成本领先战略的最终目标,也是成本领先战略的最高境界。

9.1.5　跨境电商成本领先战略的条件要求

跨境电商企业实施成本领先战略的外部条件要求如下:
①现有竞争企业之间的价格竞争非常激烈。
②企业所处产业的产品基本上是标准化或者同质化的。
③实现产品差异化的途径很少。
④多数顾客使用产品的方式相同。
⑤消费者的转换成本很低。
⑥消费者具有较大的降价谈判能力。

企业实施成本领先战略,除具备上述外部条件之外,企业本身还必须具备如下技能和资源,即跨境电商企业实施成本领先战略的内部条件要求:
①持续的资本投资和获得资本的途径。
②生产加工工艺技能标准化。
③认真的劳动监督。
④设计容易制造的产品。
⑤低成本的分销系统。
⑥培养技术人员。

9.1.6　跨境电商成本领先战略的收益风险

采用成本领先战略的收益在于:

（1）成本领先者的盈利能力较强

由于企业的成本低于同行业中的其他企业,所以产品在以行业平均价格进行销售时,企业取得的利润就高于同行业的平均水平,这一优势在行业内进行削价竞争时尤其明显,由于销售价格的降低,其他企业的盈利降低,这时低成本的企业还存在盈利空间,其低成本的地位即转为高效益。另外,如果企业的产品销售保持是在行业的平均盈利率,那么企业产品市场的表现则是更低的销售价格,这无形中能够增加产品的竞争力,所以成本领先战略是企业最普遍、最通用的竞争战略之一。

（2）成本领先者可以有效防御竞争对手的进攻

因为竞争对手无法在价格上与成本领先者进行比拼。但是竞争对手不会放弃，他们会采取差异化战略与成本领先者进行较量。因此，成本领先者要时刻注意捕捉市场信息，制定有效的防御体系，丰富战略结构，巩固成本领先战略的市场地位。我国家电零售商就是成本领先战略应用的典范。面对竞争对手和地方家电零售企业的竞争，国美、苏宁等家电零售巨头，在继续巩固其成本优势的同时，不断加强其服务体系的建设，其送货、安装、维修等服务及时有效，形成其他中小家电零售商无法追逐的销售服务系统，从而大大提升了企业的竞争力，这种差异化战略的有效应用，逐渐巩固并扩大其成本领先优势。

（3）成本领先者可以有效抵御购买商的讨价还价

强有力的购买者可能迫使成本领先者降低价格，但因其价格的下降幅度不可能低于行业内第二成本领先者。原因有二：

一是如果其降价幅度低于行业内第二成本领先者，那么，顾客将被大量地吸引到第一成本领先者那里，并使其进一步巩固其成本领先优势，也可能造成第二成本领先者退出市场，这对顾客是极为不利的。

二是如果这种情况发生的话，购买者将不得不付出更高的价格获得其所需的产品，任何购买者都不期望自己只有一种选择。因此，顾客的讨价还价能力对成本领先战略的影响不大。

（4）成本领先者可以迫使供应商维持原价格

相对于成本较高者，企业应用成本领先战略可以有效地消耗供应商价格上的上调。因为成本领先战略使企业可以比其他竞争对手赚到更多的毛利。

（5）成本领先者足以应对潜在进入者

低成本是潜在竞争对手的进入壁垒。新进入者由于受到技术、管理、经验等诸多方面的限制，无法达到足够低的成本和效率，也就无法有效地与成本领先者进行竞争。企业应用成本领先战略，在遇到市场竞争时，就会以较低的利润水平进行产品销售，这样对新进入者的冲击是毁灭性的。这样的成本领先者往往把"较低的毛利率和较高的周转率作为成功的秘诀"。

采用成本领先战略的风险主要包括：

①降价过度引起利润率降低。

②新加入者可能后来居上。

③丧失对市场变化的预见能力。

④技术变化降低企业资源的效用。

⑤容易受到外部环境的影响。

跨境电商企业只要在市场竞争中采取合理的战略措施和战略组合,持续有效地降低总成本并保持产品的别具一格特征,就能保持成本竞争优势。

9.2　跨境电商技术领先战略

9.2.1　跨境电商技术领先战略的基本内涵

跨境电商技术领先战略是指在全球跨境电商市场竞争中,以持久、广泛的研发活动为后盾获取革命型或突进型创新,并领先于其他企业把以革命型或突进型创新为基础的全新产品投放市场,占据技术和市场的领导地位;设法把自己的产品设计确立为产业的主导设计;不断向市场推出先进型和渐进型产品创新以及重大的过程创新,维持和巩固自己的技术和市场领先地位。实行该战略需要企业拥有超越竞争对手的强大研发力量,在获取产业主导设计、市场领导、品牌认知和知识产权等方面处在领先地位。例如,安克电源产品的技术创新便是跨境电商技术领先战略成功实施的典型案例。

技术创新是实行技术领先战略的核心内涵。技术创新是以创造新技术为目的的创新或以科学技术知识及其创造的资源为基础的创新。前者如创造一种新的技术,后者如以现有的技术为基础开发一种新产品或新服务。彼此相互依赖,结为一个有机整体,是跨境电商企业实行技术领先战略的重要来源和可持续发展的重要保障。

技术创新在很大程度上决定了一国跨境电商的核心竞争力。技术创新,亦即生产技术的创新,包括开发新技术,或者将已有的技术进行应用创新。科学是技术之源,技术是产业之源,技术创新建立在科学发现基础之上,而产业创新主要建立在技术创新基础之上。因此,技术创新和产品创新有密切关系,又有所区别。技术的创新可能带来但未必带来产品的创新,产品的创新可能需要但未必需要技术的创新。一般来说,运用同样的技术可以生产不同的产品,生产同样的产品可以采用不同的技术。产品创新侧重于商业和设计行为,具有成果的特征,因而具有更外在的表现;技术创新具有过程的特征,往往表现得更加内在。产品创新可能包含技术创新的成分,还可能包含商业创新和设计创新的成分。技术创新可能并不带来产品的改变,而仅仅带来成本的降低、效率的提高,例如技术创新改善生产工艺、优化作业过程从而减少资源消费、能源消耗、人工耗费或者提高作业速度。另外,新技术的诞生,往往可以带来全新的产品,技术研发往往对应于产品或者着眼于产品创新;而新的产品构想,往往需要新的技术才能实现。

技术创新是一个从产生新产品或新工艺的设想到市场应用的完整过程。它包括新设想的产生、研究、开发、商业化生产到扩散这样一系列活动,本质上是一个科技、经济一体化过程,是技术进步与应用创新共同作用催生的产物。它包括技术开发和技术应用这两大环节。这样理解的技术创新的最终目的是技术的商业应用和创新产品的市场成功。这一观点并不仅仅关注技术创新中的市场导向,它也关注技术开发本身。由此可见,只有从科技与经济一体化过程、技术进步与应用创新"双螺旋结构"来理解技术创新,才能理解技术创新内涵之精髓。这对于跨境电商技术领先战略的实践具有重要指导意义。

9.2.2 跨境电商技术领先战略的实现路径与模式

跨境电商企业需要把生产要素的"新组合"引入出口产品的生产体系[①],以便技术优势转化为产品优势,进而转化为市场优势。它涉及新产品开发、新生产方法应用、新的组织与管理形式实施、新的供货渠道与新市场的开拓等方面。创新不同于发明,它由有胆识、有能力的企业家把发明引入经济领域,从而不同程度地影响生产和生活方式。生产技术的创新,从开始的基础研究到生产中的实际应用以及商业化,这一过程相当复杂。创新活动过程可区分为研究与开发、中试、批量生产、技术推广与普及等几个不同阶段。其中,研究与开发依其性质又可以分成基础研究、应用研究与产品开发三个层次。基础研究泛指一切为增进科技知识所作的科学研究,不具有特定的商业目的。应用研究是针对基础研究所建立的有关生产知识或创意,研究如何将其应用于实际活动中。应用研究的成果转化为新的生产方法或新产品的发明,其成果形式或者是专利,或者是一种公共知识。不管是哪一种成果形式,都有待进一步开发,通过技术和经济上可行性的多方面测试才能正式投产,然后在市场上销售,进入商业化阶段。

根据技术创新的重要性不同亦可将技术创新划分为以下四类。①渐进性创新(Incremental Innovation):渐进性的、连续的小创新。②根本性创新(Radical Innovation):开拓全新领域、有重大技术突破的创新。③技术系统的变革(Change of Technology System):这类创新将产生具有深远意义的变革,通常出现技术上有关联的创新群的出现。④技术—经济范式的变更(Change in Techno-economic Paradigm):这类创新将包含很多根本性的创新群,又包含很多技术系统变更[②]。

引进消化吸收再创新是跨境电商企业技术能力演化和技术创新模式升级的重要特征之一。技术能力按照演化维度可分为技术仿制、创造性模仿和自主创新三个阶段,技术创新模式决定于技术能力,要与之相适应才能取得最佳的创新效益,按照技术创新的自主程度从低到高可分为简单仿制、模仿创新以及自主创新三种层次。企业引进消化吸收再创新,实质上是技术能力和技术创新模式匹配关系形态不断演进的过程。

技术创新分为独立创新、合作创新、引进再创新三种模式。

技术创新既可以由企业单独完成,也可以由高校、科研院所和企业协同完成,但是,技术创新过程的完成,是以产品的市场成功为标志。因此,技术创新的过程,无论如何是少不了企业参与的。对于某个跨境电商企业来说,究竟采取何种方式进行技术创新,要视技术创新的外部环境和企业自身的实力等有关因素而定。从跨境电商大企业来看,则要建立自己的技术开发中心,提高技术开发的能力和层次,营造技术开发成果有效利用的机制;从跨境电

---

① 熊彼特(J. A. Schumpeter)在1912年《经济发展理论》中曾经指出,创新是指把一种从来没有过的关于生产要素的"新组合"引入生产体系。

② 苏塞克斯大学的科学政策研究所(Science Policy Research Unit,简称SPRU)将技术创新划分为四类。

商中小企业来看,主要是深化企业内部改革,建立承接技术开发成果并有效利用的机制。对政府而言,就是要努力营造技术开发成果有效转移和企业充分运用的社会氛围,确立企业在技术创新中的重要地位。至于提供技术开发成果的科研院所和高校,需要强化科技成果转化意识,加大技术开发成果面向市场的力度,使企业有可能获得更多的、有用的技术开发成果。对技术创新的认识,无论是只强调技术,还是只强调经济,都是片面的认识。只有两者结合,才能体现技术创新的本质内涵与现实要求。

信息技术的发展推动了知识社会的形成,科技界日益认识到技术创新不仅是一个科技、经济一体化过程,是技术进步与应用创新"双螺旋结构"共同作用催生的产物。从复杂性科学的视角,技术创新活动绝非简单的线性递进关系,也不是一个简单的创新链条,而是一个复杂、全面的系统工程。在多主体参与、多要素互动的过程中,作为推动力的技术进步与作为拉动力的应用创新之间的互动推动了科技创新。技术进步和应用创新两个方向可以被看作既分立又统一、共同演进的一对"双螺旋结构",或者说是并行齐驱的双轮——技术进步为应用创新创造了新的技术,而应用创新往往很快就会触到技术的极限,进而提出技术创新的进一步需求。只有当技术创新和技术应用的激烈碰撞达到一定的融合程度时,才会诞生出引人入胜的模式创新和行业发展的新热点。技术创新正是这个技术进步与应用创新"双螺旋结构"共同演进催生的产物。

从广义上讲,技术进步是指技术所涵盖的各种形式知识的积累与改进。在跨境电商的全球竞争中,技术进步的途径主要有三个方面,即技术创新、技术扩散、技术转移与引进。

对于后发国家来说,工业化的赶超就是技术的赶超。根据当前的情况,后发国家技术赶超应该分为三个阶段:第一阶段以自由贸易和技术引进为主,主要通过引进技术,加速自己的技术进步,促进产业结构升级;第二阶段,技术引进与技术开发并重,实施适度的贸易保护,国家对资源进行重新配置,通过有选择的产业政策,打破发达国家的技术垄断,进一步提升产业结构;第三阶段,必须以技术的自主开发为主,面对的是新兴的高技术产业,国家主要通过产业政策,加强与发达国家跨国公司的合作与交流,占领产业制高点,获得先发优势和规模经济,将动态的竞争优势与静态的比较优势结合起来,兼顾长期利益与短期利益,宏观平衡与微观效率,有效地配置资源,实现跨越式赶超。目前我国跨境电商主要通过各类高新技术产业园区和开发区来完成技术赶超工作,政府通过政策等引导资金、技术、人才、产业等的集聚来孵化跨境电商高新企业和高新技术。

应用创新,就是以用户为中心,置身用户应用环境的变化,通过研发人员与用户的互动挖掘需求,通过用户参与创意提出到技术研发与验证的全过程,发现用户的现实与潜在需求,通过各种创新的技术与产品,推动科技创新。应用创新要求建立畅通高效的创新服务体系,为技术与产品研发提供最贴近市场和用户需求的信息,推动应用创新,并进一步提供技术进步的动力。同时,技术研发方通过以应用为核心,进行技术集成创新,培养产品设计能力、研发能力,逐步向产业上游发展,推动产业的更新换代,提升整个行业科技水平。目前的科技创新体系更多地注重技术进步,对面向用户的应用创新较少给予关注。科技成果的转化率低、实用性和推广性差等很多科技管理体系的弊病都与此相关,技术发展与用户需求对接出现了问题,造成技术进步与实际应用之间的脱节。制度设计对于技术发展、产品转化十分重要。当我们通过高新技术园区这种制度设计实现了产业的集聚、技术的集聚、人才的集聚的时候,我们却没有很好的在制度层面上解决技术的应用、转化以及以用户需求为中心的应用创新的机制,在科技支撑经济社会发展特别是公共服务业的一线管理与服务方面缺乏动力。

为进一步完善科技创新体系,我们有必要在应用创新方面通过开放创新、协同创新平台,即应用创新园区的制度设计,来实现用户、需求的集聚,实现以用户需求为中心的各类创新要素的集聚和各类创新主体的互动。以高新技术园区和应用创新园区两种制度设计的高度互补与互动,形成技术进步和应用创新的两轮驱动、并驾齐驱,通过"双螺旋结构"的互动全面推动技术创新,探索面向未来、以人为本的创新2.0模式将是健全和完善科技创新体系的一个重要探索。

9.2.3 跨境电商技术领先战略的条件要求

跨境电商企业实施技术领先战略的外部条件要求如下:

①可以有很多途径创造企业与竞争对手产品之间的技术差异,并且这种高技术含量的新产品被顾客认为是有价值的。

②顾客对新产品的需求和使用技术含量高的新产品的需求强烈。

③采用类似技术创新的竞争对手很少。

④新技术、新产品的知识产权保护制度健全。

⑤技术变革很快,市场上的竞争主要集中在不断地推出新的产品特色。

⑥激励技术创新、产品创新的宏观政策和社会环境良好。

企业实施成本领先战略,除具备上述外部条件之外,企业本身还必须具备如下技能和资源,即跨境电商企业实施技术领先战略的内部条件要求。

①具有很强的研究开发能力,研究人员要有创造性的眼光。

②企业具有以其产品质量或技术领先的声望。

③企业在这一行业有悠久的历史或吸取其他企业技术的能力并自成一体。

④企业具有吸引高级研发人员、创造性人才和高技能职员的物质设施和激励机制。

⑤企业有很强的新产品市场营销能力。

⑥研究与开发、产品开发以及市场营销等职能部门之间要具有很强的协调性。

⑦企业有足够的技术创新财力。

⑧各种销售渠道之间能形成强有力的合作。

9.2.4 跨境电商技术领先战略的收益与风险

采用技术领先战略的收益在于:

①技术领先者的盈利能力较强。

②技术领先者可以有效防御竞争对手的进攻。

③技术领先者可以有效抵御购买商的讨价还价。

④技术领先者可以迫使供应商维持原价格。

⑤技术领先者足以应对潜在进入者。

采用技术领先战略的风险主要包括：

①竞争对手技术变化引起利润率降低。

②新加入者可能后来居上。

③丧失对市场技术变化的预见能力。

④技术变化降低企业创新资源的效用。

资本对品牌、项目的投入和运作，永远跳不出边际效益递减的规律，钱会越来越难赚；但唯有技术创新为一个企业、为社会带来的边际效益，可以不断增加，因为技术进步是层层递进的、无边际的，事实上，人类文明就是靠技术进步来推动的，而不是钱。

9.3　跨境电商质量取胜战略

9.3.1　跨境电商质量取胜战略的基本内涵

跨境电商质量取胜战略是该领域企业质量的带全局性、长期性、根本性的谋划，是以质量的战略目标为核心，在对企业自身质量竞争条件和所处的世界市场竞争环境及今后的发展趋势的正确预测的基础上制定的。

20 世纪 80 年代以来，企业步入特别重视质量的时期。21 世纪的最近 10 年将质量取胜推向了国际市场竞争的前沿。"质量取胜战略管理"成为企业竞争的核心概念。全面质量管理、全面质量监督、全面质量任务、质量全面完善、质量全面改进、高质量发展等质量取胜战略管理概念应运而生。这些都说明了对待质量管理的新态度。这种态度把质量问题提到了新的高度，认为完善质量不仅是提高生产工序的质量，而且是要提高每个生产要素的质量。在所有经营过程中，在采购、生产、营销、市场调研、财务和专利业务、销售与服务、试验研究、行政管理中均要进行质量管理。

跨境电商与传统贸易不同，价格竞争的透明度高，质量高低在市场竞争中起着决定性作用。

跨境电商质量取胜战略包括以下四个方面的内涵：一是提高跨境电商出口产品的质量与信誉；二是提高跨境电商出口产品的技术含量；三是创造跨境电商名牌出口商品；四是优化跨境电商出口产品结构。

跨境电商质量取胜战略管理包括以下三个部分的内容：

（1）领导层面

企业领导必需赞同质量取胜战略目标，分配资金，审查质量目标（战略经营计划不可分割的部分）是否达到，评价质量进步，鼓励职工参加提高质量方面的活动，赞扬质量成绩。企业领导的任务是:确定质量目标、明显领先地位、与质量有关的成果的预测和评价。

(2)结构要素

在没有适当的基础设施的条件下所有完善质量方面的努力都可能一无所获。企业应当为取得质量成功来组织自己的活动。人才、资金、技术等要素均要围绕企业质量目标的实现、围绕企业质量的基础设施建设而优先安排。不断优化质量技术的构成要素是实现企业质量目标的关键。

(3)组织实施

质量取胜战略的内容包括:战略指导思想、战略目标、战略步骤、战略重点、战略布局、战略对策与措施等战略决策。质量取胜战略规划是以质量取胜战略为前提制定的。它侧重于质量分析,是质量取胜战略的延伸和具体化。质量取胜战略管理是一个过程。它包括:战略准备、战略制定、战略规划、战略实施四个阶段。其中,主要是依据战略规划制定战略计划和具体的项目计划组织实施。

跨境电商质量取胜战略管理的实施,主要是对制定的质量取胜战略规划的实施进行管理。质量取胜战略实施前的质量取胜战略规划的质量,只是编制的质量取胜战略规划的文本水平的高低,但人们追求的是编制的质量取胜战略规划具体实施的效果。由于质量取胜战略管理系统规模庞大,结构复杂,存在着很大不确定性以及因信息短缺而造成被调整的结构变化有很大的时滞等难以克服的困难,因此,在战略实施时要不断地收集战略实施的环境变化和实施效果的反馈信息,通过对战略实施结果分析评审和预测误差,不断地对战略进行修正,使战略的实施始终与环境处于较好的适应状态。战略管理强调环境的不确定性和战略的可修正性,通过调整、修正战略来适应变化了的环境。战略调整的内容包括战略步骤、战略进程、战略对策与措施甚至战略总体目标的调整。

跨境电商企业要围绕质量取胜战略管理制定战略实施的保证体系。其中最主要的是建立战略实施的组织保证及建立与战略实施相适应的信息机构。广泛收集与战略实施相关的信息,进行信息分析、处理,做到信息量大、传递快、反映灵,为调整战略提供可靠的依据。由于规划使用了决策理论、方法和计算机等。"软科学"和"软技术",为了能够更好地掌握所制定的规划,并根据收集的信息对规划的实施进行调控. 必须加强这方面的人才培养,使规划的落实具有可行的智力保证。总之,质量取胜战略管理理论和方法的研究及其具体的组织和实施,会从总体上改变质量取胜战略管理的结构和功能,使国家的质量管理实现质量的宏观管理与微观管理相结合。质量的战略管理与战术管理相结合,使质量管理的"软件""硬件"与"活件"(人的因素)相结合,以适应世界市场的质量的社会化、规范化、国际化的发展趋势,增强中国跨境电商产品质量的竞争力,更好地迎接世界市场的挑战。

9.3.2 跨境电商质量取胜战略的管理体系

跨境电商竞争面对的是全球竞争,竞争对手来自全世界。因此,跨境电商质量取胜战略管理体系必须实行宏观、中观、微观的全面协调一致。跨境电商质量取胜战略管理体系必须是由若干个子系统组成的多目标、多因素、多层次的庞杂多变的动态大系统,依据质量取胜战略管理层次的不同可分为:国家级质量取胜战略管理系统、部委级(行业级)质量取胜战略管理系统、地区级质量取胜战略管理系统(包括省、市、县)和企业质量取胜战略管理系统。

国家级质量取胜战略管理是在国民经济社会管理系统的控制下,对国家质量的全局进行长期的、纲领性的管理。它的制定首先要受到国家经济系统的战略目标约束,即将国家社会经济系统的战略目标在国家质量取胜战略层次上的分解作为国家质量取胜战略的总体目标。为了实现质量取胜战略管理战略目标,还必须与国家其他社会经济子系统协调,诸如,金融系统、科技系统、工商管理系统、税务系统、教育系统,才能优化国家级质量取胜战略管理系统,并能更好地支撑国家社会经济系统的发展和国家总体的经济目标和社会目标的实现。部委的质量取胜战略管理系统主要指国家的行业系统。它的制定除受国家社会经济系统及国家级质量取胜战略管理系统的约束外,还是行业总体发展战略的重要支撑系统。

行业质量取胜战略管理的战略目标应是国家级质量取胜战略管理系统及行业总体发展战略目标抽调后,在该行业质量取胜战略防御管理层次上的分解.行业质量取胜战略管理应以行业质量取胜战略目标为核心,结合行业的具体情况制定和实施,地区级质量取胜战略管理系统是指省、市、县等行政区域的质量取胜战略。同样,除受高层次的质量取胜战略约束外,主要是与地区的综合发展战略目标相协调,它是该地区综合发展战略的支撑系统。它本身又是由地区的不同行业的质量取胜战略规划构成。

企业质量取胜战略管理是实现国家及行业质量取胜战略管理的战略目标的关键。跨境电商企业的质量取胜战略目标归根到底是由企业来实现的。跨境电商企业既是质量竞争的主体,又是质量竞争的受益者和风险承担者。只有全面完善、有效实施企业的质量取胜战略管理,将企业质量管理的"软件""硬件"与"活件"(人的因素)有机结合起来,才能在跨境电商市场的质量竞争中取胜,才能增强中国跨境电商产品质量的竞争力。

上述不同层次的质量取胜战略管理系统相互协调构成国家的总体质量战略管理系统。

9.3.3 跨境电商质量取胜战略的实施举措

(1)设置质量取胜战略的管理组织机构

跨境电商质量取胜战略的主要方案是全面质量管理。全面质量管理不等于质量管理,它是质量管理的较高层次。质量管理只是企业或公司全部管理职能之一,与其他管理职能如生产管理、计划管理、人事管理、后勤管理、财务管理等并存,而全面质量管理则是将所有管理职能纳入质量取胜战略管理的范畴。质量取胜战略管理组织机构应将质量管理职能分离出来,隶属于最高领导,又对其他管理职能进行指导,体现全面质量管理的特征。全面质量管理强调高层领导强有力地持续地参与领导质量管理工作。强调全面质量管理只有在公司经营者亲自参与的前提下,才能取得实实在在的成效,如果只是授权给下属或通过支持下属来推动,则效果会大打折扣,甚至不可能取得成功。因此全面质量管理采取的组织结构形式,应让经营者在质量管理中充分发挥参与、领导作用,为成功的质量管理创造条件。

(2)强化质量控制的立法和执法

执法部门要加快《跨境电商贸易法》《跨境电商出口产品质量法》《跨境电商商检法》等配套法律法规的建设,保证出口商品质量,维护跨境电商各方面的合法权益,维护国家信誉,把工作重点放在促进跨境电商出口生产企业提高产品质量,维护国家信誉上来,全力打造中国产品的质量信誉与品牌形象。

(3)培育企业质量文化

跨境电商企业在质量取胜战略管理实施过程中,应注重培育自身的质量文化环境,要使企业中的每一位职工都意识到质量的重要性,形成一套具有质量特征的总体观念、意识、思维方式、心理态势、道德规范以及行为习惯。企业文化的培育是一个渐进的过程,高层领导对企业经营方向和性质的阐明、人员晋升、企业规章制度的制定,对一些典型事例的宣传等都可以促进企业文化的形成。

(4)提高出口产品科技含量

要在竞争空前激烈的国际市场上保持优势,根本的出路在于加速科技进步,发挥科学技术在产品质量提高中的关键性作用。首先,跨境电商企业要加强出口产品的研制和开发,使科技成果尽快实现商品化、产业化,形成跨境电商竞争的新优势。其次,要密切跟踪国际先进技术的变化,及时引进先进设备与技术,大力推进技贸结合。

(5)推行与国际标准接轨的质量管理体系

第一,按照国际标准,建立健全跨境电商企业质量保障体系认证标准。按照国际标准化组织的《ISO 系列标准》进行企业质量保障体系认证,已成为当今国际贸易领域中对供方质量保证能力的一个基本要求;

第二,跨境电商企业应积极推行《ISO 14000 环境管理标准系列》。由于可持续发展战略在发达国家中的广泛实施,环境保护对国际贸易所产生的影响日益凸现。企业要使其产品顺利进入国际市场,还要取得这张国际贸易的"绿色通行证",获得了这张"绿色通行证",不仅有助于减少我国跨境电商商品进入国际市场遇到的绿色贸易壁垒,也有助于我国开发"绿色"产品,建立起有利于可持续发展的出口商品结构。

(6)加强全面质量管理

科技高速发展时代的质量观已演化为"全面质量观"。它不仅包括产品自身内在的价值,还包括产品外在的质量,即产品的生产质量、销售质量、服务质量等综合性的质量。实施"以质取胜"战略,必须实现全面质量管理,首先要狠抓生产过程的质量管理,还要加强流通领域和服务过程中的质量管理。

（7）建立企业质量的激励机制

在质量取胜战略实施中当对有较强的质量意识。所生产的产品质量合格率高的员工给予奖励，而对那些质量意识薄弱，所产产品不合格的员工予以一定的惩罚。奖惩制度应使员工加工质量的水平与其收入水平直接挂钩，促进员工市场观念、质量意识的加强。

（8）加强企业质量的综合评价

企业战略管理层对企业战略管理活动的评价主要通过财务评价和非财务评价。财务评价包括预算控制、比率控制（主要是固定资产利用率、流动资金利用率和利润率），非财务评价包括生产产品库存、劳动生产率、缺勤率、人员流动率、市场占有率、销售成本等。评价主要是通过由下至上的定期报告来完成。全面质量管理活动中质量管理部门进行质量保证控制工作时，每一环节的产品质量的检测数据、产品质量合格率等也能反映战略实施过程中的每一环节目标实现情况。

9.4　跨境电商品牌制胜战略

9.4.1　跨境电商品牌制胜战略的基本内涵

跨境电商品牌是全球目标消费者及公众对于某一特定事物心理的、生理的、综合性的肯定性感受和评价的结晶物。

在科技高度发达、信息快速传播的今天，产品、技术及管理诀窍等容易被对手模仿，难以成为核心专长，而跨境电商品牌一旦树立，则不但有价值并且不可模仿，因为品牌是一种消费者认知，是一种心理感觉，这种认知和感觉不能被轻易模仿。

跨境电商品牌制胜战略是该领域公司将品牌作为核心竞争力，以获取差别利润与价值的企业经营战略。品牌制胜战略是该领域企业实现快速发展的必要条件，品牌制胜战略的定位是在品牌制胜战略与战略管理的协同中彰显跨境电商企业文化，把握全球目标受众充分传递自身的产品与品牌文化的关联识别。

跨境电商品牌制胜战略的关键点是管理好全球目标消费者的大脑，在深入研究消费者内心世界、购买此类产品时的主要驱动力、行业特征、竞争品牌的品牌联想的基础上，定位好以核心价值为中心的品牌识别系统，然后以品牌识别系统统帅跨境电商企业的一切价值活动。

所谓的跨境电商品牌制胜战略，包括跨境电商品牌化决策、品牌模式选择、品牌识别界定、品牌延伸规划、品牌管理规划与品牌远景设立六个方面的内容。

（1）跨境电商品牌化决策

跨境电商品牌化决策解决的是品牌的属性问题。是选择制造商品牌还是经销商品牌、是自创品牌还是加盟品牌,在品牌创立之前就要解决好这个问题。不同的品牌经营策略,预示着跨境电商企业不同的道路与命运,如选择"宜家"式产供销一体化,还是步"麦当劳"(McDonalds)的特许加盟之旅。总之,不同类别的跨境电商品牌,在不同行业与企业所处的不同阶段有其特定的适应性。

(2)跨境电商品牌模式选择

跨境电商品牌模式选择解决的则是品牌的结构问题。是选择综合性的单一品牌还是多元化的多品牌,是联合品牌还是主副品牌,品牌模式虽无好与坏之分,但却有一定的行业适用性与时间性。如日本丰田汽车在进入美国的高档轿车市场时,没有继续使用"TOYOTA",而是另立一个完全崭新的独立品牌"凌志",这样做的目的是避免"TOYOTA"会给"凌志"带来低档次印象,而使其成为可以与"宝马""奔驰"相媲美的高档轿车品牌。

(3)跨境电商品牌识别界定

跨境电商品牌识别界定是确立品牌的内涵,也就是企业希望消费者认同的品牌形象,它是品牌制胜战略的重心。它从品牌的理念识别、行为识别与符号识别三个方面规范了品牌的思想、行为、外表等内外含义,其中包括以品牌的核心价值为中心的核心识别和以品牌承诺、品牌个性等元素组成的基本识别。如2000年海信的品牌制胜战略规划,不仅明确了海信"创新科技,立信百年"的品牌核心价值,还提出了"创新就是生活"的品牌理念,立志塑造"新世纪挑战科技巅峰,致力于改善人们生活水平的科技先锋"的品牌形象,同时导入了全新的VI视觉识别系统。通过一系列以品牌的核心价值为统帅的营销传播,一改以往模糊混乱的品牌形象,以清晰的品牌识别一举成为家电行业首屈一指的"技术流"品牌。

(4)跨境电商品牌延伸规划

跨境电商品牌延伸规划是对企业品牌未来发展领域的清晰界定。明确了未来品牌适合在哪些领域、行业发展与延伸,在降低延伸风险、规避品牌稀释的前提下,以谋求品牌价值的最大化。如海尔家电统一用"海尔"牌,就是品牌延伸的成功典范。

(5)跨境电商品牌管理规划

跨境电商品牌管理规划是从组织机构与管理机制上为品牌建设保驾护航,在上述规划的基础上为品牌的发展设立远景,并明确品牌发展各阶段的目标与衡量指标。企业做大做强靠战略,"人无远虑,必有近忧",解决好战略问题是品牌发展的基本条件。

(6)跨境电商品牌远景设计

跨境电商品牌远景设计是对企业品牌的现存价值、未来前景和信念准则的界定,品牌远景应该明确告诉包括顾客、股东和员工在内的利益关系者。

9.4.2　品牌制胜战略的实现路径与方法

（1）品牌定位

科技更新很快，竞争对手模仿的速度也就很快，从跨境电商产品上找出差异来显得日益困难，或者找出来的差异根本不是消费者关心、需要的。渐渐地消费者被同质化的产品"教育"了，他们不再像过去那样在乎产品的功能性。实际上到了 20 世纪 60 年代时，美国的营销环境普遍处于这种状态，USP 理论遇到了瓶颈。

针对这种营销环境，大卫·奥格威提出，当产品趋向同质化，消费者经验增加，人们开始不注重产品本身的差异，他们对品牌的理性选择减弱了，而是追求超出功能需要的感性价值，企业的战略，转移到差异化的品牌传播上来，期望通过广告宣传等手段，建立起良好的、有独特感性利益的跨境电商品牌形象，以吸引全球消费者的购买。这种建立品牌的方法，后来被人称为品牌形象战略。

品牌形象大行其道的结果，是不可避免地形象近似和互相干扰，使消费者难以区分。同时，由于社会的发展，产品、媒介与信息暴增，使得消费者疲于应付，此时要通过广告去建立独特清晰的品牌形象，显得日益困难。

品牌定位理论指出消费者对过多的信息、品牌倾向于排斥，消费者在购买某类别或特性商品时，更多地优先选择该类别或特性商品的代表品牌，此时，企业经营要由市场转向消费者心智，企业全力以赴的，是让品牌在消费者的心智中，占据某个类别或特性的定位，即成为该品类或特性的代表品牌，让消费者产生相关需求成为其首选。如奔驰显示"声望"，宝马适合"驾驶"，沃尔沃是"安全"的汽车，法拉利代表"速度"。

"好的品牌定位是品牌成功的一半"。跨境电商品牌定位是为了让全球目标消费者清晰地识别记住品牌的特征及品牌的核心价值。在产品研发、包装设计、广告设计等方面都要围绕品牌定位去做。

（2）战略选择

战略作为一种高智商的思维方式，是对全局的筹划和谋略，是基于实现企业崇高使命和愿景的航标图。战略选择的前提是搞清楚自己是谁？也就是要"认识你自己"。实际上认识自己最难，对自身了解的程度决定我们对外在世界研究的深度。随着企业的发展和市场的变化，企业在不同阶段都需要进行"战略反思"，并根据情况进行产业升级和新的战略选择。跨境电商战略选择是该领域企业经营思想的集中体现，是实现跨境电商企业使命和目标的重要途径。跨境电商战略选择是一个系统工程，是跨境电商企业经营的起点，也是"IBF 战略星图"的第一个基点。跨境电商战略选择包括：产业发展战略（定位）、市场发展战略、企业要素发展战略、资本经营战略和国际化战略等。

1）跨境电商企业创业期的品牌制胜战略

创业期建立品牌的一个基本要求是企业自身实力较强，有发展前途，产品的可替代性很高,即竞争产品之间的差异性非常小,理性的利益驱动不足以改变顾客的购买行为。如果企业选择建立自己的品牌,那就要在创业一开始就树立极强的品牌意识,对品牌进行全面的规划,在企业的经营、管理、销售、服务、维护等多方面都以创立品牌为目标,不仅是依赖传统的战术性的方法,如标志设计和传播、媒体广告、促销等,而且要侧重于品牌的长远发展。品牌形象并不是通过标新立异的广告而实现的,而是要在深刻理解用户的基础上,塑造出让用户过目不忘的形象。品牌形象大行其道的结果是不可避免地形象近似和互相干扰,使消费者难以区分。同时,由于社会的发展,产品、媒介与信息暴增,使得消费者疲于应付,此时要通过广告去建立独特清晰的品牌形象,显得日益困难。

许多国内企业总想一蹴而就,把品牌制胜战略简化成如何尽快打响品牌知名度的问题,利用知名的商业媒体在短时间内造就一个又一个知名度很高的品牌,但大多数却是昙花一现,究其原因在于企业在建立品牌过程中没有对品牌进行全面的规划,确定品牌的核心价值。因此,企业在创业期创立品牌,除了要尽快打响品牌的知名度以外,关键的问题是要确立品牌的核心价值,给顾客提供一个独特的购买理由,并力争通过有效的传播与沟通让顾客知晓。

2)跨境电商企业成长期的品牌制胜战略

当跨境电商企业步入成长期时,提高品牌的认知度、强化顾客对品牌核心价值和品牌个性的理解是企业营销努力的重点。品牌认知度不等同于品牌知名度。品牌知名度只是反映了顾客对品牌的知晓程度,但并不代表顾客对品牌的理解。顾客通过看、听,并通过对产品感觉和思维来认识品牌。建立品牌认知,不仅是让顾客熟悉其品牌名称、品牌术语、标记、符号或设计,更进一步的是要使顾客理解品牌的特性。

3)跨境电商企业成熟期的品牌制胜战略

品牌忠诚度是顾客对品牌感情的量度,反映出一个顾客转向另一个品牌的可能程度,是企业重要的竞争优势。它为品牌产品提供了稳定的不易转移的顾客,从而保证了该品牌的基本市场占有率。因此,培育品牌忠诚度对企业来说至关重要,"最好的广告就是满意的顾客",如果企业能在创业期和成长期注意宣传该品牌,并提供给顾客的一个完整的从选择原材料,到为顾客提供的售后服务的一系列责任的价值体系,在企业和顾客之间建立融洽的关系,那么,在成熟期企业可运用顾客对该品牌的忠诚来影响顾客的行为。顾客的品牌忠诚一旦形成就会很难受到竞争产品的影响。品牌忠诚是品牌资产中的最重要部分,品牌资产最终是体现在品牌忠诚上,这是企业实施品牌制胜战略的根本目标。然而,消费者的品牌忠诚绝不是无条件的,它根源于企业对该品牌严格的技术要求,即该品牌有卓越的品质保证。

(3)制度安排

从战略管理流程来说,制度安排属于战略实施阶段。一个企业制定了战略目标,执行就必然成为最重要的事情了。执行就是管理有效与有道。如何才能做到有道,就是要有制度安排,没有制度安排,再好的策略也无法变成执行力,没有执行力,战略就是一句空话,也不可能实现在经营上的成功。世界上所有的大企业都有优秀的制度管理,并以此形成了各自独特的管理风格。比如,日本企业擅长精细化管理;而德国企业则注重产品形式的创新;美国则在企业管理思想上不断进行突破性变革。制度安排主要包括:契约制度、产权制度、治理结构、组织结构、管理制度和人格化管理制度等。

(4)文化塑造

不同文化造就不同的制度,也对跨境电商企业的战略选择产生影响。企业是由领导和员工共同组成的一个经营组织。所有的战略选择和制度安排都是由人来完成的,而人都不是抽象的,是具有某种文化烙印的社会人。不同文化背景的人,决定不同的战略和制度。企业文化必须是上下一致的,每一个企业文化都有它的根基,也就是"魂"。每个企业的所有员工都遵循的共同文化价值取向。企业必须把企业的战略远景与商业图谋,深植于企业与员工的思想工作行为生活当中。实际上,是把企业制造方面的硬实力转化为员工行为上的软实力,具有不可复制与难以超越的文化竞争力。文化是一种思想意识的宗教,是一种难以更改的行为习惯,一旦形成,很多人终其一生都无法改变,正如一个人的乡音一样,能改变者非常稀少。文化塑造包括:经营性企业文化、管理型企业文化和体制型企业文化等。

(5)模式设计

任何企业都有商业模式,区别只是好与坏。商业模式是指企业存在的内在逻辑和赢利方法,是一个链条。商业模式能否成功,关键还是看企业能否为目标人群提供有价值的产品,并让客户获得价值倍增的服务溢价。商业模式的设计是商业策略的一个组成部分。而将商业模式实施到公司的组织结构(包括机构设置、工作流和人力资源等)及系统(包括 IT 架构和生产线等)中去则是商业运作的一部分。这里必须要清楚区分两个容易混淆的名词:业务建模通常指的是在操作层面上的业务流程设计;而商业模式和商业模式设计指的则是在公司战略层面上对商业逻辑的定义。完整的商业模式体系包括定位、业务系统、关键资源能力、盈利模式、自由现金流结构和企业价值六个方面。这六个方面相互影响,构成有机的商业模式体系。

(6)品牌管理

"拥有市场比拥有工厂更为重要,而拥有市场的唯一手段是拥有占统治地位的品牌"。美国营销专家拉里·莱特表达了他对品牌的推崇。事实上,品牌是企业与消费者接触的第一个层面,也就是控制消费者的核心层面。成功的企业都在运用所有市场因素来构建卓越品牌使之获得成功。品牌管理的前提是要建立品牌管理制度,设立类似于"首席品牌官(CBO)"这样的职位,对品牌进行系统的专业化管理。品牌不仅仅作用于市场,它还是企业资产的重要组成部分和凝聚员工的精神灯塔。品牌既是品牌型企业战略平衡艺术中的基础要素,也是企业所有战略要素发展的最终结果。品牌管理包括:市场定位、品牌定位、品牌传播、品牌知识产权保护等。

跨境电商企业可选择单一品牌战略或多种品牌战略。

单一品牌又称统一品牌,它是指企业所生产的所有产品都同时使用一个品牌的情形。这样在企业不同的产品之间形成了一种最强的品牌结构协同,使品牌资产在完整意义上得到最充分的共享。

单一品牌制胜战略的优势不言而喻,商家可以集中力量塑造一个品牌形象,让一个成功的品牌附带若干种产品,使每一个产品都能够共享品牌的优势。

当然作为单一的品牌制胜战略,也存在着一定的风险,它有"一荣共荣"的优势,同样也具有"一损俱损"的危险

副品牌能几乎不花钱就让消费者感受到全新一代和改良产品的问世,创造全新的卖点,妙趣横生而获得了新的心理认同。副品牌策略只要巧加运用,便能在不增加预算的前提下低成本推动新产品的成功。副品牌还能给主品牌注入新鲜感和兴奋点,提升主品牌的资产。

跨境电商企业必须最大限度地利用已有的成功品牌。相应地,消费者识别、记忆及产生品牌认可、信赖和忠诚的主体也是主品牌。这是由企业必须最大限度地利用已有成功品牌的形象资源所决定的,副品牌处于从属地位。

一个跨境电商企业同时经营两个以上相互独立、彼此没有联系的品牌的情形,就是多品牌制胜战略。众所周知,商标的作用是就同一种的商品或服务,区分不同的商品生产者或者服务的提供者的。一个企业使用多种品牌,当然具有的功能就不仅仅是区分其他的商品生产者,也包括区分自己的不同商品。多品牌制胜战略为每一个品牌各自营造了一个独立的成长空间。

很明显,它可以根据功能或者价格的差异进行产品划分,这样有利于企业占领更多的市场份额,面对更多需求的消费者;彼此之间的看似竞争的关系,但是实际上很有可能壮大了整体的竞争实力,增加了市场的总体占有率;避免产品性能之间的影响,比如把卫生用品的品牌扩展到食品上,消费者从心理上来说就很难接受。而且,多品牌可以分散风险,某种商品出现问题了,可以避免殃及到其他的商品。

宣传费用的高昂,企业打造一个知名的品牌需要财力、人力等多方面的配合,如果想成功打造多个品牌自然要有高昂的投入作为代价;多个品牌之间的自我竞争;品牌管理成本过高,也容易在消费者中产生混淆。

采用多品牌制胜战略的代表非"宝洁"莫属了。宝洁的原则是:如果某一个种类的市场还有空间,最好那些"其他品牌"也是宝洁公司的产品。因此宝洁的多品牌策略让它在各产业中拥有极高的市场占有率。举例来说,在美国市场上,宝洁有8种洗衣粉品牌、6种肥皂品牌、4种洗发精品牌和3种牙膏品牌,每种品牌的特征描述都不一样。以洗发水为例,我们所熟悉的有"飘柔",以柔顺为特长;"潘婷",以全面营养吸引公众;"海飞丝"则具有良好的去屑功效;"沙宣"强调的是亮泽。不同的消费者在洗发水的货架上可以自由选择,然而都没有脱离开宝洁公司的产品。

(7)战略规划

跨境电商企业要通过品牌策划和战略规划来提升品牌形象,提高消费者对产品的认知

度、忠诚度,树立企业良好的品牌形象。首先,质量取胜战略是实施品牌制胜战略的关键、核心,质量是产品的生命,严格的质量管理是开拓、保持、发展名牌的首要条件。其次,市场战略是实施名牌战略的根本,实施市场战略一定要树立市场导向观念。从产品的开发到营销,必须牢牢扣住市场变化这一主题,最大限度地满足客户需求。

(8)大力宣传

对中小企业来说,通过宣传,在短时间内让消费者认同其品牌很重要,在宣传过程中要突出品牌的定位和核心价值,找准产品与消费者之间的情感交汇点,让消费者在极短的时间内对该产品产生认知感。

总之,企业在选择品牌制胜战略的过程中,要充分考虑自身的优势和特点,选择最适合企业发展的,只有这样才能走上成功的品牌经营之路。

四种典型的跨境电商品牌制胜战略

战略在本质上就是为了塑造出企业的核心专长,从而确保企业的长远发展。品牌制胜战略就是把品牌作为企业获得核心竞争力的主要手段,以获取差别利润与价值的企业经营战略。品牌制胜战略的最终目的就是在消费者中制造"品牌控",品牌制胜战略的最高生产状况就是缔造传奇品牌成就百年企业。

不同企业因为产品不同,面对的市场不同,品牌理解不同,文化不同,思维方式的不同,领导层的个人风格不同,等等诸如此类的差异,从而导致企业所采用的品牌制胜战略也不尽相同。可以说,有多少个企业就有多少种品牌制胜战略。但是品牌制胜战略有四种典型类型:

以需求为中心,例如宝洁就是其中典型代表。

以产品为中心,例如苹果电脑就是其中典型代表。

以品类为中心,例如加多宝红罐王老吉就具有这种特点。

以市场为中心,例如娃哈哈就具有这种特点。

无论什么企业,无论其是大型的跨境电商企业还是名不见经传的中小型跨境电商企业,从品牌经营的决策模式来说,任何跨境电商企业的品牌制胜战略不是属于这四种的其中一种就是属于这四种在不同程度上的组合。

(9)战略创新

①高度重视跨境电商品牌定位创新。

②分析研究当初品牌建立的突破点是什么,哪些与品牌有关的因素发生了改变。

③不能纸上谈兵,要进行市场调研,了解消费者对品牌的忠诚度是否已经改变,同时分析竞争者的情况。

④切莫过早放弃一个产品,也不要过早放弃一个目标市场。

⑤要时刻关注自身的品质、形象,考虑是否需要创新,是否应加强品牌形象。

⑥尽量维持一定的媒体曝光率,不要在业绩不佳或时机不好时削减投入,减少曝光率。

⑦保持产品的特色,突出产品特点。产品的特色是区别于竞争对手的重要因素,也是吸引消费者的有力武器。

⑧产品和服务的分销渠道会随新的定位策略而变化,如果这个问题不加考虑或解决不当,那么整个定位创新计划都会受挫。

⑨牢记跨境电商品牌定位创新的基本原则:为了新的定位,要么在跨境电商品牌的内涵中增加新的价值,要么改变原有的目标消费群。

9.4.3　品牌制胜战略的实施举措

通过创名牌、保名牌,树立我国优质商品和知名企业在国际贸易中的形象和地位,以提高我国跨境电商出口商品的国际竞争力。跨境电商市场竞争越来越表现为品牌的竞争,名牌产品是跨境电商竞争中的制胜基础;名牌产品是企业形象的代表,是拓展国际市场的有力武器。实施名牌战略不仅是我国贯彻以质取胜战略的重要内容,也是我国促进跨境电商企业建立战略效益机制,提高出口竞争力的重要途径。

①应依靠科技进步,坚持高技术起点,瞄准国际先进技术,高标准开发新产品。

②坚持不断地采用新技术、新工艺、新材料。

③加强名牌商品在国内外市场的广告宣传。

④对名牌商标进行保护。一方面要保护商标不受侵犯。另一方面要善于在发展中保护名牌,争取市场,占领市场。政府要通过法律、经济、行政等各种宏观管理手段,建立实施名牌保护,为企业创立名牌形成一个良好的外部环境。

⑤加大名牌商品的支持力度。在实施以质取胜、创立名牌战略中,确定"重点支持和发展的名牌出口商品",对这些商品给予贷款、担保、配额分配等方面的优惠政策。

【思政课堂】

通过本章的教学,引导学生认识跨境电商企业制定发展战略的重要性和必要性,理解跨境电商企业四大基本战略的目标要求、核心内涵、实现路径、营销模式、资源条件及收益风险的特性、共性与关系,掌握跨境电商企业发展战略选择的基本方法,具备跨境电商发展战略的分析与制定能力,弄清市场环境中影响跨境电商特定发展战略的有利因素与不利因素,培养学生根据企业内部因素与外部条件选择和制定跨境电商发展战略的基本能力与专业素养,着力提高学生的战略分析与战略思维能力,形成跨境电商竞争的科学战略观和全球战略观。

引导学生学会充分利用企业内部的有利因素,妥善利用企业外部环境的有利因素,规避或化解内外部的不利因素的基本方法,增强独立分析制定跨境电商发展战略的综合应用能力,强化学生的战略意识和战略观念。

复习思考题

1.简析跨境电商成本领先战略的主要目标、基本内涵、实现路径、营销模式、资源条件及收益风险,试举一例说明。

2. 试述跨境电商技术领先战略的主要目标、基本内涵、实现路径、营销模式、资源条件及收益风险,试举一例说明。

3. 简析跨境电商质量取胜战略的主要目标、基本内涵、实现路径、营销模式、资源条件及收益风险,试举一例说明。

4. 试述跨境电商品牌制胜战略的主要目标、基本内涵、实现路径、营销模式、资源条件及收益风险,试举一例说明。

5. 你认为安克(见拓展阅读阅 3)的竞争战略是什么?为什么?有何值得借鉴推广的经验?

6. 你认为跨境电商企业综合竞争优势的形成需要什么条件,试举一例说明。(非标准答案)

扩展阅读

扩展阅读 1

读懂亚马逊"封号"

扩展阅读 2

2021 年中国跨境电商海关监管新政策

扩展阅读 3

2020 年安克创新年度报告

参考文献

［1］ Andreea Bujac, ThomasSchøtt. The impact of international networking and co-marketing alliances on export performance: a global perspective［J］. International Journal of Export Marketing, 2021,4(1):72-88.

［2］ Ibrahim Elbadawi, Chahir Zaki. Exchange rate undervaluation, economic institutions and exports performance: evidence from firm-level data［J］. International Journal of Trade and Global Markets, 2021,14(1):62-93.

［3］ Gregory G, NgoL V, Karavdic M. Developing E-commerce marketing capabilities and efficiencies for enhanced performance in business-to-business export ventures［J］. Industrial Marketing Management, 2017:146-157.

［4］ Yubing Yu, Baofeng Huo, Zuopeng Justin Zhang. Impact of information technology on supply chain integration and company performance: evidence from cross-border e-commerce companies in China［J］. Journal of Enterprise Information Management, 2020,31(1): 460-489.

［5］ Zhuofan Yang, Yong Shi, Hong Yan. Analysis on pure e-commerce congestion effect, productivity effect and profitability in China［J］. Socio-Economic Planning Sciences, 2017 (57):35-49.

［6］ Lilian Edwards, Caroline Wilson. Redress and Alternative Dispute Resolution in EU Cross-Border E-Commerce Transactions［J］. International Review of Law, Computers & Technology, 2017(3):315-333.

［7］ Mechanism of government policies in cross-border e-commerce on firm performance and implications on m-commerce［J］. International Journal of Mobile Communications, 2017 (01):69-84.

［8］ MIN JUNG KIM. How to Promote E-Commerce Exports to China: An Empirical Analysis ［J］. KDI Journal of Economic Policy, 2017,39(2):53-74.

［9］ Nan Chen, Jianzheng Yang. Mechanism of government policies in cross-border e-commerce on firm performance and implications on m-commerce. [J]. International Journal of Mobile Communications, 2017(1): 69-84.

[10] Wenlong Zhu, Jian Mou, Morad Benyoucef. Exploring purchase intention in cross-border E-commerce: A three stage model[J]. Journal of Retailing and Consumer Services, 2019 (51): 320-330.

[11] Lall Sanjaya, John Weiss, Jinkang Zhang. The 'Sophistication' of Export A New Trade Measure[J]. World Development, 2006, 34(2): 222-237.

[12] Rodrik D. What's so special about China's exports? [J]. China & World Economy, 2006, 14 (5): 1-19.

[13] Hausmann R, Hwang J, Rodrik D. What you export matters[J]. Journal of Economic Growth, 2007, 12(1): 1-25.

[14] Schott Peter K. The Relative Sophistication of Chinese Exports[J]. Economic Policy, 2008, 23(53): 5-49.

[15] Koopman Robert, Zhi Wang, Shang-Jin Wei. How Much of Chinese Exports is Really Made In China? Assessing Domestic Value-Added When Processing Trade is Pervasive[C]. NBER Working Paper, 14109, 2008.

[16] Van Assche Ari, Byron Gangnes. Electronics Production Uprading Is China Exceptional [J]. Applied Economic Letters, 2010(5): 477-482.

[17] Xu B, Jiangyong Lu. Foreign Direct Investment, Processing Trade ang the Sophistication of Chian's Exports[J]. China Economic Review, 2009(3): 425-439.

[18] Yohanes Kadarusman, Khalid Nadvi. Competitiveness and Technological Upgrading in Global Value Chains: Evidence from the Indonesian Electronics and Garment Sectors[J]. European Planning Studies, 2013, 21 (7): 1007-1028.

[19] Ermias Weldemicael. Technology, Trade Costs and Export Sophistication[J]. World Econ, 2014, 37(1): 234-245.

[20] Yoo Boonghee, Naveen Donthu. Developing and Validating a Multidimensional Consumer-Based Brand Equity Scale[J]. Journal of Business Research, 2001, 52(3): 1-14.

[21] Hsieh M H. Measuring global brand equity using cross-national survey data[J]. Journal of International Marketing, 2004, 12 (2): 28-57.

[22] Tülin Erdem, Joffre Swait, Ana Valenzuela. Brands as Signals: A Cross-Country Validation Study[J]. Journal of Marketing, 2006, 70(1): 34-49.

[23] Michael Beverland, Julie Napoli, Adam Lindgreen. Industrial global brand leadership: A capabilities view[J]. Industrial Marketing Management, 2007, 36(8): 1082-1093.

[24] Kim D, Cavusgil E. The impact of supply chain integration on brand equity[J]. Journal of Business & Industrial Marketing, 2009, 24 (7): 496-505.

[25] Jan Kemper, Andreas Engelen, Malte Brettel. How Top Management's Social Capital

Fosters the Development of Specialized Marketing Capabilities: A Cross-Cultural Comparison [J]. Journal of International Marketing, 2011,19(3):87-112.

[26] Marica Mazurek. Branding paradigms and the shift of methodological approaches to branding [J]. Kybernetes, 2014,43(3):565-586.

[27] Stavroula Spyropoulou, Dionysis Skarmeas, Constantine S Katsikeas. An examination of branding advantage in export ventures[J]. European Journal of Marketing, 2011,45(6): 910-935.

[28] St Davcik, Nebojsa. An empirical investigation of brand equity: drivers and their consequence[J]. British Food Journal, 2013,115(9):1342-1360.

[29] Jaideep Motwani, Ceasar Douglas. A quality competitiveness index for[J]. Benchmarking: An International Journal, 1999,6 (1):12-21.

[30] Hummels D, Klenow P J. The variety and quality of a nation's exports [J]. American Economic Review, 2005,95(3),704-723.

[31] Hallak JC, Schott P. Estimating Cross-Country Differences in Product Quality[J]. Quarterly Journal of Economics, 2011,126(1):417-474.

[32] Amiti M, Khandelwal A K. Import Competition and Quality Upgrading[J]. The Review of Economics and Statistics, 2013,95(2):476-490.

[33] Fasil C B, Borota T. World trade patterns and prices: The role of productivity and quality heterogeneity[J]. Journal of International Economics, 2013,91 (1):68-81.

[34] Hajjat M M, Fatimah H. The effect of product quality on business performance in some Arab companies[J]. Journal of Emerging Trends in Economics and Management Sciences, 2014, 5(5):498-508.

[35] Hallak JC, Sivadasan J. Product and process productivity: Implications for quality choice and conditional exporter premia[J]. Journal of International Economics, 2013, 91 (1): 53-67.

[36] Gencer E A H, Anderson W P. An intra-industry trade model in a vertical differentiation framework[J]. The Annals of Regional Science, 2014, 52 (1):201-226.

[37] Oliva R, Kallenberg R. Managing the transition from products to services[J]. International Journal of Service Industry Management, 2003, 14 (2):160-172.

[38] Cohen M A, N Agrawal, V Agrawal. Achieving breakthrough service delivery through dynamic asset deployment strategies[J]. Interfaces, 2006a, 36(3),259-271.

[39] Chiehmin Chou. How does manufacturing service perceived value influence customer satisfaction? An investigation of global semiconductor industry[J]. International Journal of Production Research, 2014, 52 (17):5041-5054.

[40] Toly Chen. Strengthening the Competitiveness and Sustainability of a Semiconductor Manufacturer with Cloud Manufacturing[J]. Sustainability, 2014,6 (1):251-266.

［41］Francois J，Woerz J. Producer Services，Manufacturing Linkages，and Trade［J］. Journal of Industry，Competition and Trade，2008，8（3）：199-229.

［42］Linda Ryan，David Tormey，Perry Share. Cultural Barriers to the Transition from Product to Product Service in the Medical Device Industry［J］. International Journal of Service Science，Management，Engineering，and Technology（IJSSMET），2014，5（2）：36-50.

［43］송선옥. Plans for efficient Control of Customs Agency in Cross-Border E-commerce［J］. The Journal of Korea Research Society for Customs，2018（2）：3-22.

［44］ángel Valarezo，Teodosio Pérez-Amaral，Teresa Garín-Muñoz，eral. Drivers and barriers to cross-border e-commerce：Evidence from Spanish individual behavior［J］. Telecommunications policy，2018，42（6）：464-473.

［45］Estrella Gomez-Herrera，Bertin Martens，Geomina Turlea. The drivers and impediments for cross-border e-commerce in the EU［J］. Information Economics and Policy，2014（28）：83-96.

［46］José Anson，Mauro Boffa，Matthias Helble. Consumer arbitrage in cross-border e-commerce［J］. Review of International Economics，2019，27（4）：1234-1251.

［47］Kham Tipmart. International Taxation of Electronic Commerce：Recognition of Permanent Establishment in E-commerce［J］. 2013：71-87.

［48］Leonidas C Leonidou，Thomas A Fotiadis，Paul Christodoulides，etal. Environmentally friendly export business strategy：Its determinants and effects on competitive advantage and performance［J］. International Business Review，2015，24（5）：798-811.

［49］王涛生. 中国出口产品质量对出口竞争新优势的影响研究［J］. 经济学动态，2013（1）：80-87.

［50］杜传忠，张丽. 中国工业制成品出口的国内技术复杂度测算及其动态变迁：基于国际垂直专业化分工的视角［J］. 中国工业经济，2013（12）：52-64.

［51］杜修立，王维国. 中国出口贸易的技术结构及其变迁：1980—2003［J］. 经济研究，2007（7）：137-151.

［52］姚洋，张晔. 中国出口品国内技术含量升级的动态研究：来自全国及江苏省、广东省的证据［J］. 中国社会科学，2008，（3）：67-82，206-207.

［53］汤碧. 中日韩高技术产品出口贸易技术特征和演进趋势研究：基于出口复杂度的实证研究［J］. 财贸经济，2012（10）：94-101

［54］王永进，盛丹，施炳展，等. 基础设施如何提升了出口技术复杂度［J］. 经济研究，2010（7）：103-115.

［55］黄先海，陈晓华，刘慧. 产业出口复杂度的测度及其动态演进机理分析［J］. 管理世界，2010（3）：44-55.

［56］齐俊妍，王永进，施炳展，等. 金融发展与出口技术复杂度［J］. 世界经济，2011（7）：91-118.

［57］刘维林,李兰冰,刘玉海.全球价值链嵌入对中国出口技术复杂度的影响[J].中国工业经济,2014(6):83-95.

［58］姚树俊,陈菊红.基于旁支付契约的产品服务价格协调机制研究[J].软科学,2013(2):55-61.

［59］孙林岩,李刚,何哲.21世纪的先进制造模式:服务型制造[J].中国机械工程,2007(10):2307-2312.

［60］陈湛匀.跨国公司对服务型制造价值形成研究之我见[J].管理世界,2010(11):176-177.

［61］杨慧,宋华明,俞安平.服务型制造模式的竞争优势分析与实证研究:基于江苏200家制造企业数据[J].管理评论,2014(3):89-99.

［62］宁昌会.基于消费者效用的品牌权益模型及应用[J].中国工业经济,2005(10):121-126.

［63］吴坚,符国群.品牌来源国和产品制造国对消费者购买行为的影响[J].管理学报,2007(9):593-601.

［64］陆娟,张东晗.消费者品牌忠诚影响因素实证分析[J].财贸研究,2004(12):39-46.

［65］王永贵,沈金英,石贵成,等.品牌资产如何驱动顾客关系管理绩效:基于分解法视角的实证研究[J].管理学报,2005(11):706-711.

［66］庄贵军,周南,周连喜.国货意识、品牌特性与消费者本土品牌偏好:一个跨行业产品的实证检验[J].管理世界,2006(7):85-94.

［67］关辉,董大海.中国本土品牌形象对感知质量-顾客满意-品牌忠诚影响机制的实证研究——基于消费者视角[J].管理学报,2008(7):583-590.

［68］刘凤军,李辉.社会责任背景下企业联想对品牌态度的内化机制研究:基于互惠与认同视角下的理论构建及实证[J].中国软科学.2014(03):99-118.

［69］蒋廉雄,吴水龙.整体视角下的复合-层级品牌知识模型研究[J].管理学报,2014(5):720-732.

［70］黄欣.跨境电商适用的进口税收政策及影响分析[J].现代营销(信息版),2019(08):24-25.

［71］刘志安,陈灏.近期主要国家(地区)跨境电商进口税收政策调整及其影响[J].商业经济研究,2019(15):140-142.

［72］吴旻.2018年跨境电商行业十大政策盘点与解读[J].计算机与网络,2019,45(02):6-9.

［73］危浪,桂学文.基于系统动力学的电子商务产业发展仿真研究及对策建议[J].西部经济管理论坛,2016(03):52-60.

［74］来有为,石光.优化跨境电商零售进口监管的政策建议[J].中国发展观察,2018(13):25-26.

［75］杨云鹏,杨坚争,张璇.跨境电商贸易过程中新政策法规的影响传播模型[J].中国流通

经济,2018,32(01):55-66.

[76] 张周平.2017年中国跨境电商行业政策解读[J].计算机与网络,2018,44(01):6-8.

[77] 焦健.中国实施跨境电商零售进口税收新政策的影响及反思[J].现代商业,2017(08):72-74.

[78] 汪旭晖,李璐琳.新常态下跨境电商的商业模式创新与政策体系设计[J].当代经济管理,2018,40(7):22-2.

[79] 张岩.密集政策的出台促跨境电商行业强劲增长[J].中国对外贸易,2019(1):28-31.

[80] 余思敏.商务部:扩大跨境电商过渡期政策使用范围[J].计算机与网络,2017,43(24):14-15.

[81] 柴宇曦,黄炫洲,马述忠.跨境电商经营风险的跨国比较及政策建议[J].浙江经济,2017(7):48-49.

[82] 徐锦波.产业集群跨境电商的发展政策研究:以浙江义乌为例[J].商业经济研究,2017(21):73-76

[83] 陈晓倩,崔京淑.山东与国内先进省市支持跨境电商发展的政策措施比较分析[J].企业改革与管理,2016(7):59-60+103.

[84] 茅磊江,王锐兰.倒逼与推动:跨境电商与政府政策的互为策应[J].东华大学学报(社会科学版),2015,15(3):133-136.

[85] 张大卫,徐平,喻新安.中国跨境电商发展报告.2021:双循环格局下跨境电商发展[M].北京:社会科学文献出版社,2021.

[86] 杨云鹏,杨坚争,张璇.跨境电商贸易过程中新政策法规的影响传播模型[J].中国流通经济,2018,(1):55-66.

[87] 张周平.2017年中国跨境电商行业政策解读[J].计算机与网络,2018(1):6-8.

[88] 张昊.跨境电商政策的多重属性与协同方式[J].中国流通经济,2018(5):64-74.

[89] 汪旭晖,李璐琳.新常态下跨境电商的商业模式创新与政策体系设计[J].当代经济管理,2018(7):22-27.

[90] 穆沙江·努热吉,何伦志."一带一路"为跨境电商提供政策高地[J].人民论坛,2017(5):100-101.

[91] 姜宝,王震,李剑.贸易引力模型在中国跨境电商中的实证检验[J].商业经济研究,2017(10):32-34.

[92] 马述忠,房超,张洪胜.跨境电商能否突破地理距离的限制[J].财贸经济,2019(8):116-131.

[93] 陈倩.贸易壁垒对我国出口跨境电商的结构性效应分析[J].商业经济研究,2019(16):150-153.

[94] 付新平,田丹.我国国际物流与跨境电商相互影响实证分析[J].武汉理工大学学报(社会科学版),2017(4):89-95.

[95] 刘晋飞.电子商务采纳与跨境电商企业成长——基于760家制造业跨境电商企业的实

证研究[J].中国流通经济,2018（1）:93-101.

[96] 何嘉钦.跨境电商平台消费意愿影响因素研究[D].上海:上海社会科学院,2018.

[97] 施炳展.中国企业出口产品质量异质性:测度与事实[J].经济学（季刊）,2014（1）:263-284.

[98] 孙林,卢鑫,钟钰.中国出口产品质量与质量升级研究[J].国际贸易问题,2014(5):13-22.

[99] 张杰,郑文平,翟福昕.中国出口产品质量得到提升了么[J].经济研究,2014(10):46-59.

[100] 李坤望,王有鑫.FDI促进了中国出口产品质量升级吗?——基于动态面板系统GMM方法的研究[J].世界经济研究,2013(5):60-66+89.

[101] 耿伟.要素市场扭曲、贸易广度与贸易质量:基于中国各省细分出口贸易数据的实证分析[J].国际贸易问题,2014(10):14-22.